RÉALISER UN STORYBOARD POUR LE CINÉMA

CHEZ LE MÊME ÉDITEUR

Cinéma, vidéo

A. Coffineau, V. Coffineau, O. Saint-Vincent, R. Saint-Vincent, *Masterclass storyboard – 25 interviews exclusives de storyboardeurs et de réalisateurs,* à paraître.

B. Harvell, *Filmer avec son iPhone,* 2012, 160 pages.

C. Mahé-Menant, *Profession administrateur de production de films,* 2012, 182 pages.

T. Le Nouvel, P.-J. Rabaud, *Chef décorateur pour le cinéma – À la découverte d'un métier,* 2012, 112 pages.

A. Cloquet, *Les essais caméra HD – Caméras 2/3" tri-CCD,* 2011, 120 pages.

B. Michel, *La stéréoscopie 3D,* 2011, 314 pages.

F. Remblier, *Tourner en 3D-relief,* 2011, 176 pages.

P. Bellaïche, *Les secrets de l'image vidéo,* 8e édition, 2011, 600 pages.

K. Lindenmuth, *Réaliser son premier documentaire,* 2011, 144 pages.

S. Devaud, *Tourner en vidéo HD avec les reflex Canon (5D MkII, 7D, 1D MkIV),* 2010, 400 pages.

L. Bellegarde, *Montage vidéo et audio libre,* 2010, 418 pages.

E. Grove, *130 exercices pour réussir son premier film,* 2010, 128 pages.

G. Cristiano, *L'art du story-board,* 2008, 192 pages.

T. Le Nouvel, *Le doublage,* 2007, 98 pages.

J. Van Sijll, *Les techniques narratives du cinéma,* 2006, 252 pages.

J. Vineyard, *Les plans au cinéma,* 2006, 138 pages.

C. Patemore, *Réaliser son premier court-métrage,* 2e édition, 2009, 144 pages.

S. D. Katz, *Mettre en scène pour le cinéma,* 2006, 300 pages.

S. D. Katz, *Réaliser ses films plan par plan,* 2005, 332 pages.

Animation, effets spéciaux

R. Williams, *Techniques d'animation,* 2011, 382 pages + DVD.

J.-P. Couwenbergh, *3ds max 2011,* 2011, 840 pages.

O. Saraja, *La 3D libre avec Blender,* 4e édition, 2010, 458 pages.

C. Meyer, T. Meyer, *After Effects – Nouvelles Master class,* 2009, 368 pages.

M. Murphy, *Techniques d'animation pour débutants,* 2009, 128 pages.

O. Cotte, *Les oscars du film d'animation – Secrets de fabrication de 13 courts-métrages récompensés à Hollywood,* 2006, 274 pages.

Louis de Rancourt
Olivier Saint-Vincent et Raphaël Saint-Vincent

RÉALISER UN STORYBOARD POUR LE CINÉMA

EYROLLES

ÉDITIONS EYROLLES
61, bd Saint-Germain
75240 Paris Cedex 05
www.editions-eyrolles.com

Dédicace

Outre ma femme, Patricia, nos quatre enfants, ma famille et mes amis, je voudrais dédicacer ce livre à trois personnes en particulier.

Guillaume Met de Penninghen (1912-1990), directeur et cofondateur de l'École supérieure d'arts graphiques (ESAG/Penninghen) : il m'a permis financièrement de suivre l'enseignement dispensé à l'ESAG, m'a appris les bases du dessin et m'a inculqué la notion de rigueur professionnelle.

Richard Raynal, directeur de création à l'agence RSCG & associés : il m'a donné ma chance en m'intégrant à son équipe comme roughman-storyboardeur. Grâce à lui, j'ai appris à travailler dans l'urgence, à ne dessiner que l'essentiel, à savoir écouter un brief émanant de plusieurs directeurs artistiques aux concepts variés, à participer à des projets de natures diamétralement opposées, à adapter mon graphisme aux impératifs du concept créatif.

Raphaël Saint-Vincent, fondateur de la Fédération nationale des storyboardeurs français (FNSBF) : c'est le « chevalier servant du storyboard » qui n'a de cesse depuis plus de 13 ans de promouvoir ce métier peu reconnu et victime d'idées reçues. Il a créé au sein de la FNSBF un département formation qu'il m'a confié. Cette fonction m'a amené à développer une pédagogie originale d'appréhension et d'initiation au storyboard – à l'attention des lycéens préparant le bac L option cinéma-audiovisuel, des écoliers de l'enseignement primaire « école et cinéma » comme à ceux des écoles supérieures (d'animation, d'arts graphiques, de cinéma, de jeux vidéo) –, dont la méthodologie est construite autour de l'exercice « la salle de classe » qui a fait ses preuves, tant auprès des organismes de formation professionnelle que lors de cours particuliers.

De cette passion commune pour le storyboard, sa reconnaissance et son enseignement est né le projet de cet ouvrage. Sans Raphaël, ce livre n'aurait jamais vu le jour.

Louis de Rancourt

Préface

Le storyboard est la feuille de route visuelle du scénario : une inestimable concrétisation, séquence par séquence, du film en projet. Inventé par Georges Méliès et utilisé ensuite par de grands noms du cinéma tels que Walt Disney, Sergei Eisenstein, Alfred Hitchcock, Akira Kurosawa, Stanley Kubrick, Hayao Miyazaki et bien d'autres, le storyboard demeure l'un des outils créatifs les plus puissants des réalisateurs.

Au cours de ma propre carrière d'une trentaine d'années, où j'ai travaillé sur des films comme *Le Retour du Jedi, La Couleur pourpre, Batman, La Ligne rouge, Moulin rouge* et *Master and Commander,* j'ai connu le plaisir de collaborer avec de brillants réalisateurs, tous plébiscitant le storyboard pour améliorer leur style narratif et cinématographique.

Cette méthode remarquable devrait inciter les réalisateurs français d'aujourd'hui et de demain – ainsi que leurs confrères de langue francophone – à utiliser l'art du storyboard pour toutes leurs productions. Ami et collègue depuis presque dix ans, Raphaël Saint-Vincent, accompagné de son frère Olivier Saint-Vincent et de Louis de Rancourt, a toute ma confiance pour mener à bien ce projet nécessaire et bienvenu.

David Russell

Remerciements

Je tiens à remercier les personnes suivantes.

Estelle Baïra, directrice de l'école Arc-en-Ciel, qui m'a mis en contact avec les éditions Eyrolles.

Nathalie Tournillon qui, la première, m'a fait confiance dans cette entreprise. Éric Sulpice et Stéphanie Poisson, qui ont cru dans ce projet, et tout particulièrement Aude Decelle, qui a assuré le suivi de cet ouvrage, m'a soutenu et encouragé dans les moments de doute et de découragement.

Un immense merci à mes confrères storyboardeurs : Bruno de Dieuleveult, Fabien Lacaf, Maxime Rebière et Fanny Vassou, qui ont bien voulu cautionner ce projet en y apportant leur expérience professionnelle et surtout leurs merveilleux dessins, donnant pertinence et crédibilité à la pratique du storyboard dans le cinéma français.

Tous les réalisateurs qui m'ont fait confiance dans leurs projets de films : Bruno Baccheschi, Patrick Perlman, Jessica Vaturi-Dembo, Thierry Autret, Kook Ewo, Marco Carmel, Jean-Stéphane Beetschen et Franck Confino, Jérémie Prigent, Fabien Montagner, et les autres.

Les professeurs de cinéma-audiovisuel en lycée (bac L option CAV) qui m'ont confié l'enseignement du storyboard à leurs élèves, m'amenant à structurer la méthodologie développée dans ce livre. Merci également aux enseignants en école élémentaire (« école et cinéma »), qui m'ont permis de partager ma passion avec des enfants à la réactivité surprenante.

Les écoles supérieures et organismes de formation professionnelle suivants : l'École Georges Méliès, Isart Digital, Arc-en-Ciel/École Jean Trubert, l'Institut de création et d'animation numériques (ICAN), le Conservatoire libre du cinéma français (CLCF), l'École supérieure des métiers de l'image, du son et du multimedia (EMC), l'Institut national de l'audiovisuel (INA), le CIFAP, l'ESG Management School, qui m'ont fait intervenir de façon sporadique ou suivie, me permettant de développer et d'adapter ma pédagogie à divers publics.

Renaud Archambault de Beaune et Corinne Chabbert, pour leurs précieux apports et conseils pour appréhender la perspective, Pascal Charpentier, pour ses conseils et enseignements en optique cinéma,

Corinne, ma « bonne étoile », qui se reconnaîtra... Christophe Hebert, qui est venu pallier mes lourdes carences en maniement informatique, Yannick Boschat, pour la photo de couverture, Capucine de Rancourt, pour ses nombreuses saisies de textes, Aurélie et Virginie Coffineau, pour l'archivage de dessins de storyboardeurs, et d'une manière générale, toutes celles et tous ceux qui m'ont apporté leurs concours, conseils, documents, aide, encouragements... J'ai la mémoire qui flanche parfois, mais pas la reconnaissance.

Enfin, toute ma reconnaissance et mon amour à Patricia, mon épouse, à nos enfants, Philippine, Capucine, Grégoire et Gaspard, qui ont supporté avec une patience digne d'éloges, pendant plus de 18 mois, un désordre indescriptible sur les divers plans de travail de l'appartement, des horaires de vie familiale décalés, sans parler des coups de blues et la tension : qu'ils en soient remerciés.

Sommaire

Avant-propos

Le storyboard aujourd'hui en France

Lorsque l'on se donne comme objectif de parler de la question du storyboard français aujourd'hui, ce n'est pas à des dessins de plans ni à des illustrations de décor de films ou même de mouvements de caméra que l'on pense. À vrai dire, la juxtaposition de ce substantif américain, storyboard, dont l'étymologie nous renvoie directement aux années 1920 et aux studios Disney, et de cet adjectif – celui qui confère la nationalité française – fait resurgir de vieux fantômes…

Bien évidemment, ce n'est ni le lieu, ni le moment de relancer ce qui fut, *a minima,* une petite « bataille d'Hernani ». Mais il faut croire que les storyboardeurs français, pour certains exerçant leur métier en francs-tireurs depuis les années 1980, reprirent à leur compte le mot de passe des conjurés du drame de Victor Hugo : *Ad Augusta per angusta*, autrement dit « Vers les sommets en passant par les pertuis ».

Ainsi, force est de constater qu'il leur aura fallu souvent se plier en quatre pour accéder officiellement au rang de collaborateur du film. Les storyboardeurs durent notamment composer avec des attitudes réactionnaires inattendues telles que l'anti-américanisme primaire ou, tout simplement, le mépris d'une « certaine tendance du cinéma français » pour un art que l'on disait « réservé aux films à gros budgets ».

En 2012, il est à présent possible d'affirmer que, à l'initiative des figures tutélaires du septième art hexagonal comme la triade Annaud-Beineix-Jeunet, le storyboard est définitivement sorti de cette mauvaise passe. Il est même parvenu à une vraie maturité au point que plus aucun directeur de production en ignore l'existence. Et les gens du métier commencent à connaître le nom de certains de ces dessinateurs qui travaillaient, il y a peu de temps encore, dans l'ombre du réalisateur.

Car aussi étrange que cela puisse paraître, des hommes (que dis-je, des artistes) se cachent derrière ces illustrations dont la finalité est de préparer le tournage des plans d'un film ! Pour rendre hommage aux fondateurs du storyboard en France mais aussi justice à ceux qui le représentent aujourd'hui, terminons simplement en citant les noms et surnoms de trois des héros de cette armée des ombres que le livre que vous tenez entre les mains met sur le devant de la scène.

Bruno de Dieuleveult, dit « le Modeste ». Son humilité que tout le monde lui reconnaît mais aussi ses débuts précoces (son premier storyboard de long-métrage date de l'année 1982) font de lui le père du storyboard français. Lieutenant de Jean-Jacques Beineix, il a également travaillé pour les réalisateurs français les plus prestigieux.

Maxime Rebière, dit « l'Amoureux ». Comme son surnom le laisse penser, difficile de pas aimer celui à qui l'on doit les plus beaux dessins de storyboard. D'autant plus qu'il a dessiné « les plus beaux storyboards des plus beaux films d'amour » comme *L'Amant*, de Jean-Jacques Annaud, ou *La Reine Margot,* de Patrice Chéreau.

Fabien Lacaf, dit « le Comique ». Doté d'un sens de l'humour et d'un amour de la vie peu communs, cet auteur de bande dessinée *(Macadam)* est entré dans le monde du storyboard avec un film qui n'avait rien d'une comédie : *Le Hussard sur le toit,* de Jean-Paul Rappeneau. Mais il saura très vite orienter sa filmographie vers les histoires drôles, notamment aux côtés de Jean-Marie Poiré (*Les Visiteurs, Ma femme s'appelle Maurice*).

Mais la liste des « soldats » qui font, aujourd'hui en France, le storyboard de prise de vues réelle (pour le long-métrage ou le tournage de spots publicitaires) est longue. Et le dessein de ce livre n'est évidemment pas de les citer tous, mais plutôt de donner un *modus operandi* à tous les collaborateurs du film, qu'il s'agisse du scénariste – qui y trouvera le moyen de « pré-voir » son histoire –, du producteur – qui y découvrira une solution pratique et peu onéreuse pour budgéter son film –, ou encore du réalisateur – qui pourra avancer des déterminations de mise en scène sans gâcher de la pellicule et qui (pour citer Orson Welles) sera en mesure de savoir précisément « où placer sa caméra ».

Enfin, il serait dommage de ne pas conclure cette rapide entrée en matière sans avoir l'honnêteté de dire que, à l'heure où ce livre est sous presse, le storyboard est enseigné, plus ou moins officiellement, dans toutes les écoles de cinéma (il figure même au *BO* du baccalauréat depuis 2003...) mais qu'aucune formation idoine n'existe, ni pour l'enseigner, ni *ipso facto*, pour l'apprendre... Cet ouvrage aura donc eu comme objet (modestement, par le simple fait d'exister) de combler une lacune tant au plan éditorial que pédagogique.

Raphaël Saint-Vincent

Chapitre 1

Qu'est-ce que le storyboard ?

Le présent ouvrage est né d'un constat : de nombreuses personnes s'intéressent au storyboard mais ne trouvent pas d'organisme de formation pour en apprendre les techniques.

Certes, quelques titres concernant le storyboard ont été écrits – voir la bibliographie non exhaustive en annexes –, mais aucun ouvrage à notre connaissance ne permet au néophyte d'aborder le storyboard pas à pas et de transformer un découpage technique en vignettes dessinées. C'est ce à quoi nous allons nous attacher, de manière à ce que le lecteur puisse visualiser des idées de mise en scène, de cadrage et d'enchaînement de plans. Ce livre a donc pour but d'être un guide pour toute personne voulant apprendre à faire un storyboard.

Il existe déjà quantité d'ouvrages concernant les diverses techniques du cinéma, aussi nous ne reviendrons pas plus que nécessaire sur tout ce qui concerne les principes de l'écriture d'un scénario, la dramaturgie, la continuité narrative, le découpage technique, les règles fondamentales du langage cinématographique, les différents mouvements de caméra ou les valeurs de cadre… Tout a été dit ou presque sur la question. Pour des raisons similaires, on ne s'étendra pas trop sur les techniques et l'enseignement du dessin : comment construire un personnage, les proportions du corps humain selon l'âge ou le sexe, les lois de la perspective…

Quelques petits « trucs » et astuces seront néanmoins proposés au cours des différentes démonstrations, afin de ne pas décourager celles et ceux qui rencontrent de réelles et profondes difficultés en termes de représentation graphique. Nous verrons par ailleurs qu'il n'est pas forcément nécessaire de dessiner superbement bien pour être un bon storyboardeur.

Voici les points principaux qui seront abordés dans cet ouvrage.

- Qu'est-ce qu'un storyboard : son utilité, ses fonctions, sa finalité et ses limites ?
- Comment aborder un storyboard ; à partir d'un scénario, d'un découpage technique et, surtout, de la volonté du réalisateur ?
- Quelles sont les qualités et aptitudes primordiales que doit posséder un storyboardeur ?

- Quelles sont les bonnes questions à se poser : où sommes-nous, quelle caméra à quel endroit, qu'est-ce que je vois, qu'est-ce que je ne vois pas, la faisabilité ou non d'un plan, savoir anticiper les difficultés à réaliser un plan, se méfier des pièges du dessin ?

Tous ces points seront illustrés d'exemples et de contre-exemples : analyse d'un très beau dessin « qui ne sert à rien » et, inversement, de gribouillis infâmes mais remarquablement fonctionnels. On utilisera des petits jeux, dans lesquels il faudra trouver l'erreur ou les erreurs ; on verra l'intérêt d'avoir recours au diagramme et les risques que l'on encourt à négliger cet outil. Avec mes remerciements à mes confrères storyboardeurs, on détaillera également quelques exemples de vignettes claires, explicites et efficaces. Et pour étayer mon propos, je m'appuierai sur des citations ou extraits d'interviews de confrères storyboardeurs – ou autres professionnels du cinéma – qui donneront ainsi une vision plus riche et diversifiée de notre sujet.

Puis, nous passerons à la pratique, avec un exercice d'appréhension et d'initiation au storyboard. À partir d'un scénario court et d'un découpage technique, on verra comment prévisualiser une séquence simple, comment situer une caméra dans un espace donné en raccordant correctement les plans entre eux, comment signifier des déplacements de personnages ou de caméra, comment cadrer une image comme au cinéma. On en profitera pour réviser quelques règles fondamentales du langage cinématographique.

Enfin, nous verrons comment produire un document riche en renseignements à l'attention de tous ceux qui vont œuvrer pour la réalisation d'un film.

À quoi sert un storyboard ?

À l'origine d'un projet cinématographique, il faut une histoire à raconter, et la première étape est donc l'écriture d'un **scénario**. Passage incontournable, le scénario donne les grandes lignes directrices d'un projet, dans l'espoir de voir celui-ci se transformer en film.

Mais le scénario n'a en soi aucun contenu filmique. Il suffit pour s'en convaincre d'imaginer un même scénario mis en scène par dix réalisateurs, quitte à imposer le même casting de comédiens : on est en droit d'attendre dix films totalement différents, où chaque réalisateur apportera sa mise en scène propre, sa façon d'enchaîner les plans, sa touche personnelle...

Enfin, un scénario se présente sous forme d'un texte, autrement dit de signes typographiques les uns à la suite des autres. Or le cinéma, c'est avant tout de l'image, et jusqu'à présent, nous ne voyons pas d'images... Comment les mots vont-ils se transformer en visuels ?

1 Qu'est-ce que le storyboard ?

« De l'écriture du scénario jusqu'au premier « Moteur ! », que de mots !
Des mots, des mois... et des chiffres. Et toujours pas une seule image ! Un storyboard, c'est tout de suite les images. Il permet de « pré-voir » le film [...].
Dessiner comme vous filmez, c'est mon métier.
Alors, le film que vous avez en tête, parlons-en. Images à l'appui. »
Bruno de Dieuleveult, storyboardeur

Storyboard de Bruno de Dieuleveult pour le film *Une chance sur deux*, de Patrice Lecomte (1997).

À partir du scénario, le réalisateur commence par effectuer un **découpage technique** qui consiste à découper le scénario en **séquences**, puis à diviser chaque séquence en **plans**. À ce stade, nous allons donc avoir davantage d'éléments filmiques. Vont alors intervenir des notions telles que valeur de plan, angle de prise de vues, mouvement de caméra, position des personnages, dialogues et action. Mais encore une fois, un découpage technique se présente sous forme de signes typographiques les uns à la suite des autres..., et nous ne voyons toujours pas d'images.

Le storyboard représente la toute première matérialisation d'un projet cinématographique. Pour la première fois, grâce au storyboard, le réalisateur va avoir un aperçu de ce à quoi pourrait ressembler le film qu'il a en tête, et qui est jusqu'alors totalement virtuel. Ainsi, Jean-Jacques Beineix considère le storyboard comme la « matérialisation transitoire et poétique » des images qu'il a rêvées.

En voyant le storyboard, le réalisateur va se conforter dans ses choix, se rassurer dans ses idées de départ en termes de mise en scène, voire les enrichir ou les améliorer, ou au contraire, il va se rendre compte que deux plans ne se raccordent pas bien, ou pourraient se raccorder bien mieux.

> *« L'étape storyboard intervient quand le film est entré en production, au tout début de la préparation. En effet, le storyboard permet d'évaluer la complexité des scènes, de visualiser l'étendue du projet. Le cinéma utilise beaucoup d'effets spéciaux numériques qui nécessitent le découpage des plans qui les concernent. »*
>
> Maxime Rebière, storyboardeur

Cela va lui permettre de « s'autocensurer », de se remettre en question, pour arriver à un résultat bien meilleur et, surtout, plus proche de ce qu'il désire faire et montrer. Le storyboard impose ainsi au réalisateur de se poser dès cette étape des questions pratiques, auxquelles il faut déjà trouver des solutions.

Le storyboard a trois fonctions principales :

- fonction intellectuelle : c'est un outil de création ;
- fonction humaine : c'est un outil de travail ;
- fonction économique : c'est un outil de vente, de séduction.

Storyboard de Maxime Rebière pour le film *Elle s'appelait Sarah*, de Gilles Paquet-Brenner (2010).

Un outil de création

Le storyboard permet au réalisateur de matérialiser une représentation du monde, celle du storyboardeur directement et celle du réalisateur de manière indirecte. Il optimise la collaboration artistique qui est le fondement de la fabrication d'un film.

En bref

Le storyboard :

- permet au réalisateur de visualiser ses idées ;
- amène le réalisateur à se remettre en question pour un résultat meilleur ;
- participe à la recherche de l'atmosphère de la scène ;
- détermine le rythme et l'intensité de la scène à travers l'enchaînement des plans (prédécoupage) ;
- règle les questions de taille des plans et de profondeur de champ ;
- inscrit les décors et les personnages dans le format choisi ;
- aide à visualiser les déplacements de personnages, véhicules, animaux, etc.

Pour qui ?

- Le metteur en scène
- Le directeur artistique
- Le responsable de casting
- Le directeur de la photographie
- Le décorateur
- L'accessoiriste
- L'ensemblier

Un outil de travail

Vous avez tous, au moins une fois dans votre vie, eu la patience de regarder un générique de fin de film. Pour un premier court-métrage d'un jeune réalisateur, cela représente entre 30 et 50 personnes ; sur des projets plus ambitieux, cela va de 300 à 600 personnes, voire davantage pour les énormes productions. Imaginez un réalisateur, ayant réuni tous ses collaborateurs – il faut déjà avoir trouvé le local – et leur expliquant plan par plan sa vision des choses : impensable !

Le storyboard est l'élément fédérateur, le medium incomparable de communication et de transmission de la pensée du maître d'œuvre à l'attention de tous ses collaborateurs. C'est l'outil de communication par excellence entre le réalisateur et ses équipes : n'oublions jamais que le cinéma est un travail d'équipe !

En outre, le storyboard apporte des solutions indispensables à l'efficacité d'une équipe de tournage, ne serait-ce que pour s'assurer que tous parlent le même langage et ont une idée la plus fidèle possible de la façon dont le réalisateur voit les choses.

Il est vrai que dans l'immédiateté de sa lecture, le dessin dépasse largement les compétences de l'écriture. Et les adeptes du storyboard lui reconnaissent cette qualité : exprimer un angle de caméra ou bien la position d'un sujet dans le cadre est exhaustif si on le fait uniquement au moyen de la *shot list* (nom donné au descriptif technique du plan), mais c'est une opération immédiate avec un croquis ou un diagramme. Par cette grande fonctionnalité, le storyboard est comparable au langage des signes dont l'intention est de rendre une communication possible quel que soit le contexte, notamment linguistique. Le dessin possède effectivement cette universalité dans la mesure où il est intelligible par des hommes de langues et de pays différents. Dans cette perspective, le storyboard peut être considéré comme la sténographie ou, plus exactement, l'espéranto du septième art qui a souvent tendance à regrouper des équipes techniques de nationalités variées dans des pays différents. Le dessin rend plus fluide les discussions sur le plateau de tournage. À partir du moment où sont présents des paramètres tels que le rassemblement d'êtres humains, impliquant des enjeux matériels et financiers importants – ce qui est le cas d'un tournage de film –, le storyboard en tant que langage de signes devient nécessaire.

C'est pourquoi il convient d'utiliser le storyboard à sa juste valeur ; il n'est pas destiné à la publication ni aux musées, mais doit apporter une réponse efficace, claire et dénuée d'ambiguïtés ou d'erreurs d'interprétation à l'attention des personnes qui vont l'utiliser à la seule fin de réaliser un film dans des conditions optimales.

En bref

Le storyboard :

- sert d'outil de communication entre le réalisateur et ses équipes ;
- définit l'emplacement des caméras et des éclairages, en fonction des choix esthétiques (grâce aux diagrammes en plan et en élévation) ;
- détermine le raccord entre des plans tournés à différents endroits, en intérieur et en extérieur ;
- prépare les scènes de cascades (positionnement des personnages, mise en place de trucages, emplacement des dispositifs de sécurité) ou celles avec des animaux ;
- règle les effets spéciaux.

Pour qui ?

- Les équipes de techniciens (opérateurs, machinistes, électriciens, accessoiristes…)
- Les cascadeurs
- Les dresseurs d'animaux
- Le département décor
- Les comédiens

Un outil de vente, de séduction

À l'heure où la moindre réalisation nécessite un budget important, et où les sociétés de production ainsi que les partenaires financiers y regardent à deux fois avant d'engager des fonds (sans parler de leur réputation) pour financer une entreprise cinématographique, le storyboard apporte plusieurs réponses aux questions d'ordre purement financier. Pour vulgariser à l'extrême, les deux principales questions d'un producteur sont les suivantes.

- Ton film, ça va me coûter combien ?
- Ton film, ça va me rapporter combien ?

Si le storyboard ne peut pas apporter de réponse à la deuxième question, sur la première, il peut se révéler précieux ! En effet, nous n'avons pas encore conscience de l'aide que l'on pourrait en tirer. Tout d'abord, n'est-il pas paradoxal que les films se décident uniquement sur l'écrit – le scénario – alors que le cinéma est, par excellence, l'expression par l'image ? Car si le storyboard permet de préciser au plus près le plan de travail, il peut aussi limiter tout dépassement de budget. En permettant de montrer uniquement ce qui sera visible à l'écran, il est possible d'éviter la fabrication de détails de décors superflus. Sans oublier les disponibilités des différents intervenants, leurs émoluments... Toute cette préparation en amont va provoquer un gain de temps appréciable, qui engendrera un gain d'argent. Argument économique qui se dirige tout naturellement vers les films à petits budgets et, notamment, les courts-métrages où la demande est très forte.

Et ce souci d'ordre économique et financier ne date pas d'hier. À une époque où les restrictions budgétaires étaient moindres que de nos jours, David O. Selznick, le producteur d'une des plus grosses entreprises cinématographiques de l'histoire du septième art, souhaitait pouvoir pousser la préparation d'un film tel que *Autant en emporte le vent* afin de prévoir jusqu'à l'angle des caméras avant même de commencer à tourner, cela dans l'espoir d'économiser des centaines de milliers de dollars !

De même, alors qu'il était sur le tournage de *Ministry of Fear (Le Ministère de la peur),* Fritz Lang travaillait le soir dans sa chambre, sur du papier à en-tête de l'hôtel où il séjournait : il dessinait les plans au sol, les diagrammes techniques et faisait des croquis cadrés ! Édifiant, non ?

En bref

Le storyboard :

- sert à obtenir l'accord financier des producteurs ;
- détermine les tournages en extérieur et en studio ;
- définit les besoins en matière de décors à construire ;
- organise le calendrier du tournage, l'emploi du temps des équipes techniques, des acteurs et figurants ;
- permet d'établir un budget précis (matériel, dispositifs techniques, personnel, temps de tournage...).

Pour qui ?

- Les partenaires investisseurs et financiers
- L'ensemble de la production (directeur de production, producteur exécutif, administrateur de production...)
- Le réalisateur et son assistant
- Le régisseur
- Le chef de plateau
- Les loueurs (matériel cinématographique, studios, véhicules, costumes, mobilier, accessoires...)
- Le directeur de festival
- Le distributeur

Pourquoi utilise-t-on peu le storyboard ?

Sans doute allez-vous être étonné, après cette introduction exposant tout l'intérêt du storyboard, de découvrir son usage rare et très sporadique dans le paysage cinématographique français. À peine 8 % des productions françaises ont recours à cette discipline, et ce, pour quelques séquences à problèmes spécifiques. De plus, force est de constater que le storyboard est très peu ou pas du tout enseigné dans les écoles de cinéma. De la même façon, dans les manifestations culturelles ou médiatiques consacrées au septième art, on n'a jamais entendu parler, par exemple, du césar du meilleur storyboardeur ni du grand prix du meilleur storyboard...

Enfin, citons un dernier fait significatif : à l'époque où chaque intermittent du spectacle détenait ce sésame, le storyboardeur était un des seuls techniciens de l'audiovisuel à ne pas avoir la fameuse carte CNC. Voici quelques tentatives d'explications à ce constat.

Par manque d'habitude

Le storyboard ne fait pas partie intégrante de notre «patrimoine culturel» français, tout du moins en ce qui concerne le cinéma – même si des gens comme Georges Méliès utilisaient le storyboard, avant qu'il ne s'appelle ainsi. Aux États-Unis, en revanche, lorsque vous lancez un projet cinématographique, le département storyboard existe déjà, «culturellement» ou «intellectuellement», dans le cahier des charges.

Ainsi, selon le sujet, les désirs du réalisateur, la complexité de certaines séquences (effets spéciaux, décors reconstitués, cascades, mises en scène avec des animaux...) ou les exigences de la production, vous allez faire faire le storyboard intégralement, seulement pour certains moments ou séquences délicates, ou pas du tout.

En France, dans certaines écoles de cinéma, on ne fait aucune mention de l'enseignement du storyboard dans la formation réalisateur, cette discipline étant jugée inutile. Aujourd'hui encore, le storyboard est considéré dans notre pays comme un outil superflu et coûteux, qui fait prendre du retard par rapport au début du tournage, alors qu'aux États-Unis, on le voit comme une aide indispensable qui permet de faire des économies.

Un exemple concret illustre cette différence de culture : *Gladiator* de Ridley Scott a été storyboardé dans son intégralité, du premier au dernier plan, par Sylvain Despretz, un storyboardeur français. Ce dernier, vivant mal de son métier en France, pour les raisons évoquées plus haut, a traversé l'Atlantique où il a pu storyboarder de nombreux films – et non des moindres ! Il a ainsi travaillé entre autres sur *Eyes Wide Shut* de Stanley Kubrick, *La Chute du faucon noir*, également de Ridley Scott, ou *La Planète des singes* de Tim Burton ; la liste est non exhaustive...

Par méconnaissance

Le storyboard pâtit d'idées reçues, fausses pour la plupart. En voici deux particulièrement ineptes : le storyboard coûte cher et il inhibe l'inspiration créatrice.

«Le storyboard coûte cher»

Le storyboard étant considéré comme coûteux, il est donc exclusivement réservé aux films à gros budgets, cascades, effets spéciaux et décors pharaoniques.

Regardez *Le Fabuleux Destin d'Amélie Poulain* – storyboardé dans sa quasi-intégralité – et vous verrez l'absurdité de tels propos. Il y a bien quelques effets spéciaux, mais qui à eux seuls ne justifient pas l'importance du travail (le storyboard intégral, dessiné par Luc Desportes, représente environ les 3/5es du film, soit environ 800 dessins !). Quant aux cascades ou décors pharaoniques..., vous avez pu juger de la véracité d'une telle affirmation en visionnant le film.

Savez-vous qu'il a été établi et démontré qu'un storyboard bien fait pouvait faire gagner entre deux et trois semaines de tournage sur un long projet ? Quand on sait ce que coûte une journée – cachets de tous les intervenants, location des lieux et du matériel, tout ce qui est inhérent aux transports, à l'hébergement et aux repas des comédiens et techniciens –, on réalise l'ineptie d'une telle affirmation.

« Le storyboard inhibe l'inspiration créatrice »

Cette idée reçue est encore une immense bêtise. La plupart des adeptes inconditionnels du storyboard, qu'ils s'appellent Cédric Klapisch, Jean-Jacques Annaud, Roman Polanski, Jean-Pierre Jeunet ou Terry Gilliam, clament haut et fort ne pas se sentir tenus par le storyboard. Il représente pour eux une aide, un guide, voire un point de départ pour d'autres idées, et non une contrainte.

Le storyboard n'est et ne sera jamais que la première image d'un film. Qui dit première dit qu'il y en aura d'autres, notamment celles qui seront retenues au montage. En cela, il n'est aucunement un frein pour l'inspiration, mais constitue plutôt les fondements solides d'une entreprise artistique conséquente, à savoir le film.

Tout ceci fait qu'il est effectivement difficile d'en vivre en France. Hormis dans la publicité, ainsi que dans le cinéma d'animation pour lequel le storyboard devient une étape absolument incontournable, les storyboardeurs français peinent à vivre de leur passion. C'est à cela que nous nous attachons à la Fédération nationale des storyboardeurs français (FNSBF) : faire la promotion de ce métier méconnu, le réhabiliter et le débarrasser des préjugés dont il est victime.

Faut-il savoir bien dessiner pour faire un storyboard ?

Beaucoup de personnes font ce que l'on pourrait appeler un complexe vis-à-vis du storyboard, à cause d'un manque d'aisance ou de connaissances liées à la pratique du dessin, entraînant *ipso facto* un phénomène de rejet. Or, il n'est pas indispensable de dessiner comme Raphaël, Vinci, Ingres ou autres grands artistes pour pouvoir faire du storyboard – même s'il demeure évident que si l'on sait dessiner, le résultat n'en sera que plus convaincant à tous points de vue.

Nous tenterons de démontrer que mieux vaut un dessin de facture quelconque, voire carrément médiocre, mais nanti d'informations pratiques et pragmatiques, plutôt qu'un chef-d'œuvre graphique et esthétique, mais dépourvu d'indications en termes de cadrage, d'angle de vue, de mouvement de caméra ou de personnages. Ou, pire, une suite de magnifiques vignettes, toutes plus séduisantes les unes que les autres, mais qui s'avéreront irréalisables – pour de bonnes ou de mauvaises raisons d'ailleurs ! – en termes de réalisation cinématographique pour un projet et un budget donnés.

N'oubliez jamais qu'un storyboard n'est qu'un outil, une aide précieuse pour réaliser un film : le grand public ne le verra pas – hormis quelques très rares publications, une plage dans les bonus « Making of » d'un DVD, ou quelques expositions sporadiques.

> *« Le storyboard est l'art de l'éphémère. Sort cruel ; tout dessin non accepté part à la poubelle, et son seul moment de gloire n'est pas le musée, mais la photocopieuse qui fera de lui le héros du jour, avant d'être remplacé par le plan ou la séquence suivante ! »*
>
> Fabien Lacaf, storyboardeur

Storyboard de Fabien Lacaf pour *Faubourg 36*, de Christophe Barratier (2008).

De même, personne ne lit les scénarios, hormis celles et ceux qui travaillent sur le projet. Et tant pis si le style littéraire n'est pas digne de l'Académie française et si la syntaxe est parfois un peu écornée. L'important dans un scénario est que les professionnels y voient suffisamment d'éléments pour envisager de convertir ce texte en film, avec une histoire exploitable ou un parti pris digne d'intérêt.

Quand on veut faire du storyboard, il faut mettre en priorité absolue sa finalité, c'est-à-dire tout ce qui va apporter une aide à la réalisation, tout ce qui peut enrichir un concept de départ et lui donner une valeur ajoutée. Il faut **oublier que l'on fait du dessin, pour se concentrer sur un seul objectif : on fait du cinéma.** Faites-en une règle d'or. **Le dessin doit être au service du cinéma et non l'inverse.**

Réalisateur et storyboardeur : pour une collaboration optimale

Si vous voulez faire du storyboard, n'oubliez jamais plusieurs choses.

- Le réalisateur vous a choisi pour que vous puissiez matérialiser ses idées de mise en scène – et non vos idées : vous êtes un exécutant, certes irremplaçable, mais au service de l'imagination du réalisateur.
- Le réalisateur attend que vous lui apportiez des idées et des compétences inhérentes à votre métier, ce qui implique notamment qualité d'écoute mais aussi connaissance et compréhension du langage cinématographique. Cette qualité d'écoute devra être doublée d'un profond désir de collaboration en totale symbiose avec le réalisateur. N'hésitez donc pas à poser des questions, à entrer dans son intimité. Après tout, c'est son film qu'il confie entre vos mains !
- Le réalisateur a besoin du storyboard, d'abord pour visualiser ses idées, comme on l'a vu plus haut, les modifier, les affiner, se remettre en question, mais également pour pouvoir communiquer sa vision des choses ainsi que ses intentions, tant à ses collaborateurs directs – premier assistant, tous les corps de métiers des techniciens, comédiens – qu'à ses partenaires financiers – producteurs, distributeurs –, d'où la nécessité de connaître autant que possible les différents métiers.

> *« La palette du storyboardeur est assez large. Son travail peut se limiter à la mise en images du découpage technique : c'est la base. Mais il arrive que l'on puisse s'investir plus profondément. […] Le storyboardeur doit parvenir à maîtriser son ego pour ne pas empiéter sur les désirs et les idées du réalisateur. Mais il n'est pas interdit de faire des propositions. […] Sur* Un divan à New York *de Chantal Akerman, j'ai pris sur moi d'aller jusqu'à dessiner les circulations de caméra et à faire des propositions de montage extrêmement techniques… »*
>
> Fabien Lacaf, storyboardeur
> Revue *Storyboard,* n° 3, mars-avril-mai 2003, Alvisa Éditions

Si vous voulez faire du storyboard, vous devez tenir compte en permanence de tous ces paramètres : vous mettre au service non seulement du réalisateur (votre commanditaire et supérieur absolu), de la société de production – c'est eux qui vont vous payer ! –, mais aussi des différents corps de métiers avec qui et pour qui vous allez travailler.

Croquis de tournage de Fabien Lacaf pour le film *Faubourg 36*, de Christophe Barratier (2008).

Recherches de personnages de Fabien Lacaf pour le film *Faubourg 36*, de Christophe Barratier (2008).

Les qualités et aptitudes nécessaires pour être storyboardeur

Une fois qu'on a bien défini ce qu'est un storyboard, son utilité, ses fonctions, à qui cela va servir, sa finalité et ses limites, reste à savoir si vous avez les qualités et aptitudes nécessaires pour devenir storyboardeur ou storyboardeuse.

Savoir dessiner

La première des qualités semble relever de l'évidence : il faut savoir dessiner.

- Être capable de représenter n'importe quelle situation, avec des personnages dans des lieux, sans avoir recours à un modèle : tout l'art du storyboardeur réside dans sa faculté à visualiser les images que le réalisateur a en tête.
- Connaître la construction anatomique d'un personnage, avec les variations dans les proportions, selon qu'il s'agit d'un homme, d'une femme, d'un enfant, d'un adolescent, d'un vieillard…
- Pouvoir représenter un personnage sous tous les angles de vue imaginables, dans n'importe quelle attitude ou action, seul ou avec plusieurs comparses, dans un environnement. Pareillement pour les animaux, les objets, les véhicules, les bâtiments…
- Avoir un minimum de notions de perspective : savoir à quoi correspondent une ligne d'horizon, une perspective à un, deux ou trois points de fuite. Être capable de représenter plusieurs personnages avec leur variation d'échelle dans un plan, selon leurs dispositions dans un environnement.
- Être doté d'une solide culture générale : si on vous demande un film en costumes n'allez pas dessiner des personnages habillés comme au temps de Louis XIV alors que l'action se déroule sous la Révolution ou sous le règne de Louis XV ! Soyez constamment en éveil, constituez-vous une documentation et des références aussi riches et éclectiques que possible, sur notre époque comme sur celles antérieures (films historiques, époques révolues). Suivez la mode : comment on s'habille, se chausse, se coiffe aujourd'hui ? Dans quel type d'espace vit-on : habitat, voitures ? Emmagasinez des informations, ayez vos yeux et vos oreilles constamment à l'affût de tout ce qui peut se présenter ; en un mot, faites jouer vos cinq sens (voir la citation).
- Apprendre à dessiner vite, quitte à s'en faire une discipline à ses débuts. C'est un point très important et qui jouera en votre faveur, ou au contraire, sera rédhibitoire. Et cela vaut tout particulièrement en tout début de collaboration avec un réalisateur. Pour cela, la publicité est une très bonne école.

- Aller à l'essentiel. À moins d'une exigence de la production, et compte tenu du facteur temps, ne perdez pas de temps à préciser des détails qui ne sont pas absolument indispensables à ce stade du projet.

« Anatomie/pathologie du storyboardeur [extraits]
A : anatomie
• Le nez en l'air, pour humer l'air du temps et sentir le vent.
• L'œil aux aguets, pour observer la vie comme elle est, et plus encore, comme la fantasment les publicitaires.
• L'oreille tendue, pour entendre les mots du brief.
• Les doigts d'or, pour dessiner comme vous respirez.
• Le goût pour… le goût. »
Bruno de Dieuleveult, storyboardeur
© PATAFO : Philippe Arnaud, Allain François, Thierry Ollivier, agents de roughmen/storyboardeurs

Quand vous faites du storyboard, oubliez que vous faites du dessin pour vous concentrer sur un seul objectif : vous faites du cinéma. Le dessin doit être au service du cinéma et non l'inverse. Ne vous focalisez donc pas sur l'éventuelle beauté du résultat mais sur sa vraie finalité : participer de plain-pied à l'élaboration d'une entreprise artistique conséquente, à savoir le film.

« Lorsque les gens voient mes dessins, ils voient non pas du dessin, mais du film, autrement dit de la lumière, du mouvement, des jeux d'acteurs […]. Le dessin doit être neutralisé et se cacher derrière la scène à raconter. Lorsque le trait est trop présent, on voit un très beau dessin, et on oublie qu'on est en train de préparer le plan 18B de la séquence 52. J'ai beaucoup travaillé à rendre "invisible" mon trait. […] Quand, pour un film, je livre vingt dessins à une agence de pub, personne ne s'interroge sur la qualité graphique intrinsèque de mon dessin. Est-ce que mon trait est petit ou gros, hachuré ou pas ? Tout le monde a oublié que c'était du dessin. »
Bruno de Dieuleveult, storyboardeur

Connaître le cinéma

Pour faire du storyboard, il faut bien entendu connaître le cinéma et son vocabulaire spécifique. Chaque groupe professionnel possède son langage propre. Dans la marine, on dit « bâbord » et « tribord » en lieu et place de gauche et droite, et les marins ont leur code pour désigner une partie du navire ou pour ordonner une manœuvre. Les musiciens ont en commun le solfège, medium universel pour exprimer des notes, une mélodie et son harmonie. Les typographes, les professions médicales, celles de la restauration…, tous ont leur langage. Le cinéma ne fait pas exception : il est donc indispensable pour un storyboardeur de comprendre le langage employé par les gens du cinéma. Ce langage ne s'apprend pas toujours dans les écoles de dessin, aussi faut-il acquérir une culture technique minimale en ce qui concerne le découpage technique et le vocabulaire spécifique, faute de quoi vous ne pourrez pas communiquer avec le réalisateur.

Il faut donc connaître non seulement les termes techniques, mais aussi et surtout apprendre les règles du langage cinématographique : savoir comment raccorder deux plans, connaître la règle des 30°, celle des 180°, savoir opérer un changement significatif de valeur de cadre entre deux plans consécutifs, etc.

Si les deux points évoqués relèvent de l'évidence, j'en ajouterai un troisième devançant les deux autres : savoir écouter avant de savoir dessiner.

Savoir écouter

Un peu de fiction, si vous le voulez bien : imaginez que vous êtes réalisateur avec un projet que vous souhaitez pouvoir prévisualiser et, pour cela, vous faites appel à un storyboardeur. Si ce dernier écoute votre brief d'une oreille distraite et s'abstient de poser des questions, il va revenir quelques temps après avec ses dessins, éventuellement très beaux, voire époustouflants. Pourtant, comme il ne s'est pas donné la peine de « vivre dans votre intimité » (expression que l'on doit au storyboardeur Fabien Lacaf), vous allez lui dire : « Tes dessins sont très beaux, mais tu n'as rien compris ; ce n'est pas du tout comme ça que je voyais ce plan. » Échec total... et suite de la collaboration fortement compromise !

N'hésitez jamais à demander un complément d'informations, de manière à être sûr d'avoir bien saisi l'image que le réalisateur veut avoir sous les yeux. Il n'y a pas de question idiote ; c'est *son* projet, *son* film. Vous arrivez en aval de la conception du film, il est bien normal que vous vous informiez sur un projet qui n'est pas le vôtre, il n'y a donc aucune honte à poser des questions.

Dans cet ordre d'idée, le storyboardeur doit faire preuve d'empathie : se mettre dans la peau de son commanditaire, faire abstraction de soi, de son ego, de ses goûts ou de sa vision des choses.

« Je sais me mettre en retrait par rapport au travail du metteur en scène, car c'est à cette unique condition qu'il peut être rassuré à l'égard du storyboardeur. On ne peut pas arriver dès la première scène en disant : "Moi, j'aurais plutôt vu ça comme ça !" [...] Même si j'ai forcément une idée de la manière de découper une séquence, je sais attendre celle que le réalisateur me dira dans la seconde suivante, et qui bien souvent, est plus pertinente que la mienne compte tenu de son expérience. »

Bruno de Dieuleveult, storyboardeur

Vous allez travailler au service d'un réalisateur qui a des idées bien précises ; s'il souhaite votre avis, il vous le demandera. Dans le cas contraire, contentez-vous de faire ce qu'il vous demande, un point c'est tout.

Être humble

Pour revenir au dessin, certains réalisateurs peuvent vous demander d'adapter votre graphisme en fonction de l'histoire à raconter et de l'ambiance à faire passer dès l'étape du storyboard. Ce fut notamment le cas lors de la collaboration de Maxime Rebière avec Jean-Jacques Annaud sur *L'Amant*, puis sur *Sept ans au Tibet*.

Il importe d'avoir beaucoup de philosophie et de détachement à l'égard de ses propres dessins ainsi que du travail qu'on a accompli ; certains plans feront l'objet de deux, trois ou quatre modifications ou corrections, voire davantage…, pour en fin de compte sauter au tournage ou au montage. En publicité, quand un storyboard sur dix est validé, tourné et diffusé, c'est déjà très beau !

> *« Si l'aspirant storyboardeur ne travaille que dans la finalité d'être publié, il ne faut pas qu'il exerce ce métier-là. Il faut avoir à l'égard de ses propres dessins une attitude assez détachée. Je sais que la beauté de mes dessins se trouve dans leur capacité à "montrer". Le trait lui-même, la signature graphique, celle qu'on cherche chez un auteur de bandes dessinées, ou encore celle que l'on prend plaisir à reconnaître d'un album à l'autre… Eh bien moi, c'est exactement le contraire : plus je dessine, et plus je deviens un caméléon. Mon style s'adapte à la narration et à l'atmosphère du film ; à la rigueur, d'un storyboard à l'autre, on pourrait presque ne pas le reconnaître… Si le storyboardeur est profondément concerné par la finition de ses dessins, et viscéralement attaché à leur dimension esthétique, il exercera son métier avec aigreur, sinon dans l'attente d'être reconnu. »*
>
> Bruno de Dieuleveult, storyboardeur

Il n'y a vraiment qu'avec le storyboard d'animation que le storyboardeur peut satisfaire pleinement son ego : une fois son travail validé (avec quelques corrections ou modifications de rigueur) par le réalisateur, celui-ci va servir de guide absolu – on emploie l'expression de « bible » – pour le département *layout* d'abord, puis pour tous celles et ceux chargés de l'animation et des décors. Et lors de la projection, l'auteur du storyboard n'aura aucune surprise quant aux images qui vont défiler sous ses yeux, et reconnaîtra sans hésitation tous les plans qu'il aura dessinés. Mais hormis ce cas de figure bien précis, ne vous attendez pas à la retranscription fidèle de votre travail.

Il y a également un paramètre important dont vous devez toujours avoir les contraintes à l'esprit quand vous dessinez un storyboard : rester réaliste en regard des moyens qui sont mis à la disposition du projet sur lequel vous êtes embauché. Si le dessin permet tout, ce ne sera pas le cas une fois sur le tournage ou lors de la préparation des décors. Et imaginer des scènes irréalisables fera perdre du temps à tout le monde. Or le storyboard est précisément là pour en faire gagner. Il est primordial de garder à l'esprit la notion de faisabilité d'un plan : dessiner de l'infaisable fait perdre du temps et faire perdre du temps au cinéma, c'est interdit.

Donc, pas de superproduction pour un film à budget limité : avant d'entamer la collaboration, faites-vous bien spécifier les limites des moyens mis en œuvre pour la réalisation du projet. Si on vous assure qu'on pourra disposer d'une grue de telle amplitude, d'un décor reconstitué en studio avec plafond et cloisons amovibles, tâchez d'exploiter toutes ces possibilités… tout en vous méfiant des pièges du dessin (que nous allons aborder au chapitre suivant).

Enfin, toute l'efficacité de votre savoir-faire viendra des rapports harmonieux que vous saurez instaurer avec le réalisateur lors de l'élaboration du storyboard. Il vous revient de savoir séduire votre commanditaire, non seulement par les qualités évoquées, mais aussi et surtout, par votre bonne humeur, votre disponibilité, votre capacité à accepter ses critiques ou remontrances.

En effet, le storyboardeur est l'un des techniciens qui passe le plus de temps avec le réalisateur. De par son rôle et ses conditions de travail, il est souvent considéré comme un double du metteur en scène et on imagine assez facilement les conflits relationnels que cela peut engendrer. D'où l'importance d'établir une véritable science du comportement du storyboardeur (le « psychanalyste du réalisateur » pour reprendre l'expression des auteurs du *Guide pratique du storyboard,* voir bibliographie en annexes).

Les qualités du storyboardeur

1. Savoir écouter avant de savoir dessiner.
2. Savoir dessiner vite et bien en allant à l'essentiel.
3. Connaître et comprendre le langage cinématographique.
4. Faire preuve d'empathie.
5. Avoir beaucoup de philosophie et de détachement à l'égard de ses propres dessins.
6. Rester réaliste.
7. Instaurer des rapports harmonieux avec le réalisateur.

Les pièges du dessin

Lors de la section précédente, consacrée aux qualités et aptitudes nécessaires pour faire du storyboard, nous avons attiré l'attention sur les pièges du dessin. Ils sont de plusieurs natures.

Tout d'abord, le dessin est statique, alors que le cinéma bouge. Comment matérialiser la *live-action* (voir encadré), l'image en mouvement ?

Qu'est-ce que la *live-action*?

Le terme « live-action » est couramment admis pour définir la réalité décrite par le cinéma comme « action vivante », par opposition à la photographie qui est une « action instantanée ».

Par ailleurs, le dessin est en deux dimensions (votre feuille de papier), alors que la caméra va capter de la 3D. Vous devez constamment garder à l'esprit que le but du storyboard est de représenter une image de cinéma, donc tenir compte des spécificités d'ordre optique et gérer les problèmes de focales et de profondeur de champ ; il s'agit de mimer l'illusion cinématographique.

Enfin, le dessin est facile à faire. Pour quiconque possédant de bonnes bases et des dispositions en dessin, cela n'est pas plus compliqué d'illustrer la phrase « il lui serre la main » ou « ils sont assis à une terrasse de café » que « il s'élance du haut de l'immeuble et s'accroche au patin de l'hélicoptère au moment du décollage ». En revanche, les deux scènes ne se tournent pas avec la même aisance ; pareil concernant l'angle ou le point de vue.

Il en va de même si vous faites un dessin en négligeant le fait qu'on se trouve dans un espace clos. Vous verrez lors de l'exercice proposé plus loin (étape n° 9, plan 011-*plan 008,* voir p. 152) un exemple de plan très bien dessiné… pour le tournage duquel il faudra abattre une cloison, tout simplement parce qu'on aura oublié un instant que le dessin devait être au service du cinéma et non l'inverse.

Toujours dans cet ordre d'idée, il y a des choses « dessinables » qui fonctionnent parfaitement sur le papier, mais qui s'avéreront non « filmables », par exemple lorsque le film fait intervenir des animaux, auxquels on ne peut pas imposer n'importe quoi. Enfin, il existe d'autres formes de pièges : si le storyboard n'est pas assez fiable ou précis, il risque d'induire en erreur d'autres techniciens ou intervenants, par exemple le chef décorateur, qui se sera inspiré d'une illustration d'architecture anachronique.

De la même façon, si le costumier décide de ne pas s'occuper d'un détail, comme les chaussures d'un personnage qui est en plan américain sur le storyboard, un changement de plan au moment du tournage sera problématique.

Il faut aussi avoir constamment à l'esprit la finalité du storyboard, qui constitue une étape intermédiaire entre le découpage technique et le tournage, avec ses impératifs en termes de moyens – sans oublier le facteur temps imparti –, et ne pas le considérer comme un produit fini. En effet, à trop vouloir en faire, grand est le risque d'aboutir à l'effet inverse de ce qui est escompté. Le réalisateur souhaite parfois simplement des esquisses sur lesquelles appuyer son inspiration et ses idées, et non des œuvres détaillées et achevées qui tuent tout effort d'imagination.

Et pour finir, un des pièges consiste tout simplement à être trop obnubilé par le dessin… et oublier qu'on fait du cinéma, c'est-à-dire oublier qu'un plan est dépendant du plan qui le précède ainsi que du plan qui suit. Pensez toujours à faire bien attention aux raccordements : si une chaise est près de la porte sur un plan, qu'elle ne soit pas à côté de la fenêtre sur le plan suivant. C'est le genre d'étourderie qui peut causer de sérieux dégâts. Inutile de donner des migraines à la scripte !

Un métier plein de contraintes

Comme toute profession, celle de storyboardeur connaît son lot de contraintes, dont celles, légitimes, imposées par la volonté du réalisateur, puisque le storyboardeur est à son service.

Parlons aussi des contraintes technico-budgétaires. On ne peut pas partir à l'aventure, ni foncer tête baissée sans connaître l'enveloppe budgétaire, ni les moyens qui pourront être mis en œuvre pour la réalisation de telle séquence ou de tel plan. Il convient de connaître ces paramètres, afin d'éviter de faire des plans très beaux sur le papier, mais qui s'avéreront irréalisables pour une simple question de moyens financiers disponibles.

Déjà évoquées plus haut, citons les contraintes vis-à-vis de l'ego. C'est en effet un métier ingrat, peu reconnu, ignoré, presque jamais mentionné dans le générique, ou alors en tout petit ou en défilement très rapide, pas (ou rarement) publié, ou alors à l'initiative de son auteur, à ses frais et à ses risques et périls.

Quant aux contraintes de délais, comme le dit Pascal Garnier, storyboardeur publicitaire : « Un storyboard est TOUJOURS pour avant-hier ! » Oui, bien souvent, le storyboard se fait dans l'urgence, plus particulièrement en publicité, mais également dans le cinéma d'animation. Et il ne sert à rien de polémiquer – « Aaaah, ils auraient pu y penser plus tôt ! » –, c'est comme ça et pas autrement. On a d'ailleurs vu plus haut que la rapidité était une des qualités primordiales que devait posséder un storyboardeur.

À titre d'exemple, en série d'animation, un épisode de 26 minutes représente entre 360 et 420 plans. Pour un seul plan très découpé, le storyboardeur aura recours à 2, 3 ou 4 vignettes supplémentaires, ce qui augmentera d'autant le nombre total de vignettes au final. Et on dispose de 5 à 6 semaines pour les faire. Il faut savoir que lorsqu'une société de production a vendu une série de 26 épisodes à une chaîne de télévision, elle s'est engagée à lui fournir le produit fini dans un délai qu'elle ne peut pas différer, le passage à l'antenne étant programmé. Dans la publicité, ce n'est guère mieux : 18 ou 24 images couleur commandées le jeudi à 19 h 30 et à livrer le vendredi à 9 h 00, pour présenter au client à 14 h 00, sans oublier LE petit dessin ajouté sans rechigner en dernière minute, sur place…

« Comment reconnaître un bon boardier et son bon board ?

Le bon boardier doit avoir de grandes oreilles […] pour ne rien perdre du brief et exécuter fidèlement les 12 dessins en plan moyen au 50 mm qui seront âprement discutés dans d'innombrables réunions – mais jamais montés dans le film –, tout en suggérant finement dans les interstices les 11 autres plans possibles qui eux, feront le film. Le bon boardier est toujours disponible ; l'idée du bon board l'enthousiasme, il est constructif et judicieux dans ses observations, mais toujours plein de tact, docile, timide, légèrement humble mais sans flagornerie visible. S'il est intelligent et cultivé, il ne l'est jamais plus que ses interlocuteurs. S'il est doué, ce n'est jamais un artiste. Quand il rapporte le bon board – un peu avant l'heure convenue –, le bon boardier ajoute vite fait sans rechigner LE petit dessin qui manque (celui qu'il avait suggéré en vain lors du brief et sans lequel le film demeure totalement incompréhensible). […] Quand le film est à l'antenne, le bon boardier exercé peut reconnaître des petits bouts de son bon board, par contre, plus personne à l'agence ne se souvient du bon boardier. Quant au bon board, que le bon boardier souhaiterait récupérer afin de le mettre dans son dossier, il a définitivement disparu…
Tu parles d'un métier ! Heureusement que je n'ai jamais su dessiner. »

Michel Persitz, directeur de création en agence de publicité

Enfin, il ne faut pas oublier qu'à de très rares exceptions près – pour le storyboardeur intégré en CDI dans une agence ou une société de production –, il est assimilé à un technicien de l'audiovisuel, et comme tel, soumis au régime des intermittents du spectacle. Ses contrats sont donc exclusivement des CDD (payés au nombre d'heures ou au cachet), de plus ou moins courte durée, sans préavis, et sans certitude quant au lendemain une fois la mission terminée. Il faut donc s'attendre à une certaine précarité de l'emploi qui se traduit par des périodes plus ou moins longues de chômage, selon la notoriété de l'artiste, la conjoncture, ou encore les mouvances des modes.

Le storyboard d'animation

Le storyboard est une opération incontournable dans le processus de fabrication d'un film d'animation, qu'il s'agisse de dessin animé traditionnel, de papier découpé, de pâte à modeler ou d'animation en 3D assistée par ordinateur, ou encore d'inclusion d'images virtuelles dans des prises de vues réelles.

On ne fait pas de film d'animation sans storyboard et bien souvent, celui qui, au générique, est crédité de réalisateur n'est en fait qu'un superviseur (avec certes d'autres soucis et paramètres non négligeables à gérer), le vrai metteur en scène se trouvant être le storyboardeur.

Ceci est particulièrement vrai pour les séries TV destinées à la jeunesse, lesquelles constituent la majeure partie du champ d'action des storyboardeurs en animation. En effet, à quelques rares exceptions près, le storyboardeur va être beaucoup plus que cela, à savoir qu'il n'a que la bible graphique et le scénario, un point c'est tout.

C'est donc lui qui va faire le découpage technique, alterner des plans larges avec des plans serrés en passant par tous les intermédiaires, décider de tel ou tel mouvement de caméra (panoramique, *truck-in* ou *truck-out*, combinaison des deux, etc.), de fondu-enchaîné, du rythme de l'enchaînement des plans – dans bien des cas, il sera tenu d'établir le *timing* des plans. Il fera également de la direction d'acteurs, définira leurs attitudes ainsi que leurs expressions, décomposera une action le plus précisément possible, fixera la position de la caméra par rapport au décor et aux acteurs, donnera des indications de focales (par exemple : « B.G. flou », soit *background,* ou décor, flou ; « premier plan net », etc.).

C'est certainement la meilleure formation de storyboard qui soit, particulièrement pour celles et ceux qui envisagent de passer tôt ou tard à la réalisation. Dans le cadre de séries d'animation notamment, tout apport personnel d'idées, de gags non spécifiés dans le scénario remis, de mise en scène pertinente est en général le bienvenu. Bref, du travail du storyboardeur dépendra le bon déroulement du processus de fabrication. Il reste néanmoins bien entendu que ce travail devra être validé par le réalisateur, et que c'est bel et bien ce dernier qui aura le dernier mot.

Le storyboard de publicité

C'est bien dans ce domaine que la notion d'outil de vente, de séduction, prend tout son sens. Même si, depuis la récession des années 1990, on a pu voir des commerciaux partir vendre un projet de film à leurs annonceurs sans storyboards, ce cas de figure reste exceptionnel.

Ceci étant dit, je voudrais ajouter une nuance quant à l'appellation « storyboard » concernant la publicité, dans la mesure où le commanditaire – celui qui briefe le storyboardeur – est un directeur artistique, à savoir un homme ou une femme de concept créatif publicitaire, mais qui ne raisonne pas en réalisateur et n'a aucune idée de la façon dont sera réalisé son film, ni de ce que cela pourra coûter, et qui, bien souvent, ignore superbement les règles fondamentales du langage cinématographique. Raccords, mouvements, règle des 180°, etc., n'ont ainsi aucune importance dans la plupart des vignettes dessinées. Il serait effectivement plus exact d'employer le terme de *shooting boards* ou encore de *concept boards* pour désigner le document que le commercial de l'agence va présenter à son client.

Ce qui importe, c'est de sublimer visuellement le produit et de convaincre l'annonceur que la préconisation de l'agence fera monter les ventes en flèche. Comme dit plus haut, c'est le domaine où l'on est le mieux payé. Et puisqu'on parle d'argent, faisons un rapide tour d'horizon des différents statuts et modes de paiement du travail d'un storyboardeur.

Le statut du storyboardeur

Il y a deux cas de figure quant au statut de l'artiste.

1. Le storyboardeur est salarié : son employeur paie les charges sociales. Dans ce cas, deux options existent :

- il est engagé en CDI (contrat à durée indéterminée) par l'agence de publicité (cas extrêmement rare aujourd'hui) ou la société de production, ou encore par un studio d'animation ;
- il est appelé en mission pour une courte durée en CDD (contrat à durée déterminée). Il est assimilé à un technicien de l'audiovisuel et soumis comme tel au statut d'intermittent du spectacle : il aura un numéro de congés spectacles et il percevra un salaire selon la durée de la mission qui lui sera confiée. À l'issue de celle-ci, il n'aura ni préavis ni indemnités de fin de contrat. Dans ce cas, c'est la société de production qui le paie, car l'agence de pub classique, n'ayant pas le code APE requis, n'est pas habilitée à employer un intermittent. Aussi, un storyboardeur soumis au régime des intermittents du spectacle devra-t-il totaliser ses 507 heures de travail pour prétendre toucher des indemnités auprès de Pôle emploi (anciennement Assedic) en attendant sa prochaine mission.

2. Le storyboardeur est travailleur indépendant, ou *free-lance* : il doit avoir un numéro de Siret pour établir des factures ; il perçoit des honoraires et paie lui-même ses charges (Sécurité sociale, assurance maladie, retraite, Urssaf, CSG et autres).

Le storyboardeur indépendant a un agent (c'est le cas de la majorité d'entre eux) qui va prospecter les services d'achat d'art dans les agences. C'est cet agent qui sera contacté pour une mission (bien souvent à la dernière minute, « pour hier » !), qui établira la facture et réglera l'artiste en percevant une marge.

Quel que soit son mode de rémunération – salaire ou note d'honoraires –, il existe là aussi plusieurs possibilités.

1. Le storyboardeur est payé à la vignette. C'est le cas le plus fréquent, en agence de publicité pour le free-lance (honoraires).
2. Il est payé soit à la journée – lorsqu'il s'agit d'une mission ponctuelle, surtout en agence (ce que l'on appelle une « charrette » dans le jargon publicitaire), ou de corrections d'un storyboard fait par un autre artiste –, soit à la semaine, ou encore au mois. Sur un projet de long-métrage, cela peut représenter entre six mois et un an de travail, voire davantage.
3. Dans les studios d'animation, le storyboardeur est rémunéré à l'épisode. Selon le format de l'épisode (entre 13 et 26 minutes), ainsi que le degré de finition du travail exigé, un tarif forfaitaire est conclu entre la société de production et l'artiste.

Rappelons qu'un épisode de série pour la jeunesse conçu pour durer 26 minutes comporte entre 360 et 420 plans (dont certains vont nécessiter un développement en 3, 4 ou 5 vignettes), et que le storyboardeur dispose d'un délai de 5 ou 6 semaines pour le faire. Il doit également mettre au point les textes (descriptif technique et action, dialogues, effets spéciaux…) et établir le *timing* de chaque plan. Sans vouloir faire de polémique, ce métier n'est pas fait pour les adeptes des 35 heures. Le storyboardeur doit être disponible, toujours prêt à intervenir, tel un pompier à l'appel du feu.

Chapitre 2

Langage cinématographique et techniques de dessin

Le découpage technique

On a vu dans l'introduction que le point de départ de tout projet cinématographique était l'écriture d'un scénario, avec ses limites d'un point de vue strictement filmique, ce qui conduit le réalisateur à effectuer un **découpage technique**. Celui-ci va diviser chaque séquence du scénario en plans : courts ou longs, fixes ou avec mouvement de caméra, larges ou resserrés… De la qualité de l'élaboration de chaque plan et de la pertinence de l'enchaînement de ceux-ci dépendront la qualité et la pertinence du film pour 80 %.

Qu'est-ce qu'un plan ?

Le plan est l'unité de base du cinéma. Pour rappel, le plan démarre quand le réalisateur dit « Action ! » et se termine quand il dit « Coupez ! »

> *« J'essaie en général d'obtenir une vision achevée de mon film avant le début du tournage. Avec un réalisateur de talent, le montage final est un jeu d'enfant s'il a procédé en construisant chaque scène à l'avance dans son esprit, tout en sachant ce qu'il voulait créer. »*
>
> Alfred Hitchcock, réalisateur

En sémiologie de l'audiovisuel, on parle de division d'un projet selon le filmique et le profilmique :

- le **filmique** évoque tout ce qui concerne le travail de la caméra et du micro ;

- le **profilmique** est relatif à tout ce qui est devant la caméra et le micro : les êtres vivants, les objets et l'environnement (décor).

Dans le découpage technique, on distingue deux départements principaux :

- le **descriptif technique**, c'est-à-dire le filmique ;
- le **descriptif action**, qui correspond au profilmique.

Les cinq informations essentielles devant figurer dans le découpage technique sont :

- la valeur de plan ;
- l'angle de prise de vues ;
- les mouvements de caméra ;
- la position des personnages ;
- le dialogue et/ou l'action.

La valeur de plan (partie descriptif technique) : c'est la relation entre l'image projetée et les objets qu'elle présente. Nous avons tous un champ visuel assez large, sans cette limite de cadre ou d'écran. Faire du cinéma, c'est faire une sélection de notre champ visuel dans une fenêtre rectangulaire au rapport largeur/hauteur prédéfini.

L'angle de prise de vues (partie descriptif technique) : c'est la relation entre la position de la caméra et les objets sur lesquels elle se concentre. L'axe focal est-il horizontal, incliné plus ou moins fortement vers le haut ou vers le bas (plongée et contre-plongée) ? La caméra est-elle à hauteur visuelle d'un homme, à ras de terre, ou située très en hauteur ? L'appareil est-il bien d'aplomb ou penché (débullé) ?...

Les mouvements de caméra (partie descriptif technique) : cela concerne tout ce qui fait référence à un éventuel déplacement de caméra au cours de la prise de vues, que ce soit un mouvement simple ou complexe, avec des changements de sens du déplacement de la caméra (axes X, Y et Z). On inclura dans cette rubrique les variations de longueur focale d'un objectif (les zooms).

La position des personnages (partie descriptif action) consiste à détailler le ou les personnages – ou animaux, véhicules... – qui sont dans le champ, et leurs attitudes (debout, assis, accroupi, couché...). Mais aussi comment ils se situent les uns par rapport aux autres et à l'intérieur du décor, s'ils sont statiques ou s'ils se déplacent, quelles sont les entrées et sorties de champ, ainsi que toute autre information nécessaire à la prévisualisation d'un plan.

Le dialogue et/ou l'action (partie descriptif action) : c'est la description minutieuse de ce qui se passe dans le plan (actions, mouvements ou déplacements de personnages). On pourra reprendre des extraits du scénario, en y ajoutant des précisions utiles au plan concerné, par exemple qui dit quoi et à quel moment (dialogues ON ou OFF). S'il y a d'autres éléments sonores (musique, bruits), on l'indiquera également. Pareillement, les changements de lumière – naturelle ou artificielle –, ou autres éléments (pluie, vent, brume, éclairs, etc.) doivent être signalés.

En résumé

Informations devant figurer dans le découpage technique

1. La valeur de plan
2. L'angle de prise de vues
3. Les mouvements de caméra
4. La position des personnages
5. Le dialogue et l'action

Tous ces éléments vont constituer la « bible » du storyboard et du tournage – sans oublier le montage –, le guide absolu du storyboardeur (sans parler du reste de l'équipe).

On ne fait pas de storyboard sans découpage technique, puisque ce document va déterminer précisément chacun des plans, l'un après l'autre, selon les souhaits et la volonté du réalisateur, plans qu'il va falloir prévisualiser sous forme de vignettes dessinées et cadrées.

C'est également ce découpage technique qui va fixer les séquences à storyboarder en priorité. Il est en effet rarissime que l'intégralité d'un projet soit storyboardé (on n'est pas aux États-Unis !). Aussi le découpage technique établira-t-il les « incontournables », selon le temps imparti, la complexité des séquences sélectionnées, et le budget mis à disposition pour le département storyboard. Il est ainsi quasiment indispensable pour les scènes d'effets spéciaux et les cascades, pour lesquelles une préparation minutieuse est obligatoire.

Lors du choix des séquences à storyboarder, on sélectionnera notamment :

- les prises de vues comportant des effets spéciaux (appelés FX) ;
- les scènes de cascades ou comportant des effets pyrotechniques ;
- les scènes comportant des foules (péplums, batailles, films catastrophe, etc.) ;
- les scènes avec des animaux – le storyboard sera indispensable pour le dresseur ;
- tout plan comportant des mouvements de caméra complexes ;
- les séquences dites « de montage » (rassemblant des plans issus d'autres séquences et montées selon un rythme établi pour exprimer une intention narrative définie, par exemple lorsqu'un plan insert raccorde deux plans, ou bien pour les *flash-backs* qui alternent des plans de l'action en cours avec des scènes du passé) ;
- les séquences d'ouverture et de clôture.

On storyboardera également, d'une manière générale, tout type de séquences ne présentant pas *a priori* de difficultés techniques particulières, mais évoquant un moment fort du film, notamment lorsque le storyboard servira d'argument de vente, de décision à l'attention d'une société de production ou d'un partenaire financier.

> «*Il arrive très rarement de storyboarder un film au complet, car toutes les scènes ne nécessitent pas de découpage dessiné. J'ai dernièrement travaillé sur le projet* Astérix chez les Bretons *pour lequel beaucoup de séquences comportaient des effets spéciaux. Le storyboard a alors été très complet.*»
>
> Maxime Rebière, storyboardeur

C'est bien entendu au réalisateur que revient la décision de faire storyboarder l'intégralité du projet, ou seulement quelques séquences ou plans à problème... ou rien du tout, en accord avec la société de production qui finance l'entreprise.

Aussi le storyboardeur devra-t-il parfaitement comprendre le découpage technique. Si ce dernier n'est pas suffisamment clair pour vous, n'hésitez jamais, lors d'une séance de briefing avec votre réalisateur, à poser toutes les questions nécessaires qui vous viendront à l'esprit, quitte à faire à côté de lui des petits gribouillis – des «zéro plus zéro égale la tête à Toto» – que vous reprendrez et améliorerez chez vous.

Dans le même ordre d'idée, nous l'avons déjà dit, vous devez connaître le vocabulaire technique employé au cinéma. Il est primordial que le réalisateur et son storyboardeur soient sur la même longueur d'onde, à commencer par comprendre et utiliser le même langage. Après avoir bien étudié le découpage technique – sans oublier de poser toutes les questions qui vous semblent nécessaires –, il est de bon aloi de définir aussi précisément que possible où se situent les acteurs dans l'environnement du plan à tourner, ainsi que la place de la caméra. À cet effet, nous allons donc aborder une phase essentielle si l'on veut obtenir le meilleur résultat, qui est la phase du diagramme en plan ou en élévation.

Les diagrammes

Quelles que soient sa facture et la complexité du découpage ou des scènes à tourner, un storyboard doit pouvoir être compris par tous ses utilisateurs, sans aucune ambiguïté, ne laissant aucune place au doute ou à la perplexité. Le ou les dessins posséderont toutes les informations et indications nécessaires à une réalisation optimale, dans les meilleures conditions de tournage, sans s'égarer dans des détails superflus, ni jamais empiéter sur le territoire des autres intervenants.

Dans votre carrière de storyboardeur, vous allez devoir prévisualiser tous les cas de figure : un ou plusieurs personnages dans un décor déterminé – intérieur ou extérieur. Certains seront statiques, d'autres vont se déplacer, avec des entrées ou sorties de champ, des véhicules, des animaux... Vous allez avoir des plans fixes et des mouvements ou déplacements de caméra : en avant, en arrière, vers le haut ou vers le bas, à gauche ou à droite, en biais, selon un trajet rectiligne, en courbe, ou encore avec des variations de directions extrêmement complexes. La hauteur de la caméra par rapport au sol variera, ainsi que son inclinaison (plongée, contre-plongée, cadre débullé…). La liste est loin d'être exhaustive et les possibilités n'ont de limite que l'imagination et la créativité du metteur en scène.

Aussi, la meilleure façon d'exécuter une vignette de storyboard qui soit « juste », pragmatique et opérationnelle, consiste à déterminer en premier lieu où se trouvent le ou les sujets dans un environnement donné, et où placer sa caméra pour obtenir l'image désirée par le réalisateur. Pour cela, on va établir un **plan au sol** (ou *floor plan*) représentant la configuration du lieu où se déroule la séquence.

Deux cas de figure se présentent alors.

- Soit le repérage a été fait, validé, le lieu est connu, le décor existe, auquel cas il vous suffit de le reproduire en plan, à l'échelle, quitte à indiquer les mensurations, comme pour un plan d'architecte. C'est le cas de l'image ci-contre.
- Soit ce décor est encore « virtuel » ; le réalisateur souhaite tel type de lieu – avec ou sans références –, et vous allez ensemble établir un plan au sol aussi proche que possible de ce que sera le lieu dans la réalité au moment du tournage.

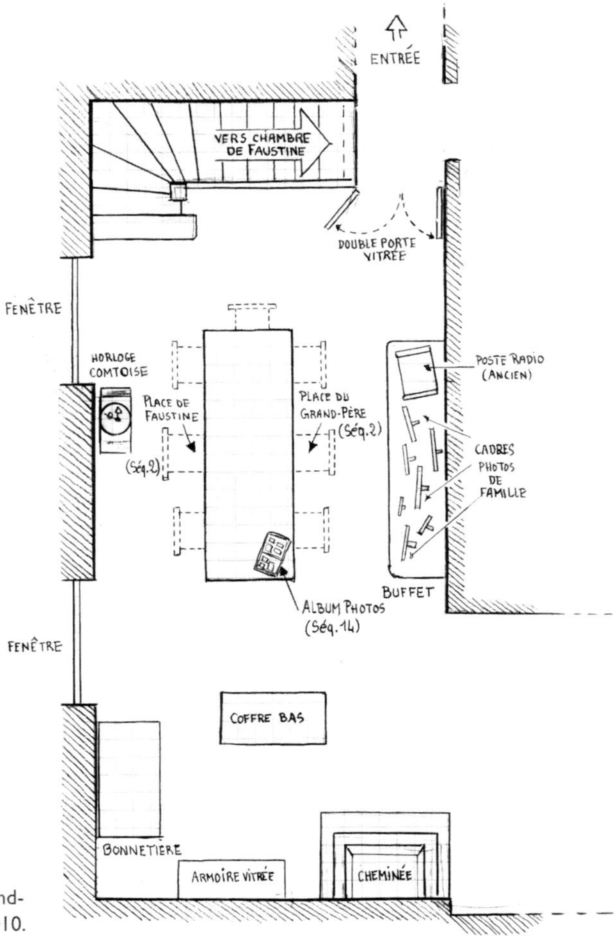

Le Passage, de Fabien Montagner. Maison du grand-père. Plan au sol. © Louis de Rancourt, 2010.

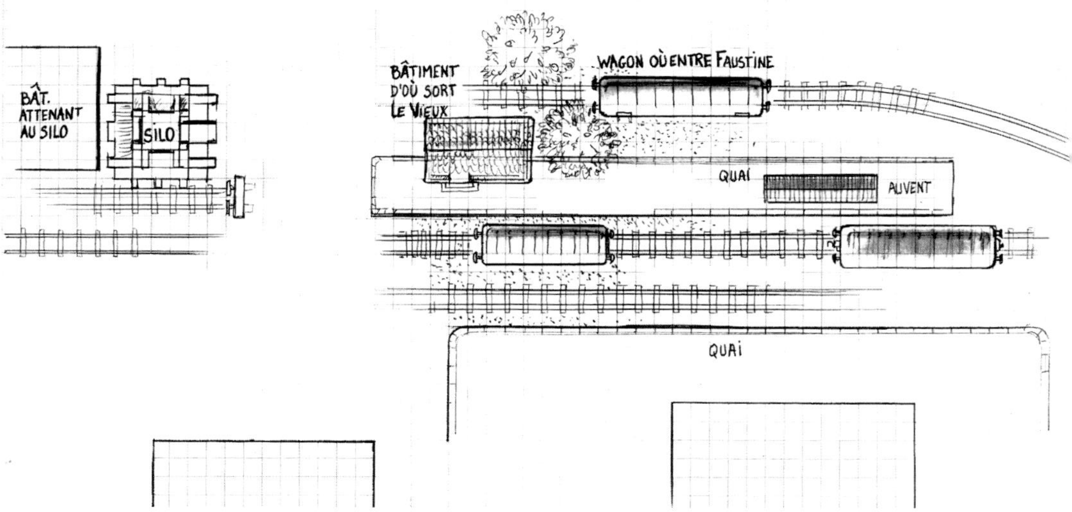

Le Passage, de Fabien Montagner. Gare désaffectée. Plan au sol. © Louis de Rancourt, 2010.

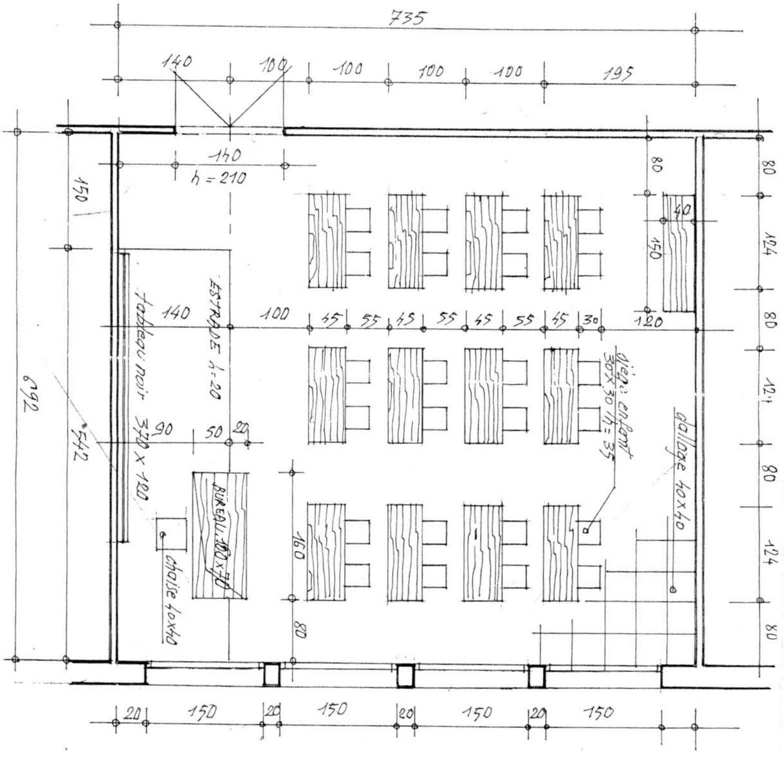

Salle de classe, avec dimensions. Plan au sol. © Renaud Archambault de Beaune, 2004.

« Au moment où j'interviens, environ un mois avant le tournage, les repérages sont souvent déjà faits et les équipes de décoration ont préalablement élaboré les éléments de décor, de costumes. Je me sers donc de tout cela pour dessiner au plus près de l'esprit du film et de son environnement. »

Bruno de Dieuleveult, storyboardeur

Dans le deuxième cas – le plus courant –, ce sont les responsables du département décor et ceux du repérage qui vont être concernés en premier chef et qui vont jouer un rôle primordial et déterminant dans l'élaboration du projet.

- Intérieur ou extérieur ?
- Décor réel ou reconstitué en studio, avec plafond et cloisons escamotables ?
- Avec quel budget ?

Si l'équipe est déjà constituée, est-il nécessaire de vous inviter à entrer en contact avec les responsables du département décor et ceux du repérage, et de travailler en totale symbiose avec le chef décorateur ?

« Pour Vidocq, *qui était son premier long-métrage, [j'ai proposé à Pitof] un très grand nombre de décors dessinés et il faisait le tri en disant : "Ah, ça, ça sera bon pour telle scène !" [...] Il fallait donc que Jean Rabasse [le chef décorateur] me fasse confiance et sache que je n'empiéterai pas sur son territoire. Je sais que c'est un homme extrêmement précis, rigoureux quant aux limites de son territoire. Quand j'avais des doutes, j'allais le voir et lui disais : "Voilà, j'ai fait ça." Je voyais comment il réagissait à son regard, il n'avait pas besoin de parler. [...] C'est sans doute un peu moins flatteur pour l'ego, car on a l'impression de moins donner de soi, mais cela permet d'apprendre à travailler dans les contraintes, ce qui n'est jamais perdu... »*

Fabien Lacaf, storyboardeur

Revue *Storyboard,* n° 2, décembre 2002-janvier-février 2003, Alvisa Éditions

Voici (ci-contre et page suivante) quelques exemples de plans au sol que j'ai établis sous les directives de réalisateurs, en partant de types de lieux souhaités, réels ou fictifs, en intérieur comme en extérieur.

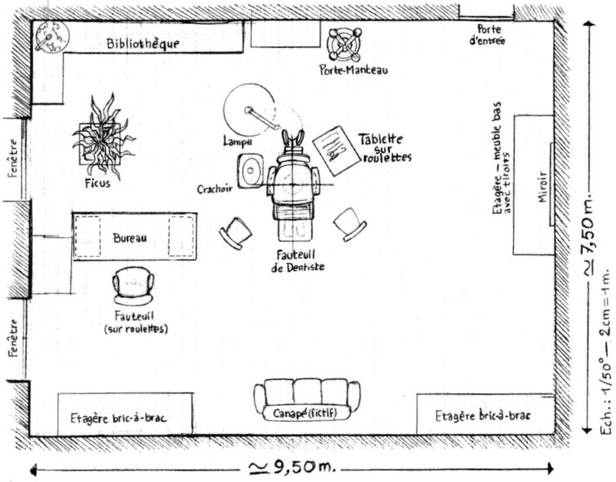

Plan au sol pour un décor souhaité (n'existant pas encore). Cabinet du dentiste. *Le Scorpion et la Grenouille*, de Jérémie Prigent. © Louis de Rancourt, 2010.

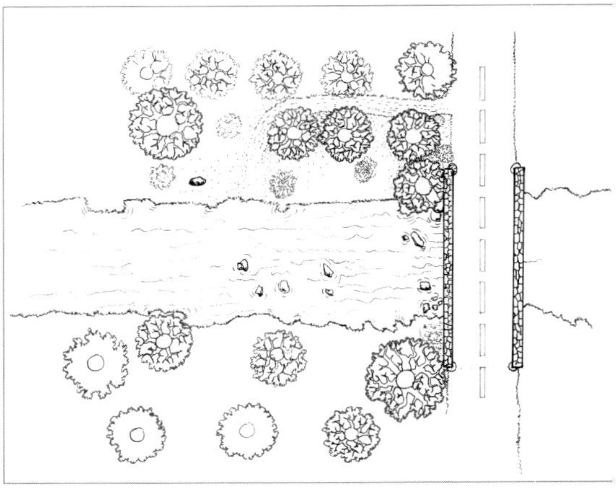

Plan au sol pour un décor souhaité (en cours de repérage). Rivière et pont. *Les Enfants de la berge*, de Thierry Autret. © Louis de Rancourt, 2007.

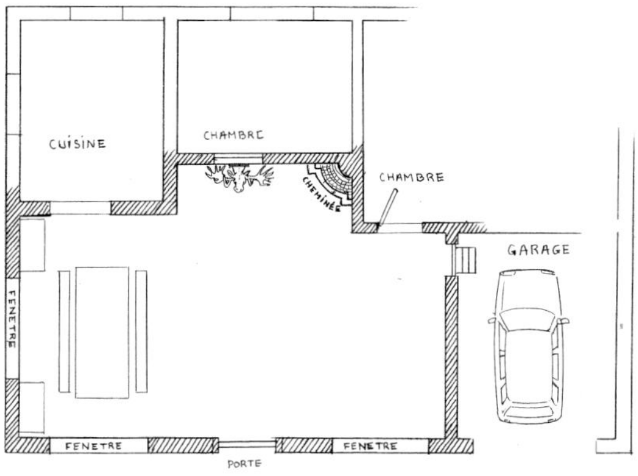

Plan au sol pour un décor souhaité (en cours de repérage). Intérieur du chalet, sans personnages. *Le Temps des loups* (d'après un scénario de Michaël Haneke) pour un exercice de storyboard. © Louis de Rancourt, 2009.

Le plan au sol en l'état peut servir de point de départ à une prévisualisation du type de décor souhaité. En reprenant mon plan au sol du cabinet du dentiste (ci-dessus), le réalisateur m'a demandé de faire une illustration d'ensemble (ci-contre), que l'on pourrait assimiler à une illustration de préproduction. J'ai traité cette illustration comme si je devais faire un panoramique allant de la fenêtre à gauche jusqu'à l'étagère avec miroir à droite ; en effet, le découpage technique était tel que l'on ne voyait jamais la cloison avec la banquette. Peu de temps après, le réalisateur m'a envoyé le message suivant : « Quand mon producteur a vu ton plan et ton dessin, il m'a dit : "Pas de problème : ton décor, tu l'auras !" »

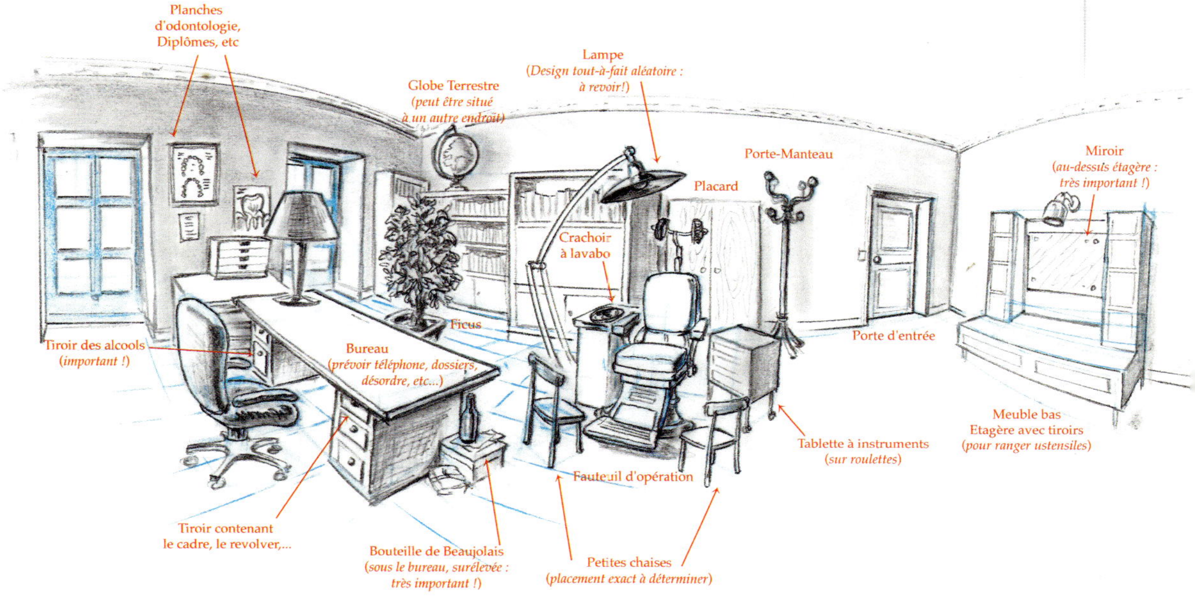

Cabinet du dentiste. Perspective anamorphosée. Illustration de préproduction. *Le Scorpion et la Grenouille*, de Jérémie Prigent. © Louis de Rancourt, 2010.

Il arrive que l'on se trouve, au moment du tournage, avec une configuration finale extrêmement fidèle par rapport au projet de décor initial. Parfois, il y a quelques distorsions ou différences, mais qui ne remettent pas en question la mise en scène avec ses mouvements de caméra, ni ne bouleversent le plan de tournage. De toute façon, quand on fait du cinéma, il faut être prêt à capter l'imprévu, savoir s'adapter : c'est tout le côté passionnant du septième art !

Une fois le plan au sol établi, on va positionner les personnages chacun à sa place dans le décor sous forme de petits pictogrammes très simples ; les plus couramment utilisés sont reproduits ci-dessous.

Homme Femme Enfant

Pictogrammes des personnages de base : homme, femme, enfant. © Louis de Rancourt.

Vous pouvez ainsi indiquer dans quel sens est orienté le personnage grâce aux petits pieds. On peut évoquer un personnage féminin en lui ajoutant une indication de poitrine. Un enfant sera de taille inférieure par rapport à un adulte.

Si vous avez plusieurs personnages, dont certains avec des spécificités, vous pouvez recourir à des variantes et ajouter leur nom (ou leurs initiales), comme ci-dessous. On distingue, de façon très épurée, qu'un homme tient un fusil et qu'il y a une grosse femme avec un bébé dans les bras. Les protagonistes sont nommés.

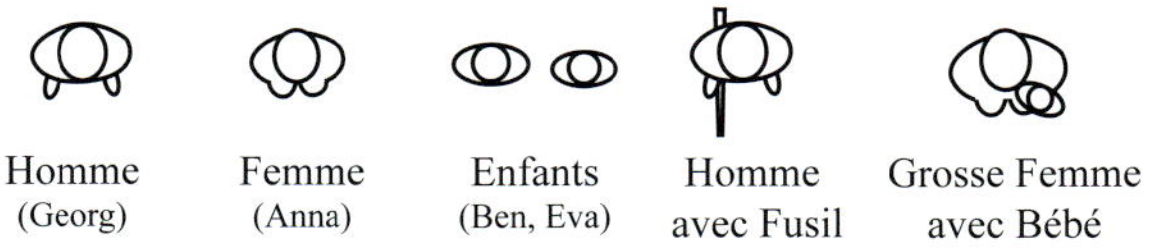

Personnages pour diagramme en plan. *Le Temps des loups* (d'après un scénario de Michaël Haneke) pour un exercice de storyboard. © Louis de Rancourt, 2009.

Vous pouvez varier l'exercice à l'infini : personnage assis, à cheval, en voiture… Dans le cas où vous avez deux ou plusieurs adultes de proportions similaires, identifiez chacun d'eux par un code de couleurs.

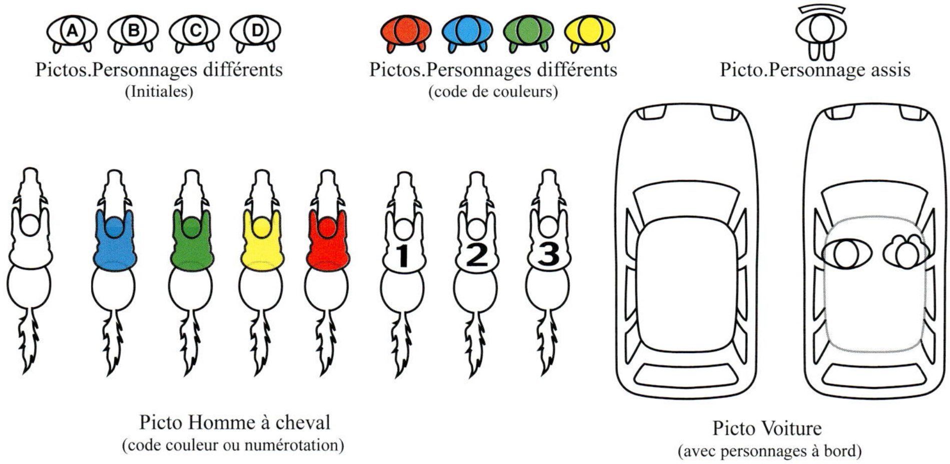

Pictogrammes de personnages assis, à cheval, en voiture, avec des couleurs ou des numéros différents. © Louis de Rancourt.

Lorsqu'un personnage, animal, véhicule ou autre se déplace dans un espace donné, il est important de bien notifier :

- la position du personnage au point de départ;
- la position du personnage au point d'arrivée;
- le parcours, sous forme de fléchage ou de pointillés.

Nous aurons donc un personnage « dédoublé ». Et si le parcours est irrégulier ou atypique, avec des arrêts, changements de direction, retours en arrière…, il n'est pas anodin de notifier toutes les poses intermédiaires, en les numérotant.

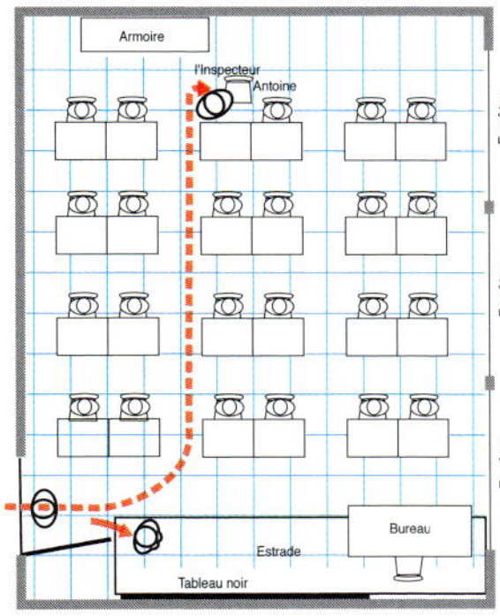

Exercice de storyboard de la salle de classe. Diagramme sans caméra. © Louis de Rancourt.

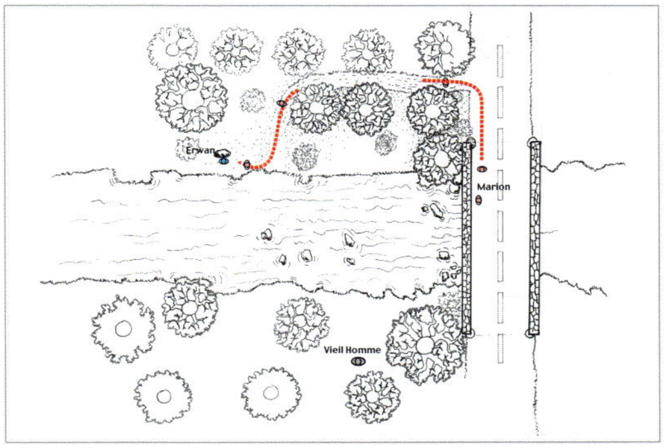

Diagramme sans caméra. *Les Enfants de la berge*, de Thierry Autret. © Louis de Rancourt, 2007.

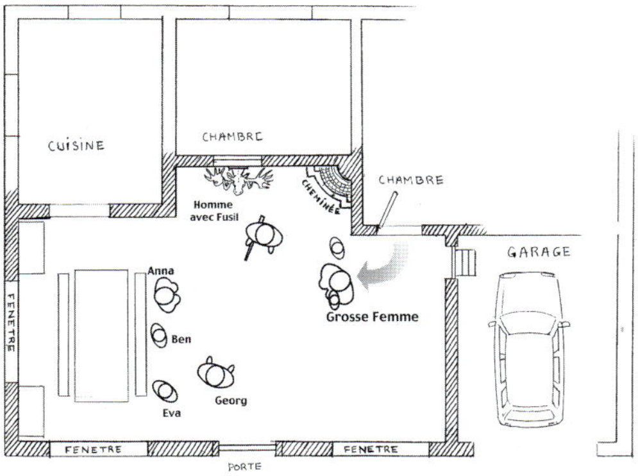

Diagramme avec personnages, sans caméra. Exercice de storyboard. *Le Temps des loups*, d'après un scénario de Michaël Haneke. © Louis de Rancourt, 2009.

Maintenant que les éléments sont installés, il nous reste à déterminer l'emplacement de la caméra. Pour cela, vous trouverez en annexes (voir p. 214) une planche de pictogrammes de caméras que je vous invite à reproduire sur papier-calque ou à imprimer sur support transparent (type Celluloïd). Vous constaterez une variété d'angles de couverture, selon que vous aurez à utiliser des objectifs de courte focale (grands-angulaires), des focales standards ou des longues focales (petits et moyens téléobjectifs).

Pour chaque plan, après avoir installé le ou les sujets dans le décor (plan au sol), puis après avoir bien lu les spécificités du plan énoncées dans le découpage technique, vous allez placer un de ces pictogrammes de caméra sur votre schéma, l'ajuster, choisir l'angle qui convient le mieux et opter pour une position. L'axe rouge en pointillés va vous aider à déterminer le centre d'intérêt de l'image que vous souhaitez obtenir. Selon qu'il s'agit d'un plan général, d'un gros plan ou d'un des plans intermédiaires entre ces deux extrêmes, vous allez choisir un angle de caméra couvrant tout ce que l'on désire voir à l'image.

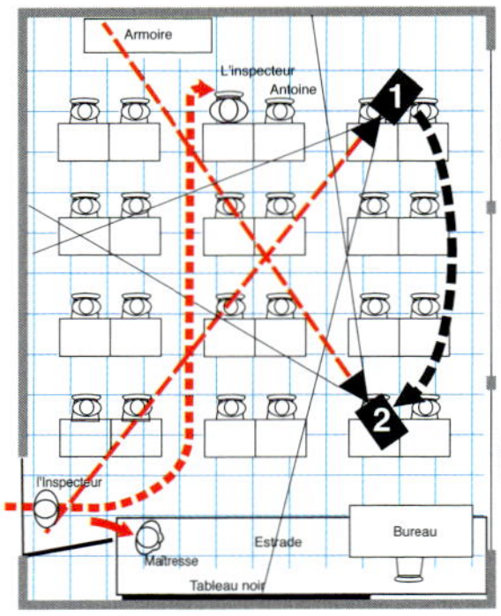

Diagramme avec caméra. Exercice de storyboard de la salle de classe. © Louis de Rancourt.

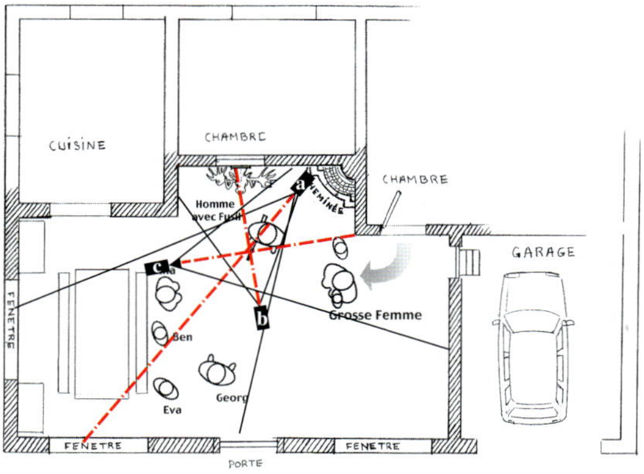

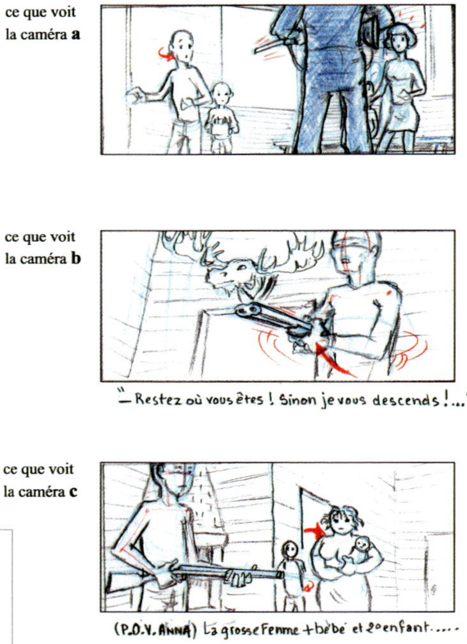

Diagramme avec personnages et caméras. *Le Temps des loups*, pour un exercice de storyboard, d'après un scénario de Michaël Haneke. © Louis de Rancourt, 2009.

Sur l'exemple ci-dessus, les personnages ont la même place dans le décor. Il y a trois positions de caméra, appelées a, b et c (il n'y a pas de « suite filmique » dans ce cas). On peut en effet grouper plusieurs plans sur un seul et même schéma. Vous avez en regard les trois vignettes correspondant à ce que voient les caméras a, b et c.

Dans un espace clos, cette opération vous évitera de placer une caméra de l'autre côté d'un obstacle ou d'une cloison inamovible ; cependant, même si « ça vous arrange », évitez donc de représenter des pictogrammes de caméra avec une couverture de champ trop large. Un tel pictogramme de caméra équivaudrait en effet à filmer avec une caméra équipée d'un objectif de type fish-eye ! Restez dans les normes raisonnables et réelles…

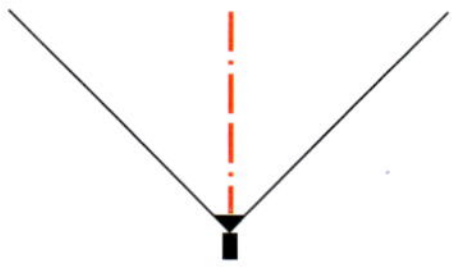

Picto de caméra équipée d'un fish-eye (à éviter). © Louis de Rancourt.

Si l'on veut avoir recours à un changement de focale en cours de prise de vues (zoom), le pictogramme de caméra sera représenté comme ci-contre, avec la variation d'amplitude désirée et le sens du changement de focale, selon qu'on opte pour un zoom avant ou un zoom arrière.

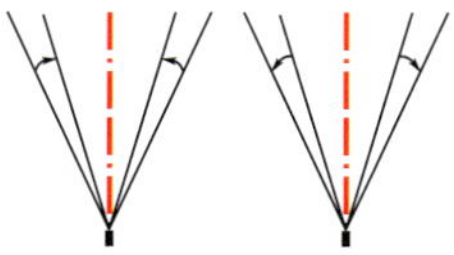

Pictos de caméra faisant un zoom avant et un zoom arrière.

Tout comme pour les personnages, s'il y a un déplacement de caméra, il convient de placer un pictogramme de caméra pour la position de départ, un pictogramme de caméra pour la position d'arrivée, et de relier les deux par un trajet fléché.

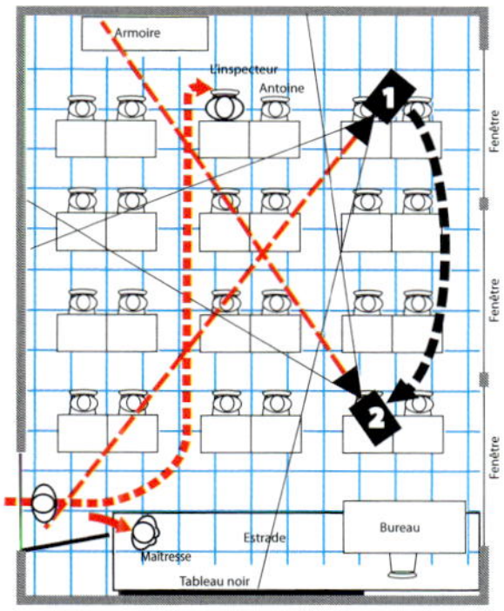

Diagramme avec déplacement de caméra. Exercice de storyboard de la salle de classe. © Louis de Rancourt.

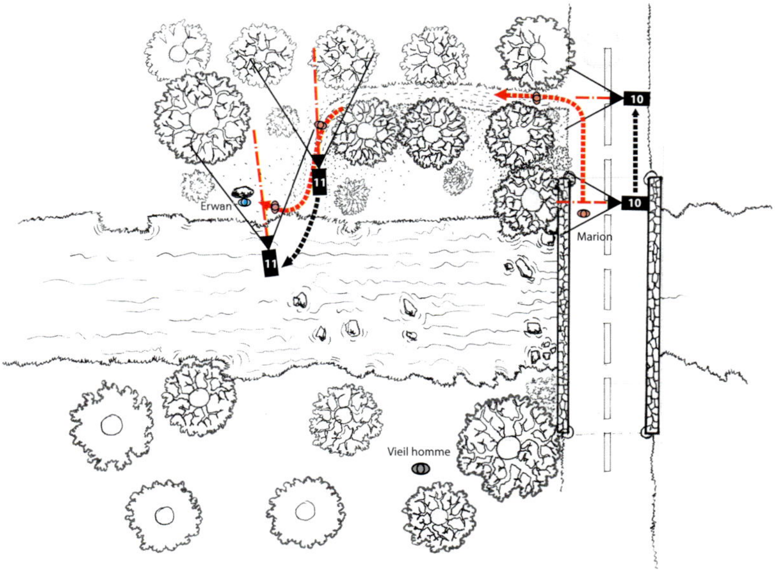

Diagramme avec déplacement de caméra. *Les Enfants de la berge*, de Thierry Autret. © Louis de Rancourt, 2007.

Séq. 4 - Plan 34

Caméra en travelling arrière plan d'ensemble de Florencia qui avance vers la caméra, 3/4 gauche. Elle passe devant le couple ...

...une belle jeune femme qui attire toutes les attentions. La nymphette évolue avec grâce au milieu des rayons, allant jusqu'à ébaucher de véritables mouvements de danse. Elle croise un couple : la femme se retourne, hostile, sur son passage, l'homme intimidé la regarde à la dérobée...

Elle passe derrière la femme qui la suit du regard. Le «dragueur» la contourne ; elle poursuit son chemin

...le couple la regarde passer, l'homme reçoit une gifle.
Elle croise une autre femme qui semble subjuguée, et un homme en vrai «dragueur de supermarché» qui ne se prive pas pour faire une tentative d'approche...totalement ratée.

Le travelling stoppe avec Laurent qui entre en amorce bord cadre gauche. Florencia s'arrête enfin en plan d'ensemble face à un rayon sur la gauche.

La jeune femme l'esquive avec sourire et légèreté.
Laurent entre dans le champ

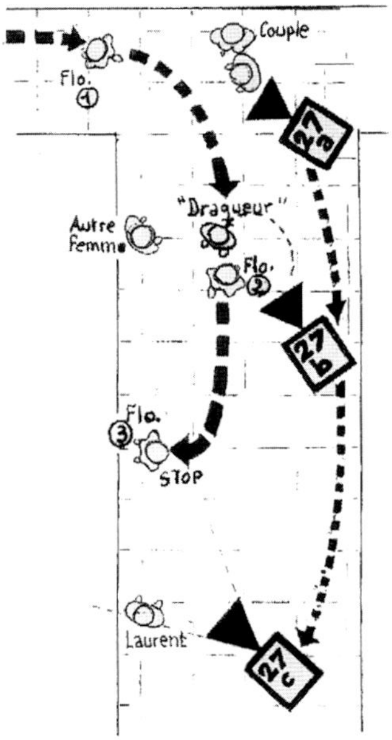

Diagramme avec texte et vignettes. *La Vieille qui roulait au super*, de Jean-Stéphane Beetschen et Franck Confino. © Louis de Rancourt, 2004.

Ce que nous venons de faire, c'est-à-dire associer un plan au sol, des pictogrammes de personnages (ou autres) avec ou sans déplacements et des pictogrammes de caméra(s), cela s'appelle un **diagramme en plan** (appelé *overhead diagram* en anglais, ou encore *plot plan*, plan de l'intrigue).

Que vous ayez déjà une certaine expérience ou bien que vous soyez storyboardeur néophyte, je ne saurais trop vous inviter – avant d'esquisser le moindre dessin – à établir systématiquement un plan au sol – réel ou « fictif » –, d'y placer vos divers éléments puis, à l'aide de la planche transparente comportant les pictogrammes de caméras, de déterminer le placement de la caméra. Et ce, pour tous les plans, les plus compliqués comme ceux qui semblent les plus simples et les plus anodins.

Quelques réalisateurs ont exaucé à mon endroit le vœu émis par Marcie Begleiter dans son livre *Les Clés pour créer un storyboard* (voir bibliographie en annexes, p. 205) : « J'aimerais que les réalisateurs fournissent systématiquement un diagramme en plan comportant les mouvements des personnages. » Je peux vous affirmer par expérience que cette méthodologie fait gagner un temps considérable :

- au storyboardeur d'abord : moi qui ne suis pas un dessinateur rapide, j'arrive à abattre un nombre impressionnant de vignettes en un minimum de temps ;
- à l'équipe de tournage ensuite.

Cela vous évitera de dessiner « faux », de faire des erreurs de raccord de positions des personnages ou éléments du décor, de produire d'éventuelles très belles images qui vont s'avérer irréalisables en termes de tournage. Ce genre de très beau dessin fait sans doute de l'effet dans un dossier de préproduction, mais s'il pose des problèmes insolubles sur le plateau de tournage, il ne vaudra plus grand-chose ! Nous verrons dans l'exercice pratique proposé dans le chapitre 3 plusieurs exemples et contre-exemples démontrant les multiples inconvénients auxquels on s'expose à ne pas avoir recours au diagramme en plan. Alors, n'hésitez pas, surtout au début : faites systématiquement cette manipulation (laquelle ne vous prendra pas beaucoup de temps) et vous vous épargnerez bien des déboires !

Le diagramme en plan, s'il présente l'avantage de donner un point de vue vertical qui regroupe en une seule image la position et les déplacements des personnages, mais aussi ceux de la caméra (ainsi que les axes caméra), a néanmoins ses limites.

Il ne nous donne aucune indication quant à la hauteur de la caméra. Est-elle posée à ras du sol, à 50 cm, à hauteur de regard d'un homme ou davantage ? Pareillement, ce schéma technique ne dit pas si l'axe optique de la caméra est à l'horizontale (parallèle au sol), orienté vers le haut (plus ou moins forte contre-plongée) ou vers le bas (plus ou moins forte plongée). Pour pallier ces lacunes, nous allons avoir recours à un **diagramme en élévation**. Associé ou non à un plan au sol (vue à la verticale), on va donc établir un plan en élévation, soit une vue à l'horizontale.

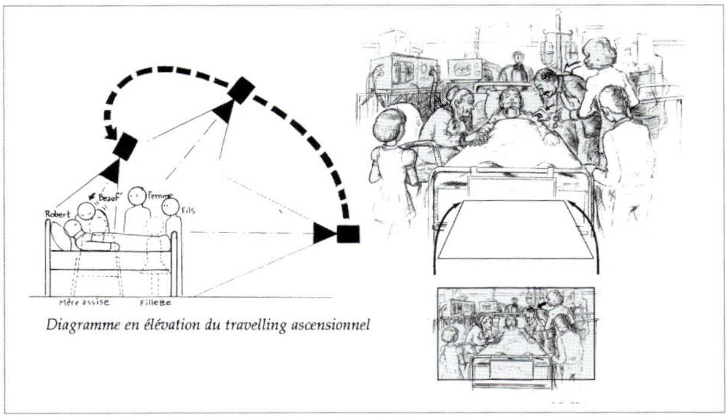

Diagramme en élévation et vignettes. Remarquez la vignette en trapèze pour signifier le mouvement de caméra. Fausse pub Golf, projet de Pascal Chind et Matthieu Ploteau. © Louis de Rancourt, 2003.

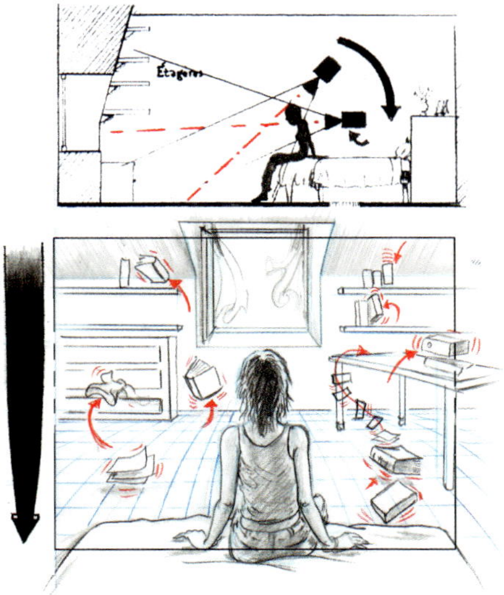

Diagramme en élévation montrant un mouvement de caméra et vignette correspondante. *Black Night is Falling*, de Kook Ewo. © Louis de Rancourt, 2007.

On peut mettre un petit croquis en regard de la vignette pour notifier une inclinaison de caméra, comme ci-dessous, sans reprendre tout l'ensemble.

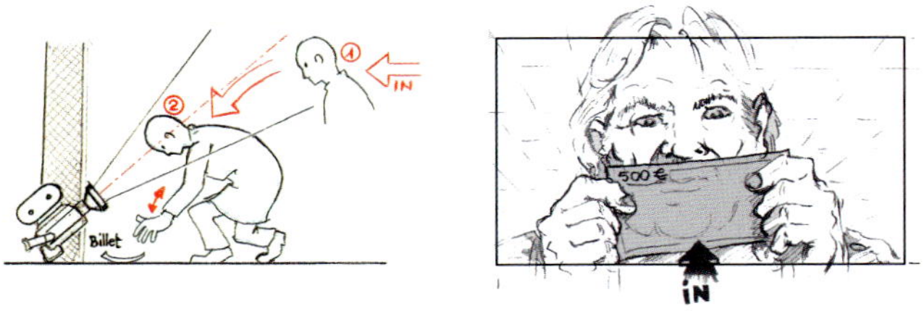

Diagramme en élévation montrant une caméra au ras du sol, en forte contre-plongée, et vignette correspondante. *Le Scorpion et la Grenouille*, de Jérémie Prigent. © Louis de Rancourt, 2010.

Diagramme en élévation et vignette correspondante. *Le Scorpion et la Grenouille*, de Jérémie Prigent. © Louis de Rancourt, 2010.

Et on pourra également ne faire figurer que le schéma en élévation, avec ou sans vignette dessinée, comme ci-dessus. Enfin, un diagramme en élévation sera très précieux pour la plupart des plans tournés à l'aide d'une grue.

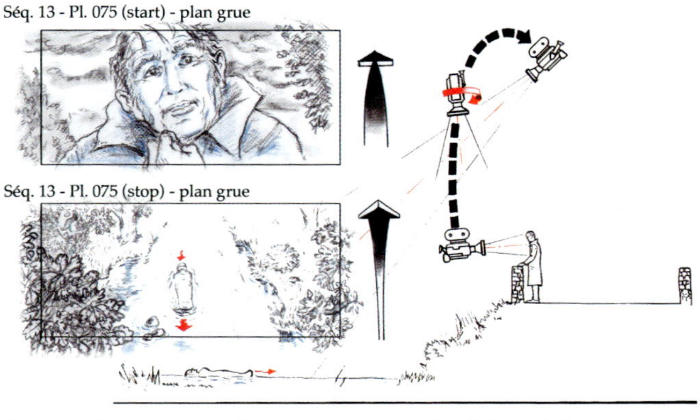

Plan grue. Diagramme en élévation et vignettes. *Les Enfants de la berge*, de Thierry Autret. © Louis de Rancourt, 2007.

Dans l'exemple ci-dessous, il y avait un déplacement de personnage, combiné avec un déplacement de caméra (en l'occurrence un travelling avant d'accompagnement), laquelle avait des variations de hauteur (c'était mon tout premier storyboard pour un premier court-métrage). Le jeune réalisateur avait besoin d'être rassuré (et le jeune storyboardeur également !) et souhaitait un document irréprochable.

Plan 2 **c**
Plan 2 **b**
Plan 2 **a**
Plan 2 **d**
Plan 2 **e**
Plan 2 **f**
Plan 2 **g**

Plan 2:
Pieds et chevilles en amorce en 1er plan.
Pose START arrêtée, puis avance;
en arrière-plan, on découvre le hall d'entrée de l'hôtel (Plan 2 **a**);l'atmosphère y est feutrée et tranquille.
Quelques clients assis dans des fauteuils confortables, discutent.
On suit l'avancée de ses pas, puis la caméra remonte lentement le long de son corps, au fur et à mesure de sa progression. (Plan 2 **b**)
On la suit au début en vitesse normale, puis au ralenti, au rythme de son mouvement tangué.

On arrive à hauteur de ses épaules (Plan 2 **c**),...

...plan serré sur sa chevelure (Plan 2 **d**);
on poursuit l'avancée avec elle en semi-ralenti.
Décor flou.

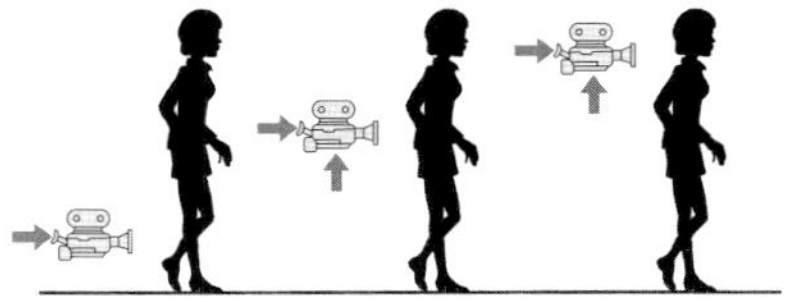

Élévation de la caméra au fur et à mesure de la progression de Jeanne

Diagramme en plan: trajet de Jeanne et accompagnement de la caméra

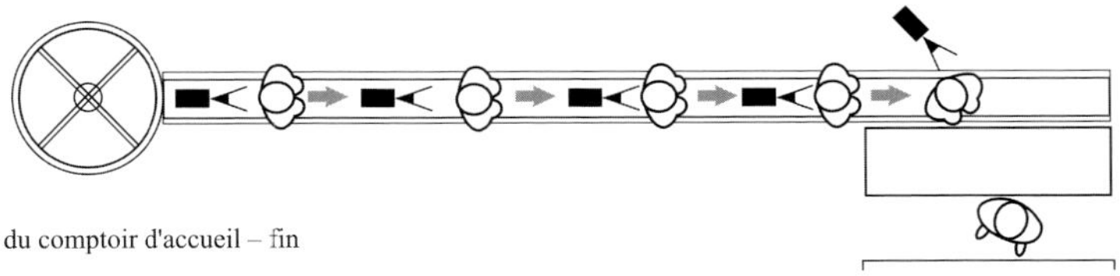

Arrivée à hauteur du comptoir d'accueil – fin du
semi-ralenti – mise au point. (Plan 2 **e**)

Dialogue Jeanne.

Jeanne: **Auriez-vous une chambre, s'il vous plaît ?...**

L'homme (le réceptionniste) se retourne avec un sourire avenant (Plan 2 **f**) ...

... qu'il abandonne progressivement. (Plan 2 **g**)

Planche de storyboard avec textes, diagramme en plan et en élévation, et vignettes. *La Dernière Volonté de Jeanne*, de Bruno Baccheschi. © Louis de Rancourt, 2002.

Avec sa numérotation de plan (2a, 2b, 2c, 2d, 2e), ses vignettes – avec le fléchage du travelling ascendant –, le texte descriptif du réalisateur, les deux petits diagrammes (en plan et en élévation) et le dialogue, le document ci-dessus apporte une véritable valeur ajoutée à l'attention des différents intervenants sur le lieu de tournage.

Essayez d'en faire une règle absolue lors de vos futures réalisations : **dessinez systématiquement un diagramme en plan** – quitte à le faire mentalement pour les plans ne présentant pas de complexité spéciale – pour chacun de vos plans. Vous allez ainsi vous simplifier la vie (vous saurez ce que vous dessinez) et celle de tout le monde sur le plateau, sans parler de la production !

Pour tenter de vous convaincre du bien-fondé de cette pratique, n'oubliez pas qu'Alfred Hitchcock faisait des diagrammes – ou les faisait dessiner par Harold Michelson –, Orson Welles faisait des diagrammes, Fritz Lang faisait des diagrammes, Stanley Kubrick aussi, et bien d'autres également : Fredi M. Murer, Otar Iosseliani, Terry Gilliam..., ainsi que tous ceux que j'ignore ou que j'oublie. Alors, ne vous privez pas d'imiter ces maîtres du septième art !

Techniques cinématographiques illustrées

Nous allons, dans cette section, faire un tour d'horizon non exhaustif des techniques cinématographiques de base avec un rappel concernant les valeurs de plans, les angles de prise de vues et les mouvements de caméra. Pour ce chapitre, quatre storyboardeurs m'ont prêté des images extraites de storyboards qu'ils ont réalisés : il s'agit de Bruno de Dieuleveult, Fabien Lacaf, Maxime Rebière et Fanny Vassou. La notoriété des projets pour lesquels ils ont travaillé et la diversité de leur identité graphique parlent d'elles-mêmes.

Une fois que les objectifs d'un projet sont fixés, il revient au réalisateur – et à son storyboardeur – de se poser trois questions primordiales.

- Quel cadrage utiliser pour ce plan ?
- Quel angle de prise de vues exprimera le mieux l'ambiance du plan ?
- Un mouvement de caméra sera-t-il nécessaire ?

La valeur des plans

L'image cinématographique donne une vision recadrée du monde à travers une fenêtre rectangulaire. Les unités fondamentales de composition d'un découpage classique sont le plan d'ensemble, le plan moyen et le plan large, avec diverses variantes aux appellations codifiées. Cette terminologie laissant une grande part de liberté à l'interprétation de chacun, le storyboard va spécifier les intentions du réalisateur de manière précise et sans ambiguïté.

Très gros plan *(extreme close-up)*

Appelé aussi plan de détail ; on cadre très serré sur une partie du visage (bouche, œil…) ou une autre partie du corps.

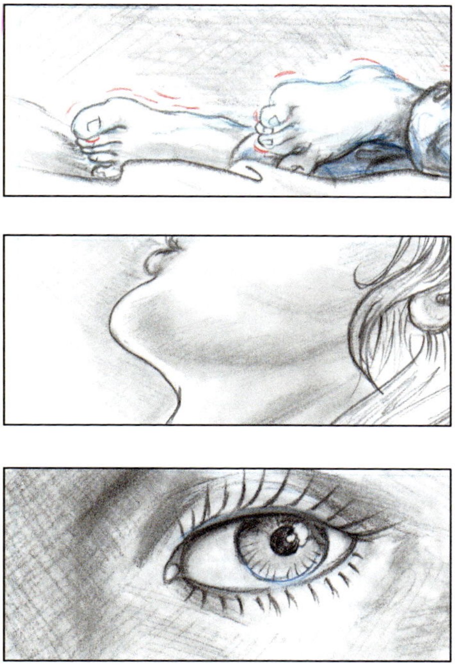

Black Night is Falling, de Kook Ewo, storyboard de Louis de Rancourt, 2007.

Deux frères, de Jean-Jacques Annaud, storyboard de Fanny Vassou, 2004.

Gros plan *(close-up)*

Ressemble au précédent, mais cadré un peu plus large : cadre un personnage depuis le haut des épaules jusqu'au haut de la tête.

L'Amant, de Jean-Jacques Annaud, storyboard de Maxime Rebière, 1991.

Faubourg 36, de Christophe Barratier, storyboard de Fabien Lacaf, 2008.

Plan rapproché taille *(medium shot)*

Champ de vision intermédiaire entre le plan large et le gros plan. On peut trouver toutes les variantes possibles : plan buste, plan taille, plan poitrine ou, comme ci-dessous, le *two-t shot* (terme politiquement incorrect qui désigne un plan cadrant un personnage féminin à partir de ses seins).

Les Femmes de l'ombre, de Jean-Paul Salomé, storyboard de Maxime Rebière, 2008.

Vidocq, de Pitof, storyboard de Fabien Lacaf, 2001.

Plan américain ***(american shot)***

Appelé aussi *hollywood shot, cowboy shot* ou encore *knee shot.* Plan qui cadre un personnage à mi-cuisses (la hauteur où se situe l'extrémité des revolvers dans les westerns). Là aussi, toutes les approximations sont permises, d'où la mise au point nécessaire *via* le storyboard. Où s'arrête notamment le haut du cadre : au front ? avec plus ou moins d'espace au-dessus de la tête ? Le personnage est-il centré dans le cadre ? ou décadré ? Est-il d'aplomb ou débullé ?

Faubourg 36, de Christophe Barratier, storyboard de Fabien Lacaf, 2008.

Faubourg 36, de Christophe Barratier, storyboard de Fabien Lacaf, 2008.

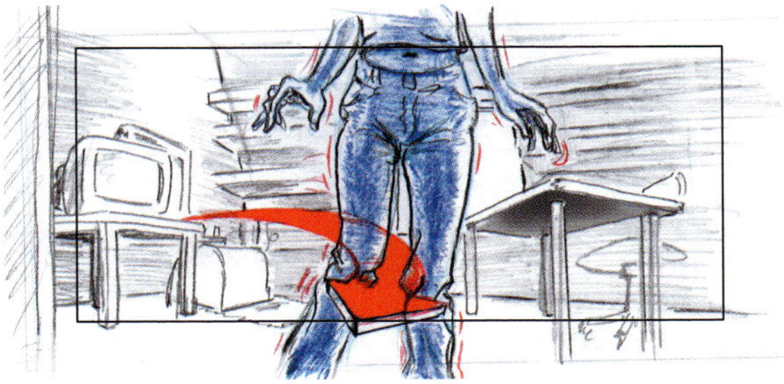

Black Night is Falling, de Kook Ewo, storyboard de Louis de Rancourt, 2007.

Plan moyen *(full figure)*

Cadre le sujet sur toute sa hauteur, montre le personnage en pied.

Vidocq, de Pitof, storyboard de Fabien Lacaf, 2001.

Plan large *(long shot)*

Ce plan donne une vue étendue du champ visuel. On est assez éloigné du personnage, s'il y en a un.

La Reine Margot, de Patrice Chéreau, storyboard de Maxime Rebière, 1993.

Deux frères, de Jean-Jacques Annaud, storyboard de Fanny Vassou, 2004.

Plan d'ensemble *(wide shot)*

Appelé également plan général, ce type de plan permet de voir tout ou partie du décor.

La Reine Margot, de Patrice Chéreau, storyboard de Maxime Rebière, 1993.

Plan individuel *(simple shot)*

Montre un seul personnage à la fois de face, de profil, de trois quarts, de dos…

Les Enfants de la berge, de Thierry Autret, storyboard de Louis de Rancourt, 2008.

Chateaubriand, de Pierre Atkine, storyboard de Fabien Lacaf, 2009.

Plan de deux *(two shot)*

La caméra cadre deux personnages en même temps. Principalement utilisé pour filmer un dialogue ou une conversation. On pourrait ainsi créer des appellations à l'infini : plan de trois, plan de quatre, plan de cinq, etc.

Faubourg 36, de Christophe Barratier, storyboard de Fabien Lacaf, 2008.

Le Scorpion et la Grenouille, de Jérémie Prigent, storyboard de Louis de Rancourt, 2010.

Les Enfants de la berge, de Thierry Autret, storyboard de Louis de Rancourt, 2008.

Plan insert *(insert)*

Il s'agit, la plupart du temps, d'un très gros plan qui va révéler un détail : l'heure affichée sur une montre, une arme dans un tiroir, une photographie, un petit objet au creux de la main, un tatouage, une inscription… On intercale ce type de plan dans l'action principale ; ce parti pris au montage va aider à raccorder deux plans.

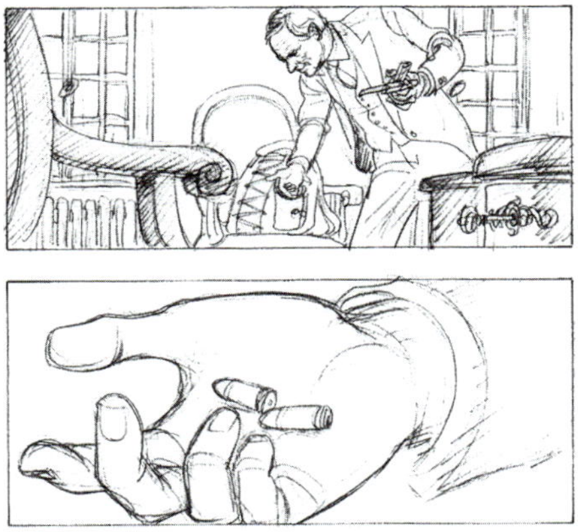

IP5, l'île aux pachydermes, de Jean-Jacques Beineix, storyboard de Bruno de Dieuleveult, 1992.

Monsieur N., d'Antoine de Caunes, storyboard de Fabien Lacaf, 2003.

Le Passage, de Fabien Montagner, storyboard de Louis de Rancourt, 2010.

L'angle de prise de vues

L'angle de prise de vues décrit la position de la caméra en termes de placement vertical aussi bien qu'horizontal par rapport au sujet filmé. Il crée la dynamique d'une scène et permet de générer de la profondeur dans le cadre. Au cinéma, le spectateur s'identifie à la caméra. Tout angle de vue est donc significatif ; le sens donné à un plan par une plus ou moins forte contre-plongée ne sera pas identique à celui donné par une vue frontale…

Plan frontal *(frontal, straight on)*

C'est un plan relativement neutre : la caméra fait face au sujet, en général à hauteur des yeux du personnage.

Faubourg 36, de Christophe Barratier, storyboard de Fabien Lacaf, 2008.

Les Enfants de la berge, de Thierry Autret, storyboard de Louis de Rancourt, 2008.

Plan de profil *(profile shot)*

Vue du côté droit ou gauche du personnage – bien spécifier la valeur de cadre.

Vidocq, de Pitof, storyboard de Fabien Lacaf, 2001.

Rien à déclarer, de Dany Boon, storyboard de Maxime Rebière, 2010.

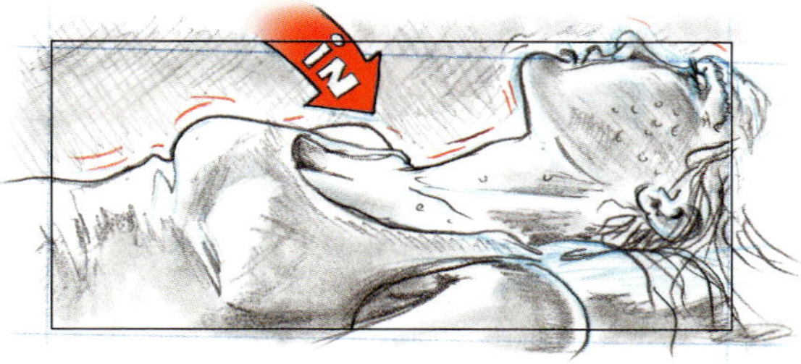

Black Night is Falling, de Kook Ewo, storyboard de Louis de Rancourt, 2007.

Plan de trois quarts *(3/4 shot)*

Entre le plan frontal et le plan de profil : il peut s'agir d'un trois quarts face ou trois quarts dos, avec toute la gamme intermédiaire en termes de degré d'inclinaison par rapport à une vue frontale ou de profil (de 0 à 45°).

Faubourg 36, de Christophe Barratier, storyboard de Fabien Lacaf, 2008.

Champ/contre-champ avec amorce *(over the shoulder shot)*

Le champ désigne tout ce qui est visible à l'image, avec le personnage dans son environnement. Le contre-champ montre l'espace opposé par rapport au champ. Avec amorce, la caméra filme une partie de la tête et l'épaule du personnage en premier plan, en amorce, au bord du cadre.

Les Enfants de la berge, de Thierry Autret, storyboard de Louis de Rancourt, 2008.

Deux frères, de Jean-Jacques Annaud, storyboard de Fanny Vassou, 2004.

Le Passage, de Fabien Montagner, storyboard de Louis de Rancourt, 2010.

Champ/contre-champ, vue subjective *(P.O.V., point of view)*

Vue du personnage, puis contre-champ de ce qu'il voit.

Les Égarés, d'André Téchiné, storyboard de Maxime Rebière, 2003.

La plongée *(high angle)*

La caméra se situe en hauteur, orientée vers le bas. Angle utilisé pour induire notamment un sentiment d'écrasement. On peut spécifier « plus ou moins forte » plongée. Joindre un petit diagramme en élévation à côté de la vignette apportera toutes les précisions nécessaires quant à l'angle d'inclinaison souhaité.

Plutôt la vie, de Damien Tabourel, storyboard de Louis de Rancourt, 2009.

Faubourg 36, de Christophe Barratier, storyboard de Fabien Lacaf, 2008.

La contre-plongée *(low angle)*

La caméra se situe en bas, orientée vers le haut. Angle utilisé pour induire notamment un sentiment de domination. On peut spécifier « plus ou moins forte » contre-plongée.

Vidocq, de Pitof, storyboard de Fabien Lacaf, 2001.

Oliver Twist, de Roman Polanski, storyboard de Maxime Rebière, 2004.

Plan réalisé à l'aide d'un pied au sol *(high hat shot)*

On se trouve en très forte contre-plongée, ou bien le caméraman est allongé sur le sol. Réalisé grâce à un petit trépied de caméra appelé *high hat* en anglais, on a l'impression que la caméra est posée à même le sol, ou n'est séparée du sol que par une hauteur de chapeau, d'où son nom. Sur l'image ci-dessous, le simple fait d'avoir conservé la construction (quadrillage du sol, ligne d'horizon) donne déjà de précieuses indications à l'opérateur.

Black Night is Falling, de Kook Ewo, storyboard de Louis de Rancourt, 2007.

Plan aérien *(aerial shot, up shot)*

Très forte plongée. Vue aérienne, réalisée depuis une grue, un avion ou un hélicoptère.

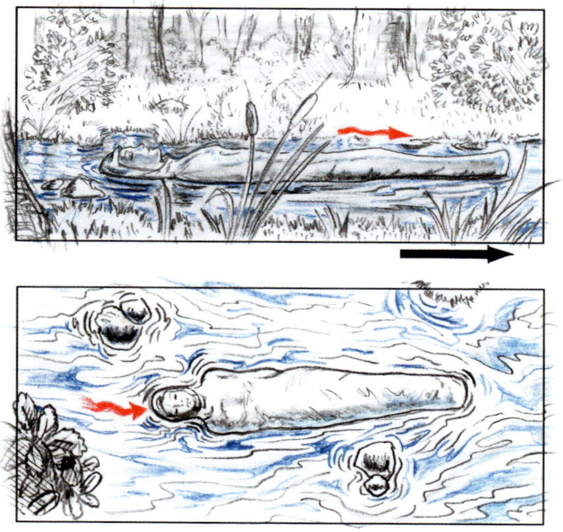

Les Enfants de la berge, de Thierry Autret, storyboard de Louis de Rancourt, 2008.

Cadrage oblique ou débullé *(canted frame)*

Appelé aussi *dutch tilt* ou *chinese angle* en anglais. Les axes verticaux de l'image sont obliques par rapport au format. Le sujet se retrouve en diagonale et, la plupart du temps, décadré. Très utilisé dans les films d'horreur, les séquences de cascades, les clips musicaux ou les scènes de meurtres.

Oliver Twist, de Roman Polanski, storyboard de Maxime Rebière, 2004.

Les mouvements de caméra

Quand l'action est intense entre les personnages ou les objets, la caméra peut rester statique ou évoluer avec les sujets. En revanche, lorsque l'action est minime, un mouvement de caméra apportera du dynamisme. Il peut être aussi subtil qu'un très léger recadrage sur le personnage, mais il peut aussi s'agir d'un plan de grue qui plonge en piqué et parcourt une certaine distance en quelques secondes. En général, un plan en mouvement est plus compliqué et plus long à réaliser qu'un plan fixe, mais il offre en contrepartie des options visuelles et dramatiques bien plus subtiles et intéressantes.

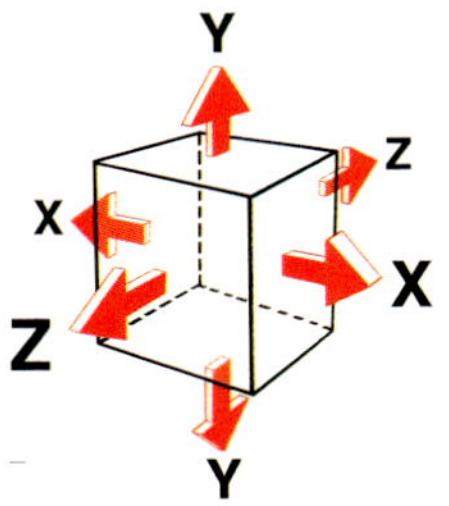

Représentation graphique des trois axes X, Y et Z. © Louis de Rancourt.

Les trois dimensions du mouvement sont :

- l'axe des X : de gauche à droite ou inversement ;
- l'axe des Y : de haut en bas ou inversement ;
- l'axe des Z : d'avant en arrière ou inversement.

Plan fixe *(static shot)*

La caméra est sur pied et ne bouge pas, n'effectue aucun mouvement dans un sens ni dans un autre. Il peut y avoir de l'action, des entrées et sorties de champ à l'intérieur du cadre.

Faubourg 36, de Christophe Barratier, storyboard de Fabien Lacaf, 2008.

Travelling avant ou arrière *(dolly shot)*

La caméra avance ou recule selon un axe à définir – axe des Z. Un travelling peut être effectué caméra à l'épaule, au Steadicam, sur un chariot monté sur rails (dolly), au moyen d'une grue. Par convention, on peut indiquer un travelling avant ou arrière par des flèches rentrantes ou sortantes aux quatre coins du cadre, ou des flèches en perspective, comme sur les schémas ci-dessous.

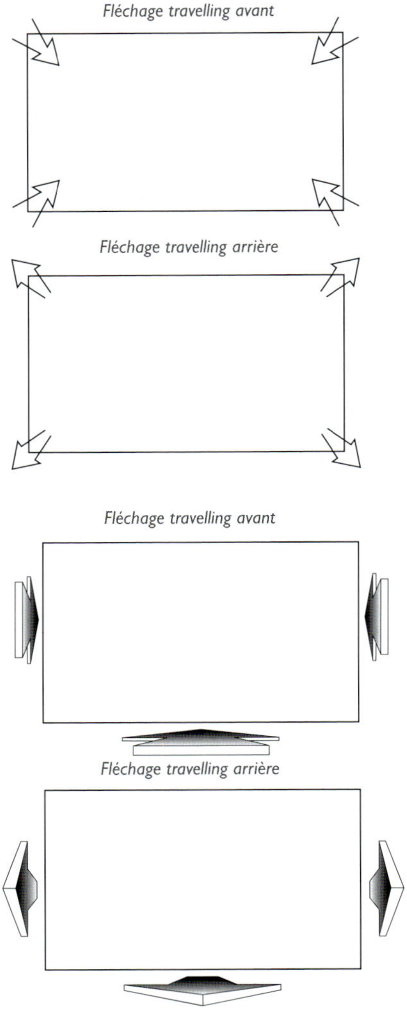

Différentes façons d'indiquer un travelling avant et un travelling arrière. © Louis de Rancourt.

Or noir, de Jean-Jacques Annaud, storyboard de Bruno de Dieuleveult, 2011.

Le Passage, de Fabien Montagner, storyboard de Louis de Rancourt, 2010.

Les Enfants de la berge, de Thierry Autret, storyboard de Louis de Rancourt, 2008.

Travelling avant ou arrière excentré

Tout en avançant ou en reculant, la caméra s'écarte de l'axe initial caméra-sujet ; elle peut se déporter sur la droite ou sur la gauche, en haut ou en bas, pour recadrer la composition de l'image.

Or noir, de Jean-Jacques Annaud, storyboard de Bruno de Dieuleveult, 2011.

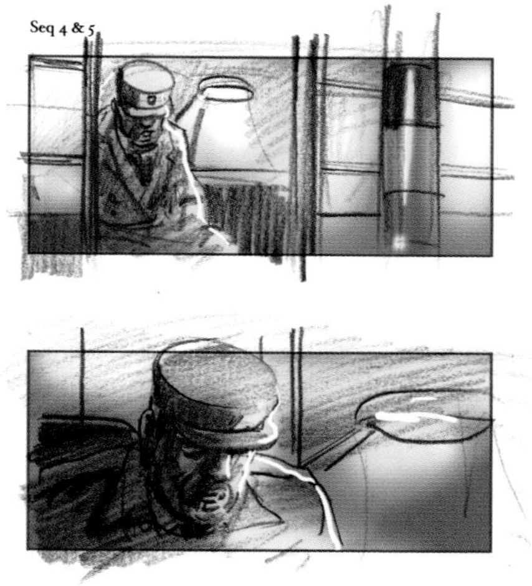

Rien à déclarer, de Dany Boon, storyboard de Maxime Rebière, 2010.

Zoom avant ou arrière

Appelé également travelling optique. L'opérateur fait varier la focale de l'objectif, passant du grand-angulaire au téléobjectif (zoom avant) ou inversement (zoom arrière). Différent du travelling, puisque la distance caméra-sujet ne varie pas.

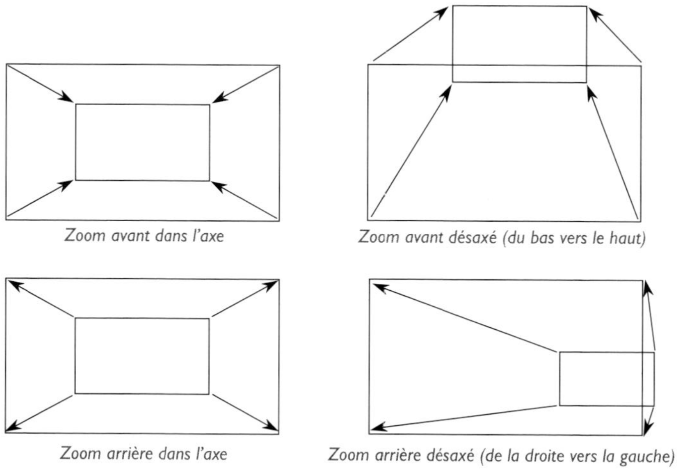

Fléchages de zoom avant ou arrière. © Louis de Rancourt.

Zoom avant ou arrière très rapide *(smash zoom)*

Également appelé zoom coup de poing. La variation de focale est effectuée dans un temps très court, donnant cet effet de coup de poing.

Or noir, de Jean-Jacques Annaud, storyboard de Bruno de Dieuleveult, 2011.

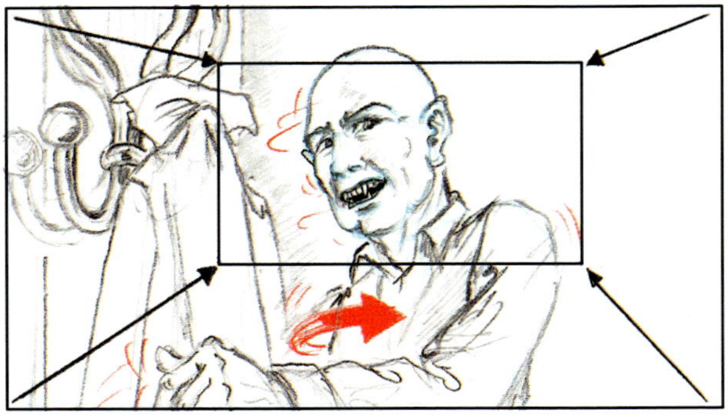

Le Scorpion et la Grenouille, de Jérémie Prigent, storyboard de Louis de Rancourt, 2010.

Travelling latéral *(tracking shot)*

Déplacement horizontal de la caméra de la droite vers la gauche ou inversement – axe des X. Permet de suivre un personnage, un animal ou un véhicule.

Big City, de Djamel Bensalah, storyboard de Bruno de Dieuleveult, 2006.

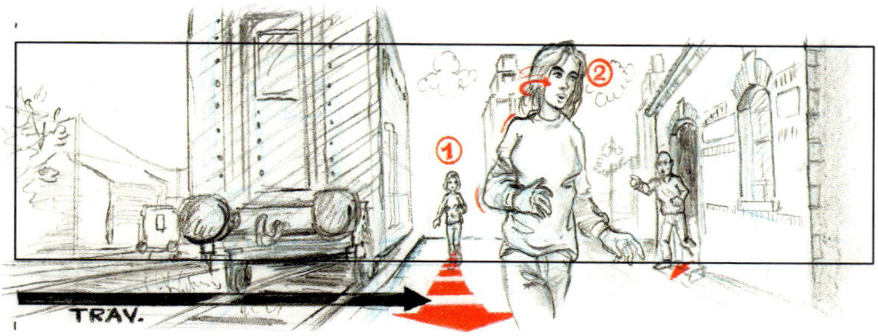

Le Passage, de Fabien Montagner, storyboard de Louis de Rancourt, 2010.

Travelling vertical *(boom shot)*

La caméra se déplace du bas vers le haut ou inversement – axe des Y –, notamment à l'aide d'un bras mécanique. Peut être combiné avec un travelling avant ou arrière.

Big City, de Djamel Bensalah, storyboard de Bruno de Dieuleveult, 2006.

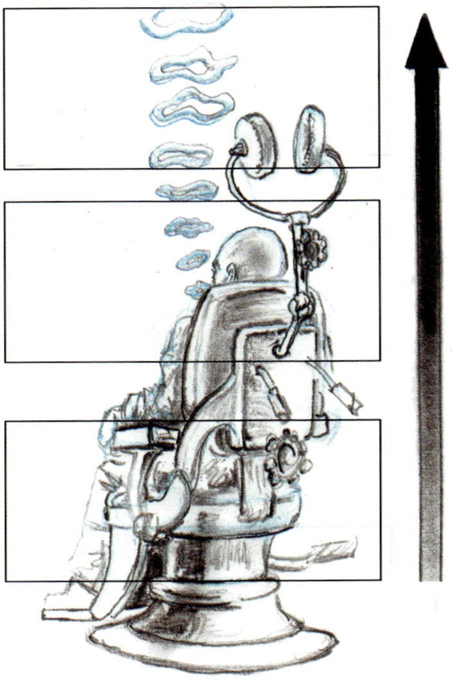

Le Scorpion et la Grenouille, de Jérémie Prigent, storyboard de Louis de Rancourt, 2010.

Travelling d'accompagnement *(follow shot)*

Mouvement de caméra qui suit un acteur, en avançant, en reculant, en se décalant vers la gauche ou la droite, vers le haut ou le bas.

Les Enfants de la berge, de Thierry Autret, storyboard de Louis de Rancourt, 2008.

La Vieille qui roulait au super, de Jean-Stéphane Beetschen et Franck Confino, storyboard de Louis de Rancourt, 2004.

Travelling en arc de cercle

Appelé aussi travelling circulaire. Le trajet de la caméra décrit un demi-cercle ; un diagramme en plan est vivement conseillé !

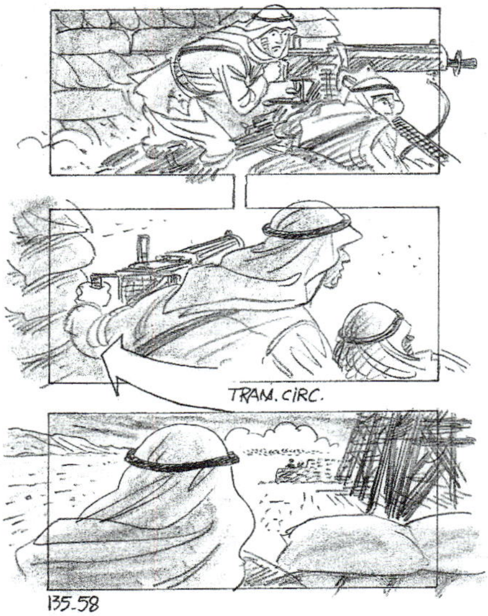

Or noir, de Jean-Jacques Annaud, storyboard de Bruno de Dieuleveult, 2011.

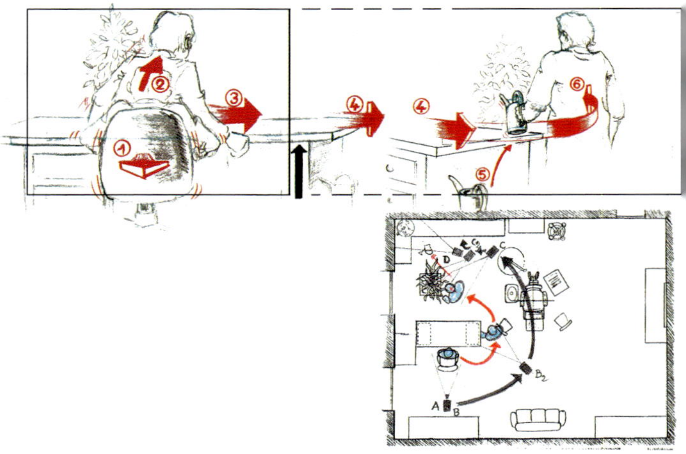

Le Scorpion et la Grenouille, de Jérémie Prigent, storyboard de Louis de Rancourt, 2010.

Le Boulet, d'Alain Berberian, storyboard de Bruno de Dieuleveult, 2002.

Panoramique horizontal *(pan.)*

La caméra pivote sur son axe optique – axe des X. Elle couvre un champ plus ou moins large, de la gauche vers la droite ou inversement. Différent du travelling latéral.

Or noir, de Jean-Jacques Annaud, storyboard de Bruno de Dieuleveult, 2011.

Deux frères, de Jean-Jacques Annaud, storyboard de Fanny Vassou, 2004.

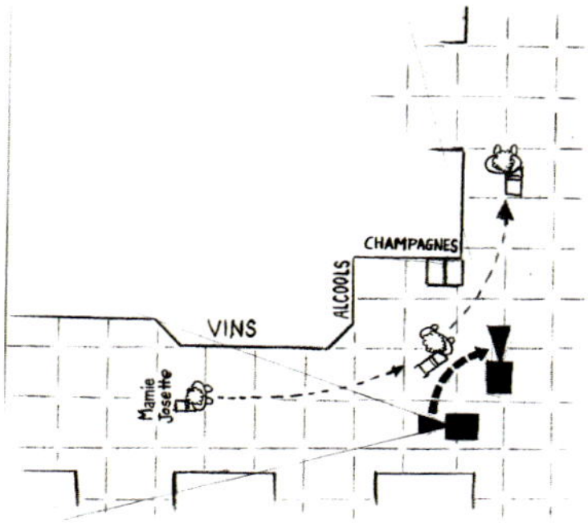

La Vieille qui roulait au super, de Jean-Stéphane Beetschen et Franck Confino, storyboard de Louis de Rancourt, 2004.

Panoramique vertical *(tilt.)*

La caméra pivote vers le haut, ou inversement – axe des Y –, depuis sa base qui reste fixe. Différent du travelling vertical : la perspective, ainsi que la distance caméra-sujet vont s'en trouver modifiées.

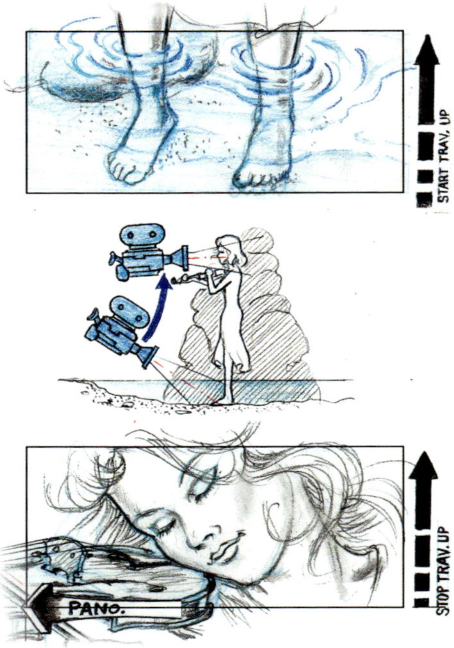

Myrtille et Zakaryia, de Jérémie Prigent, storyboard de Louis de Rancourt, 2011.

Panoramique très rapide *(swish pan.)*

Mêmes remarques que pour le *smash zoom* : le mouvement, d'habitude assez lent, se fait très rapidement, brouillant la scène entre le point de départ et celui d'arrivée. On dit aussi *zip. pan.* en animation.

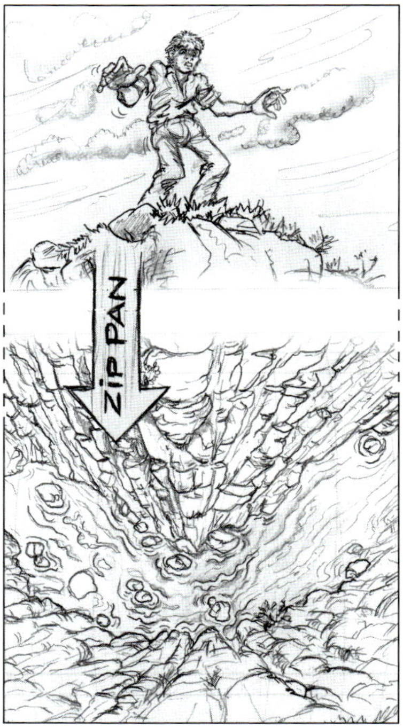

S.O.S. Croco! storyboard de Louis de Rancourt, 1997.

Plan d'accompagnement *(followpan.)*

Trajet d'un personnage (d'un animal ou d'un véhicule), chute d'un objet, balle qui rebondit… : du moment que l'on évite au sujet de sortir du cadre.

La Vieille qui roulait au super, de Jean-Stéphane Beetschen et Franck Confino, storyboard de Louis de Rancourt, 2004.

Plan par caméra embarquée *(car mount.)*

La caméra est montée et fixée à la carrosserie ou au châssis d'un véhicule. Les personnes à bord restent en plan fixe, alors que le décor, l'environnement et les lumières défilent. Peut être arrimée de face, de profil, de trois quarts, de dos, au-dessus, etc.

Le Boulet, d'Alain Berberian, storyboard de Bruno de Dieuleveult, 2002.

Les Enfants de la berge, de Thierry Autret, storyboard de Louis de Rancourt, 2008.

Autres cas de figure et mouvements spéciaux

Chaque projet étant unique et dépendant de la volonté et des souhaits du réalisateur, je vais évoquer quelques éventualités ou cas de figure qui peuvent se présenter, sans prétendre faire un tour complet de la question.

Changement de mise au point *(change focus)*

L'opérateur effectue un changement de la mise au point en cours de plan : par exemple, au départ, l'arrière-plan est net et le premier plan flou (ou inversement), et on va intervertir la zone de netteté.

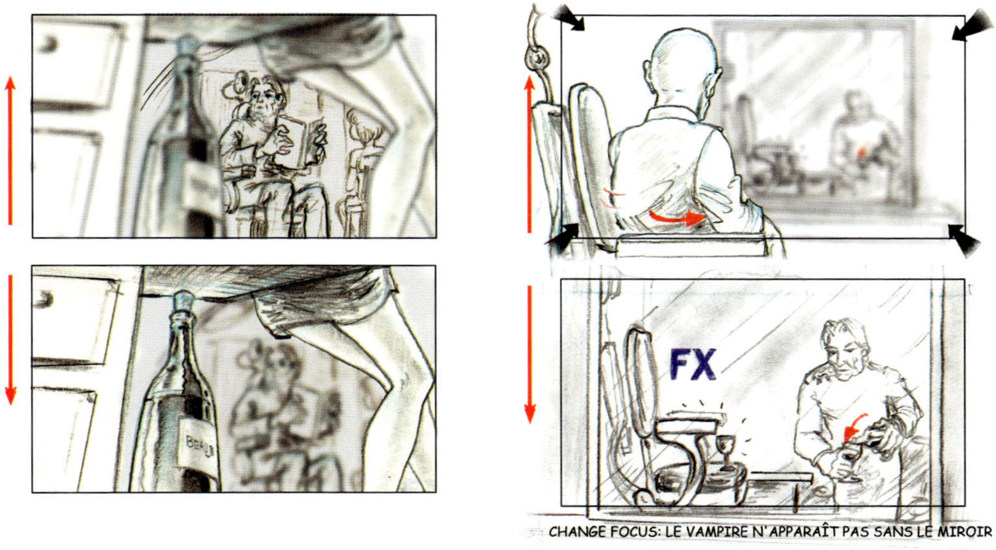

Le Scorpion et la Grenouille, de Jérémie Prigent, storyboard de Louis de Rancourt, 2010.

Caméra portée *(handheld)*

Appelé aussi plan à l'épaule. L'opérateur porte sa caméra à l'épaule ou à hauteur de hanche : cela donne un plan un peu «chahuté», sans la stabilité offerte par un pied ou une dolly. Utilisé pour les plans subjectifs, les poursuites, les séquences de type documentaire. On peut signifier cette instabilité en mettant des petites flèches en courbe aux quatre coins de la vignette, comme ci-dessous.

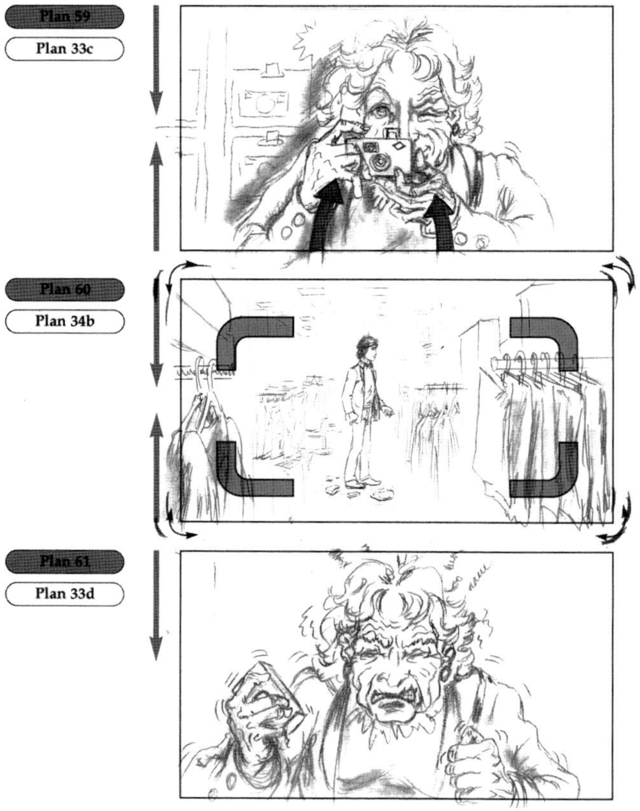

La Vieille qui roulait au super, de Jean-Stéphane Beetschen et Franck Confino, storyboard de Louis de Rancourt, 2004.

Plan Steadicam *(Steadicam shot)*

Le Steadicam est une caméra attachée avec un harnais, avec un système de contrepoids visant à atténuer les turbulences du déplacement de l'opérateur. Contrairement au mouvement précédent, on va obtenir des images avec un déplacement fluide, avec la douceur d'un travelling effectué sur dolly. On parle aussi de *glide cam*. Sauf avis contraire, il n'est pas du ressort du storyboardeur de décider ou de déterminer que tel mouvement de caméra doit être effectué à l'épaule, au Steadicam, sur dolly ou grue. C'est le réalisateur qui spécifie dans son découpage technique qu'il désire tourner ce plan à l'aide d'un Steadicam.

RTT, de Frédéric Berthe, storyboard de Bruno de Dieuleveult, 2008.

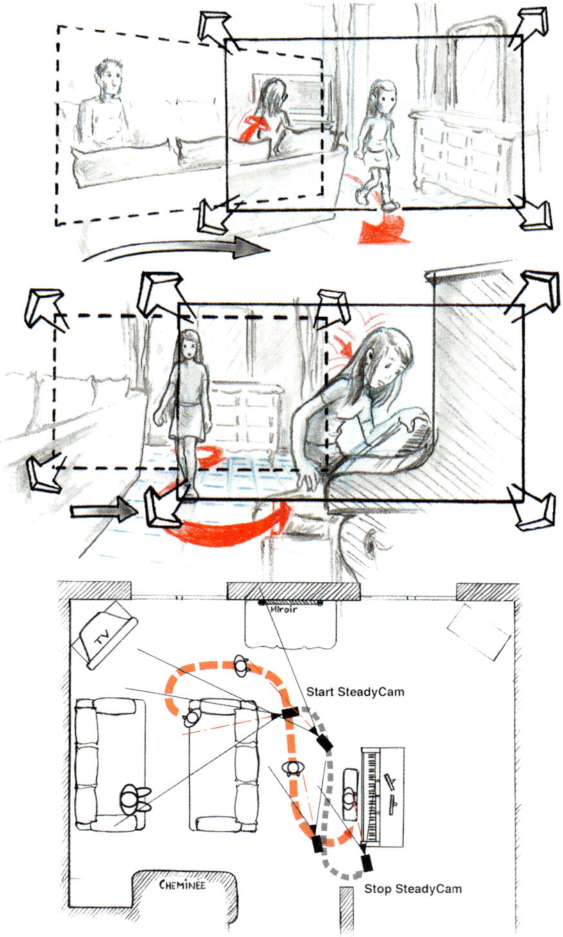

Plutôt la vie, de Damien Tabourel, storyboard de Louis de Rancourt, 2009.

Plan sur grue *(crane shot)*

Les plans sur grue sont majestueux et provoquent chez le spectateur une émotion physique grâce à un angle de vue inhabituel et un changement spatial troublant. Les grues et Louma permettent d'effectuer des mouvements de travelling verticaux et latéraux sur de longues distances, ou des mouvements circulaires avec une grande amplitude. On peut ainsi aller vers le haut, le bas, la droite, la gauche, en avant ou en arrière, en diagonale, etc., en combinant à volonté les axes des X, des Y et des Z.

L'histoire du cinéma fourmille d'exemples de ces plans extraordinaires : on se souvient du plan sur grue qui pénètre à l'intérieur du cabaret El Rancho dans *Citizen Kane,* ou encore du fameux plan-séquence qui sert le générique de *La Soif du mal* du même Orson Welles, de la caméra qui descend de deux étages pour finir en gros plan sur le trousseau de clés dans la main d'Ingrid Bergmann dans *Les Enchaînés* d'Alfred Hitchcock, du lent travelling arrière qui arrive en plongée, montrant le cimetière dans *Le Bon, la Brute et le Truand* de Sergio Leone… La liste est infinie.

Plan de grue.

Deux frères, de Jean-Jacques Annaud, storyboard de Fanny Vassou, 2004.

Les Égarés, d'André Téchiné, storyboard de Maxime Rebière, 2003.

Selon la complexité du mouvement de grue, il n'est pas anodin de joindre aux vignettes un diagramme en plan ou un croquis technique.

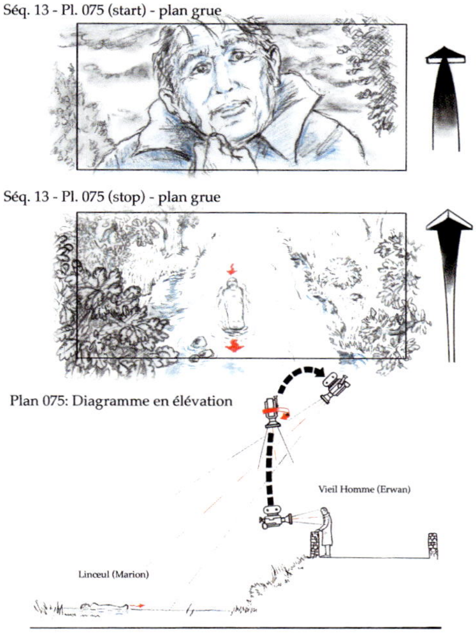

Les Enfants de la berge, de Thierry Autret, storyboard de Louis de Rancourt, 2008.

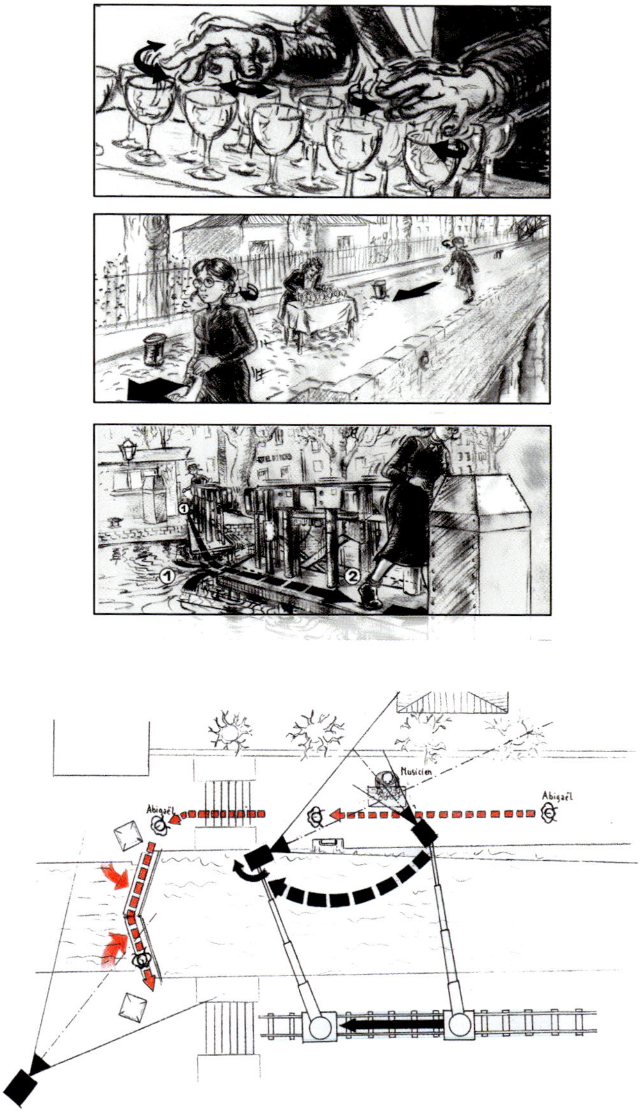

La Carpe dans la baignoire, de Jessica Vaturi-Dembo, storyboard de Louis de Rancourt, 2007.

Transtrav ou travelling compensé *(zolly)*

C'est un mouvement qui associe un travelling avant et un zoom arrière, ou un travelling arrière et un zoom avant. Le sujet va garder une occupation constante dans le cadre, alors que la perspective et la profondeur de champ de l'environnement vont varier. L'appellation *zolly* en anglais est une contraction de zoom et dolly (caméra sur rails). Le transtrav est également connu sous l'appellation « effet Vertigo », en hommage à cet effet mis à l'honneur par Alfred Hitchcock dans le film éponyme.

Masque

C'est un cache qui opacifie une partie du cadre et matérialise le point de vue d'un personnage qui regarde à travers le trou d'une serrure ou une paire de jumelles.

Big City, de Djamel Bensalah, storyboard de Bruno de Dieuleveult, 2006.

Deux frères, de Jean-Jacques Annaud, storyboard de Fanny Vassou, 2004.

Ombre portée

On ne voit pas le sujet, seulement son ombre, fixe ou se déplaçant.

Deux frères, de Jean-Jacques Annaud, storyboard de Fanny Vassou, 2004.

Volet *(wipe)*

Les plans se succèdent, l'un chassant l'autre. Fréquemment utilisé pour traduire un raccourci dans le temps et appelé aussi ellipse temporelle.

En conclusion

La liste est loin d'être exhaustive : tous les cas de figure sont envisageables et n'ont de limites que celles de l'imagination du réalisateur. Et si tout est concevable en termes de prise de vues, il n'y a pas UNE façon homologuée de transcrire une indication du metteur en scène *via* la vignette de storyboard : toutes les propositions sont ouvertes. À vous, storyboardeur, d'inventer un code d'écriture pour chaque cas nouveau. Et selon l'agrément de votre réalisateur, faites-lui des propositions, elles seront retenues ou non, peu importe. En tout cas, vous pouvez toujours vous investir dans le projet au-delà de votre fonction *stricto sensu* de storyboardeur.

> *« Sur* Un divan à New York, *de Chantal Akerman, j'ai pris sur moi d'aller jusqu'à dessiner les circulations de caméra et à faire des propositions de montage extrêmement techniques. »*
>
> Fabien Lacaf, storyboardeur
>
> Revue *Storyboard,* n° 2, décembre 2002-janvier-février 2003, Alvisa Éditions

Les vignettes extensibles

Vous avez remarqué, dans certains des cas de figure que nous venons d'aborder, des vignettes exagérément étirées par rapport à l'un des formats usuels de cadres de cinéma. Effectivement, vous allez souvent être amené à « sortir » du cadre rectangulaire pour exprimer un mouvement de caméra, qu'il s'agisse d'un travelling, d'un panoramique ou d'un mouvement de grue. Pour faire passer cette notion, plutôt que d'avoir à dessiner deux, trois vignettes ou davantage, vous allez étirer votre cadre rectangulaire initial, dans un sens ou dans l'autre, selon ce que vous aurez à transcrire.

Bruno de Dieuleveult notamment est passé maître dans la pratique de la vignette extensible : en un seul dessin, on suggère ainsi plusieurs plans fixes, des travellings, zooms ou panoramiques, ou encore des mouvements de grue plus ou moins complexes.

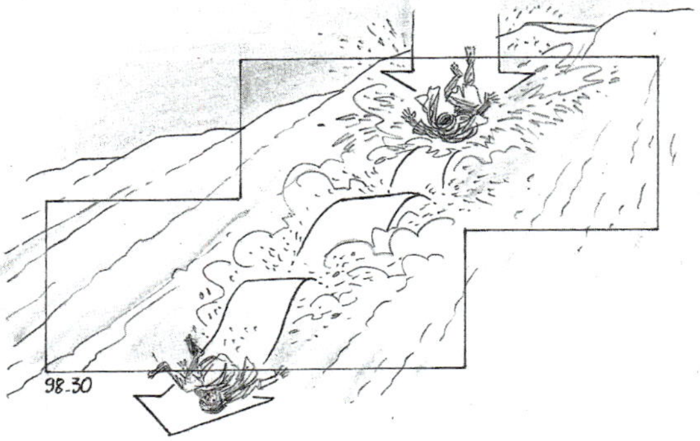

Or noir, de Jean-Jacques Annaud, storyboard de Bruno de Dieuleveult, 2011.

Or noir, de Jean-Jacques Annaud, storyboard de Bruno de Dieuleveult, 2011.

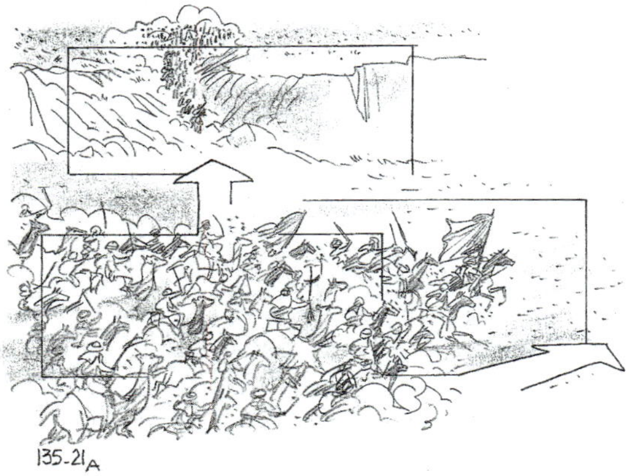

Or noir, de Jean-Jacques Annaud, storyboard de Bruno de Dieuleveult, 2011.

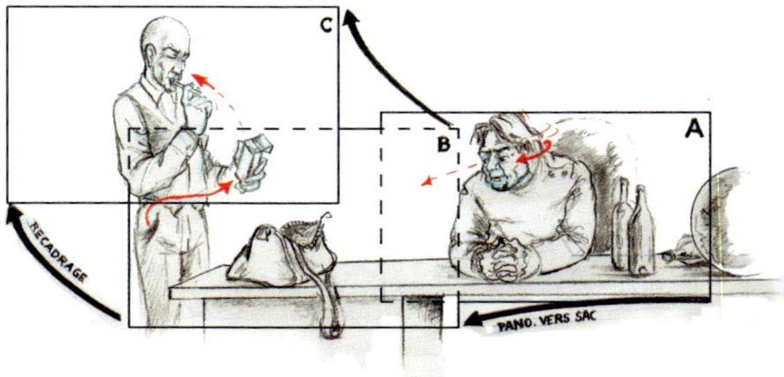

Le Scorpion et la Grenouille, de Jérémie Prigent, storyboard de Louis de Rancourt, 2010.

Cette technique peut aller jusqu'à la déformation des cadres : admirez l'illustration ci-contre (en haut à droite), extrêmement astucieuse, qui a permis au storyboardeur d'indiquer en contre-plongée un travelling en arc de cercle avec une seule vignette, en dessinant des cadres trapézoïdaux. La caméra cadre le personnage de gauche, puis s'abaisse pour avoir celui du centre et, enfin, vient cadrer l'officier de trois quarts dos.

Indochine, de Régis Wargnier, storyboard de Bruno de Dieuleveult, 1991.

Il existe autant de configurations de vignettes extensibles que de cas de figure… et d'ingéniosité ou d'inventivité de storyboardeurs : à vous de trouver d'autres configurations, d'innover, tout en restant compréhensible et lisible. Vous en découvrirez d'autres exemples en vous reportant au livre de Marcie Begleiter, *Les Clés pour créer un storyboard* (voir bibliographie en annexes), dans le chapitre consacré aux vignettes extensibles.

Le dessin

Vous voulez faire du storyboard ? Il faut avant tout avoir une aisance suffisante en dessin. Restons néanmoins dans les limites de ce qui est demandé : inutile de faire des œuvres d'art ni des dessins trop poussés, comme on pourrait l'exiger pour des illustrations en vue de publication ou dans le domaine de la bande dessinée.

> *« Si l'on n'est pas suffisamment à l'aise avec le dessin de personnages en mouvement, […] si pour dessiner la vie de tous les jours, d'importants efforts sont à mettre en œuvre, alors il faut faire un autre métier. »*
>
> Bruno de Dieuleveult, storyboardeur

Les dessins pour le storyboard ne sont pas destinés à la publication. Le storyboard doit représenter une aide et des indications (angle de vue, place de la caméra, situation des personnages dans un décor, valeur de cadre...) qui vont conforter le réalisateur dans son intuition première ou l'amener à modifier sa mise en scène, et lui permettre de communiquer ses intentions à tous les techniciens et comédiens sur le plateau de tournage. Il y en a même, comme Jean-Pierre Jeunet ou Martin Scorsese, qui font eux-mêmes leurs dessins, avec plus ou moins de talent et d'habileté. Mais voilà : à quelques exceptions près, le réalisateur ne sait pas dessiner, ou pas suffisamment bien... il est des cas où il ne peut donc pas se passer de storyboardeur s'il veut un résultat exploitable, mais aussi pour ne pas y passer un précieux temps qu'il doit employer à autre chose.

C'est donc là que vous intervenez. Avec votre talent, votre capacité à écouter d'abord, puis à visualiser une scène, à voir en trois dimensions, à indiquer par des idéogrammes des mouvements de personnages, animaux, véhicules ou de caméras. Et de fait, vous allez avoir le privilège de devenir en quelque sorte le premier spectateur du film, avant même son auteur !

Vous participez à l'élaboration d'un projet cinématographique pour lequel vous allez apporter une réelle valeur ajoutée, tout en gardant une certaine humilité vis-à-vis du réalisateur qui est et restera l'auteur et le maître d'œuvre du projet pour lequel il requiert vos services. Et toujours dans le respect des autres responsables de département, en ayant constamment le souci de ne pas empiéter sur leur territoire.

Visualiser en trois dimensions

> *« Close your eyes and visualize ! »*
> Alfred Hitchcock, réalisateur

Pour faire du storyboard, il est indispensable d'être capable de transcrire en deux dimensions (la feuille de papier) une vision en trois dimensions (ce que la caméra va filmer). L'espace que vous allez devoir représenter avec ses éléments se définit selon trois axes :

- l'axe des X, droite-gauche ;
- l'axe des Y, haut-bas ;
- l'axe des Z, avant-arrière.

À titre d'exemple, voici comment j'ai procédé pour l'élaboration du dessin qui me tient lieu d'image de marque. En partant d'une construction à partir de volumes basiques (sphères, cylindres, troncs de cônes, parallélépipèdes...), j'ai établi une vue de profil (axe des X), une vue de face (axe des Z) et une vue de dessus (axe des Y).

Puis, après avoir choisi un point de vue – légère plongée vue de trois quarts dos –, j'ai bâti mon dessin, uniquement à partir de volumes simples, et en indiquant les axes de la tête, la ligne de colonne vertébrale et les articulations ; aucun détail ou anecdote. J'ai tracé un quadrillage en perspective au sol sur lequel reposera mon sujet. Les vues X, Y et Z (ci-dessous) permettent de voir comment vont se situer les points d'appui (genoux, coudes), puis on élèvera les membres, représentés par des droites avec un cercle pour les articulations ; on reliera les deux épaules par un axe, *idem* pour les hanches, et l'on fera passer une colonne vertébrale fictive reliant les deux axes.

Le « squelette » ainsi évoqué, on matérialise la tête par une sphère avec ses trois axes, dépourvue de tout artifice, une sphère plus petite pour le thorax, au travers de laquelle passera l'axe des épaules, et une autre sphère plus importante pour l'abdomen. Les membres seront pour l'instant de simples cylindres, et on indiquera aussi le bras gauche du sujet, même s'il ne sera pas visible, compte tenu de l'angle de vue qui a été ici choisi.

La bobine de film sera un simple tronc de cylindre, inscrit dans un parallélépipède, lequel aura été mis dans la perspective d'ensemble préalablement établie. Le plus dur est fait.

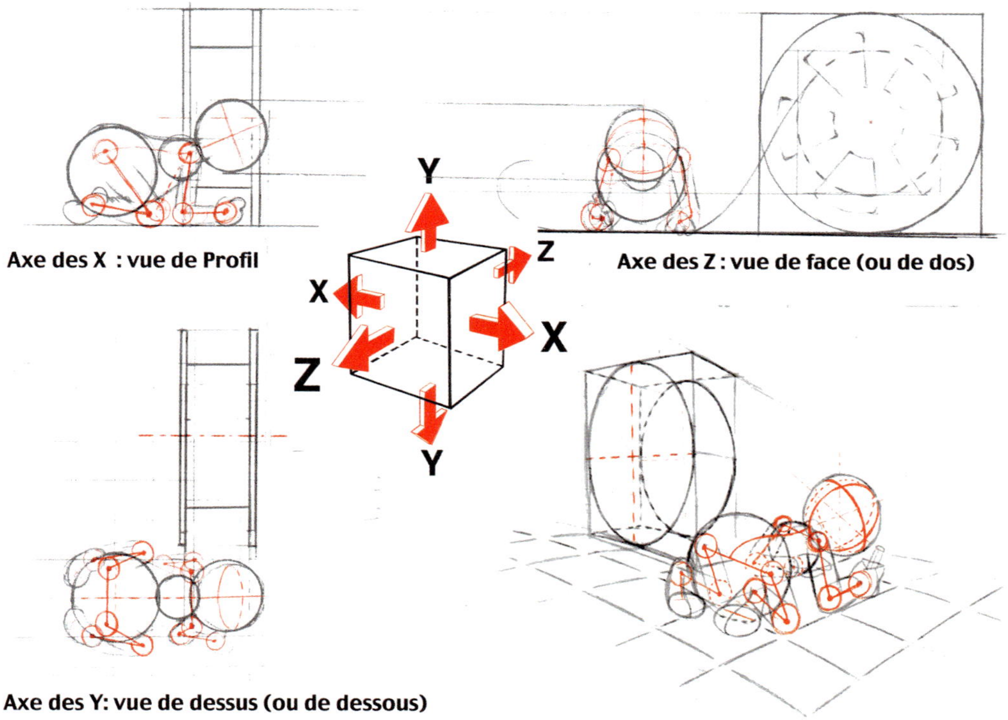

Première étape : la construction des axes. © Louis de Rancourt.

À partir de cette construction, j'ai commencé à préciser certains détails, toujours au crayon bleu : les structures restent apparentes. Ce crayon bleu a la propriété de ne pas apparaître à la photocopie, ce qui me permet de faire toutes mes constructions, sans avoir besoin de gommer au moment de la mise au net *(clean)*.

Deuxième étape : certains détails se précisent. © Louis de Rancourt.

Les oreilles, les lunettes, les pieds, la bande de film vont petit à petit se préciser et se mettre en place, ainsi que la main – pour l'instant une sphère grossière – tenant le crayon – un cylindre –, les deux autres crayons au sol, certains détails tels que les sections de la bobine, etc.

Maintenant, soit en dessinant directement sur le croquis au bleu, soit en posant une feuille translucide, voici un dessin au trait libre et lâché. On place une feuille translucide et on va faire le croquis, ou rough, d'ensemble ; on va se lâcher, ne pas hésiter à repasser plusieurs fois sur telle ou telle partie. On en profitera pour modifier ou réajuster certains volumes ou proportions. Vont apparaître d'autres détails – la fermeture de la grenouillère, les sections et perforations du film… Si l'ensemble peut paraître grossier, voire bâclé, il n'en est rien car en dessous existe une structure solide et bien construite.

Troisième étape : le rough. © Louis de Rancourt.

À partir de là, on peut considérer que le principal est fait : normalement, pour du storyboard, point n'est besoin de pousser le dessin davantage. Cependant, si les contraintes l'exigent, ou si tel est votre choix, vous pouvez placer à nouveau une feuille translucide et *cleaner*, c'est-à-dire faire une mise au net, comme c'est nécessaire dans le cadre d'une bible graphique pour une série d'animation *(model sheet)*. Les multiples traits qui cernaient telle partie n'en forment alors plus qu'un, bien net et précis.

Quatrième étape : le dessin au trait (si nécessaire). © Louis de Rancourt.

Cinquième étape : la ligne d'ombre, ou *shadow line*.
© Louis de Rancourt.

Vous pouvez vous servir de l'étape du bas de la page précédente pour de multiples usages, notamment pour faire une étude d'ombre et lumière. Déterminez une source de lumière et sa direction avec un petit pictogramme en forme de flèche, comme sur l'illustration ci-contre. Puis tracez une ligne de démarcation ombre-lumière – *shadow line*, comme on dit en cinéma d'animation –, et foncez les parties ombrées. Essayez divers emplacements pour la source lumineuse : si vous avez pensé votre construction mentalement en 3D, vous ne devriez pas rencontrer de difficultés majeures, et vous prouverez que vous comprenez et possédez parfaitement votre sujet. Dans notre exemple, la source de lumière choisie est presque frontale, ce qui va donner un effet de contre-jour. La question de la lumière sera abordée plus loin.

Les personnages

La représentation de personnages en situation va constituer l'essentiel de votre activité. Aussi, exercez-vous dans tous vos moments libres à dessiner des hommes, des femmes et des enfants dans toutes les attitudes de la vie quotidienne. Dans un premier temps, pensez en construction. La tête aura une forme sphérique ou ovoïde : dessinez les axes de ce volume ; cette opération vous aidera à bien placer les yeux, les oreilles puis la bouche, selon que vous représentez un personnage de face, de trois quarts face, de profil, de trois quarts dos ou de dos.

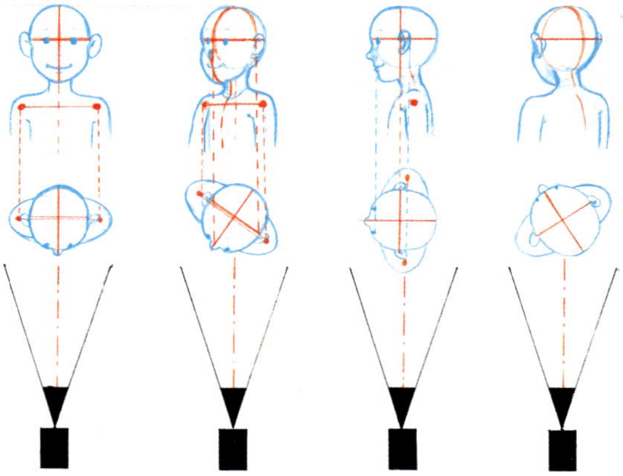

Vues de face, trois quarts face, profil, trois quarts dos.
© Louis de Rancourt.

Pour vous aider, voici un petit schéma comprenant la vue du dessus par rapport à la caméra. En vous aidant des axes et en effectuant une rotation du sujet devant l'axe de la caméra, puis en faisant correspondre chaque point de la vue de dessus aux points identiques sur la vue de face, vous devriez pouvoir bâtir vos personnages sans trop de difficultés.

Vous serez sans doute amené à représenter un personnage en plus ou moins forte plongée ou contre-plongée ; les axes de construction vous aideront selon la méthodologie que je vous propose. Je m'adresse ici plus particulièrement à celles et ceux qui font un complexe vis-à-vis du dessin : vous êtes tous au moins capables de réaliser le dessin ci-contre. Il s'agit d'une vue frontale de face d'un personnage, plan buste. Sur ce dessin au noir, j'ajoute deux axes, un horizontal et un vertical.

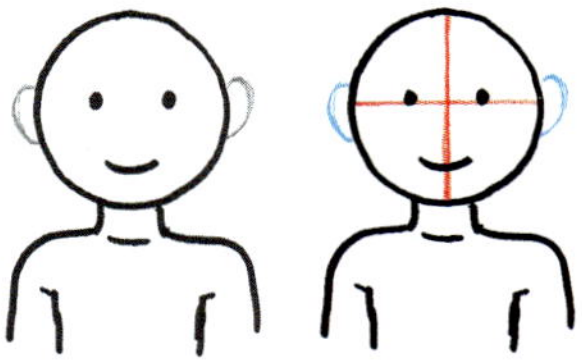

Personnage simplifié, de face (à gauche). Personnage de face, avec les axes (à droite). © Louis de Rancourt.

À présent, si on vous demande de représenter ce même personnage en contre-plongée (caméra située en dessous et orientée vers le haut), il suffit de reprendre le dessin au noir, sans les yeux, ni la bouche dans un premier temps. Conservez l'axe vertical. Quant à l'axe horizontal, au lieu de le représenter comme une droite, transformez-le en une ligne incurvée vers le haut. Placez les yeux sur cette ligne, puis la bouche remontée d'autant ; les oreilles sont plus basses par rapport à la vue frontale.

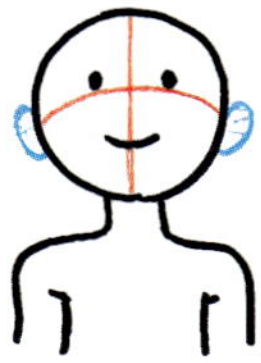

Personnage en contre-plongée. © Louis de Rancourt.

Et si cela ne suffisait pas, faites derrière un quadrillage en perspective, comme sur l'illustration ci-contre. Tout le monde comprendra votre intention d'angle de vue, en dépit de ce dessin minimaliste et de ses piètres qualités artistiques. Cette astuce de quadrillage en perspective est valable pour une prise de vues en intérieur comme en extérieur, le principal souci étant de signifier une plus ou moins forte contre-plongée.

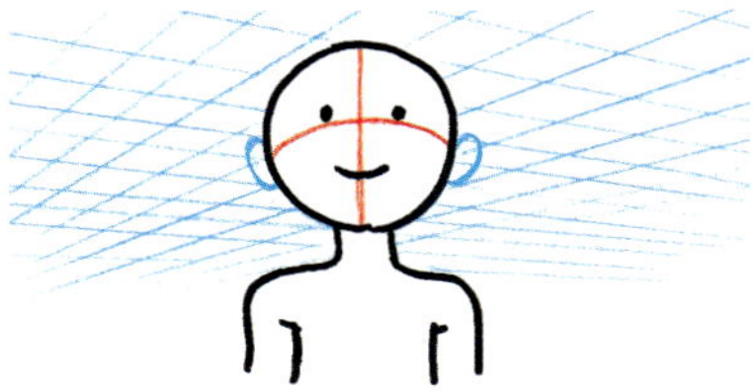

Personnage en contre-plongée, avec quadrillage. © Louis de Rancourt.

Maintenant, si vous voulez faire une plongée (caméra située au-dessus du sujet et orientée vers le bas), il suffit d'effectuer l'opération en sens inverse : axe horizontal incurvé vers le bas, yeux et bouche baissés d'autant, oreilles remontées (avec ou sans quadrillage en perspective), et le tour est joué !

Personnage en plongée, avec quadrillage. © Louis de Rancourt.

Et ce type de dessin – qui tient plus de l'idéogramme que de l'illustration – a l'avantage de fonctionner pour des gens qui ne parleraient pas la même langue que vous. C'est la fonction première du storyboard : être compris par tous. Les adeptes du storyboard lui reconnaissent d'ailleurs cette qualité. Exprimer un angle de caméra ou bien la position d'un sujet dans le cadre est exhaustif si on le fait uniquement au moyen de la *shot list* (nom donné au descriptif technique du plan) mais c'est une opération immédiate avec un croquis ou un diagramme. Par cette grande fonctionnalité, le storyboard est comparable au langage des signes dont l'intention est de rendre une communication possible quel que soit le contexte, notamment linguistique. Le dessin possède effectivement cette universalité dans la mesure où il est intelligible par des hommes de langues et de pays différents. Dans cette perspective, le storyboard peut être considéré comme la sténographie, ou plus exactement l'espéranto du septième art, qui a souvent tendance à regrouper des équipes techniques de nationalités variées dans des pays différents.

Autre conseil important pour progresser en dessin : à vos moments libres, ayez en permanence sur vous un petit carnet et un crayon. Essayez de dessiner des attitudes de la vie courante soit d'après nature, soit d'imagination, comme sur l'illustration ci-dessous : un garçon assis sur un banc (1), un enfant courant vers l'école (2), un gros monsieur ouvrant la porte d'une voiture (3), une jeune fille abordée par un jeune homme à une terrasse de café (4)… Un peu plus compliqué : deux enfants jouant à saute-mouton (5), une femme ramassant des objets par terre (6), etc.

Dans un premier temps, tâchez de bâtir votre dessin en construction : uniquement des volumes basiques et les axes (articulations, « lignes d'action ») ; efforcez-vous de n'évoquer aucun artifice.

Dessiner rapidement des silhouettes est en effet le meilleur moyen pour trouver la position juste pour vos personnages. Faites ces ébauches au crayon bleu. N'hésitez pas à tracer une sorte de carrelage en perspective pour bien poser vos sujets.

Croquis de personnages en action, construction au bleu.
© Louis de Rancourt.

Puis, sans rien gommer de votre construction au bleu, passez par dessus au crayon noir en indiquant quelques détails, mais en ne conservant que l'essentiel. Plus vous dessinerez petit, moins vous serez tenté de vous perdre dans l'élaboration fastidieuse de détails superflus. Et votre dessin n'en sera que plus efficace !

Croquis de personnages en action, construction au bleu et trait au noir. © Louis de Rancourt.

Si vous reprographiez ce dessin à l'aide d'un photocopieur ordinaire, le gris foncé du crayon va sortir comme si vous aviez utilisé un feutre noir à pointe fine. Quant à la construction au bleu, elle aura complètement disparu.

Croquis de personnages en action au trait noir uniquement. © Louis de Rancourt.

Dessinez un peu tous les jours. Restreignez-vous, au début, aux poses simples, puis abordez des postures un peu plus compliquées – comme les croquis (5) et (6) – au fur et à mesure de votre progression. Reprenez ensuite ces postures (ou d'autres) et tentez de les représenter sous un angle de vue différent, avec des hauteurs et des inclinaisons de caméra variées.

« La première compétence du storyboardeur se trouve dans l'aisance avec laquelle il dessine un homme de trois quarts dos buvant une bière, ou encore un autre courant dans la rue à la poursuite d'un véhicule. »

Bruno de Dieuleveult, storyboardeur

Au fil de votre progression, augmentez les difficultés ; mettez en scène trois ou quatre personnages, ou davantage. Vous aurez à régler le problème des proportions de ceux-ci, selon qu'ils se trouvent au premier plan ou à l'arrière-plan les uns par rapport aux autres. En procédant ainsi, vous allez normalement acquérir très vite une certaine aisance et, surtout, une capacité à visualiser n'importe quelle attitude sous tous les axes possibles et imaginables. Mais pour cela, il faut « bosser » ; encore et encore, tous les jours si possible.

Les décors

Les personnages en situation que vous serez amenés à dessiner évoluent dans un environnement donné, en intérieur comme en extérieur. Nous avons vu précédemment que ce décor pouvait exister, ou n'être qu'à l'état de projet virtuel, de souhait...

Voici un petit exercice que je vous invite à faire : imaginez une scène de repas (l'histoire du cinéma fourmille d'exemples, dont certains sont devenus des séquences cultes), soit des personnes réunies autour d'une table.

Tout d'abord, commencez par imaginer un espace où se déroulera cette scène. Vous allez concevoir cette pièce sous forme d'un plan au sol, en prenant garde de vous ménager suffisamment d'espace pour avoir du recul. Placez au moins une porte, une fenêtre puis, au centre, une table. Ajoutez un peu de décor : ici, une cheminée, un meuble bas, une ou deux plantes près de la fenêtre. Enfin, disposez autour de la table quatre convives : deux hommes et deux femmes ; nommez-les A, B, C et D.

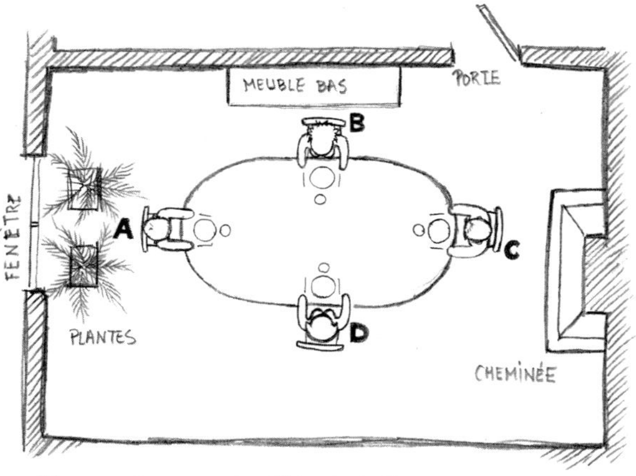

Plan au sol sans caméra. © Louis de Rancourt.

Maintenant, à l'aide de la planche de pictogrammes de caméras que vous avez reproduite sur papier-calque ou transparent (voir en annexes p. 214), disposez des caméras selon ce que vous désirez voir, en variant les axes de points de vue et les valeurs de plans. Tournez autour de cette assemblée en prenant garde de ne pas sortir des limites de la pièce. Faites des gros plans, des plans buste, des plans de deux ou de trois, des plans avec amorce, des plans moyens... Pour l'instant, ne vous préoccupez pas de l'agencement ou de l'enchaînement de ces plans les uns avec les autres.

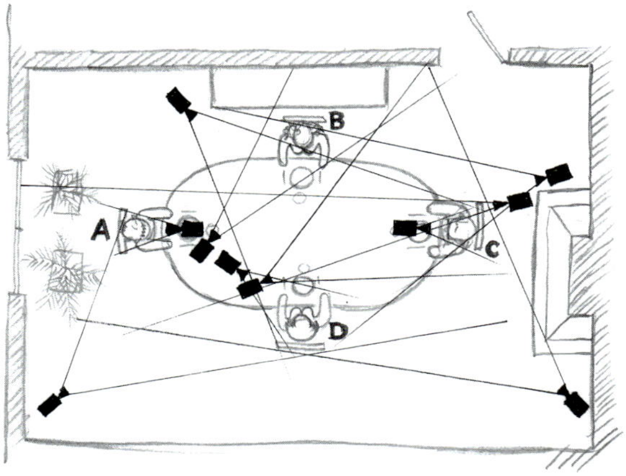

Plan au sol avec caméras. © Louis de Rancourt.

Maintenant que vous avez accompli cette étape – peut-être la plus importante –, essayez de reproduire ce que « voit » chacune des caméras, toujours en commençant par une construction au bleu, puis en dessinant par-dessus au crayon noir, sans entrer dans les détails ni chercher à faire un dessin d'art. Voici ce que donnerait l'image de la caméra 1 (ci-dessous), décomposée en deux étapes : construction au bleu d'abord (uniquement les structures), puis dessin au noir.

Image de la caméra 1. Construction au bleu et dessin au noir. © Louis de Rancourt.

Vous remarquerez que les axes des visages restent apparents. Aucun commanditaire de storyboard ne vous le reprochera… *a fortiori* à l'étape du premier croquis ! Sur cette esquisse, j'ai donné quelques caractéristiques à mes personnages, mais sans rentrer dans trop de détails ; nous avons un homme jeune et svelte (A), une jeune fille à l'opulente chevelure (B), un homme d'âge mûr, un peu fort, avec des lunettes (C) et, enfin, une femme aux cheveux mi-longs (D).

À partir du plan au sol avec caméras (voir ci-contre), on peut dessiner l'image enregistrée par chaque caméra, en tenant compte de son emplacement et de l'angle de prise de vues, soit une série de dix vignettes.

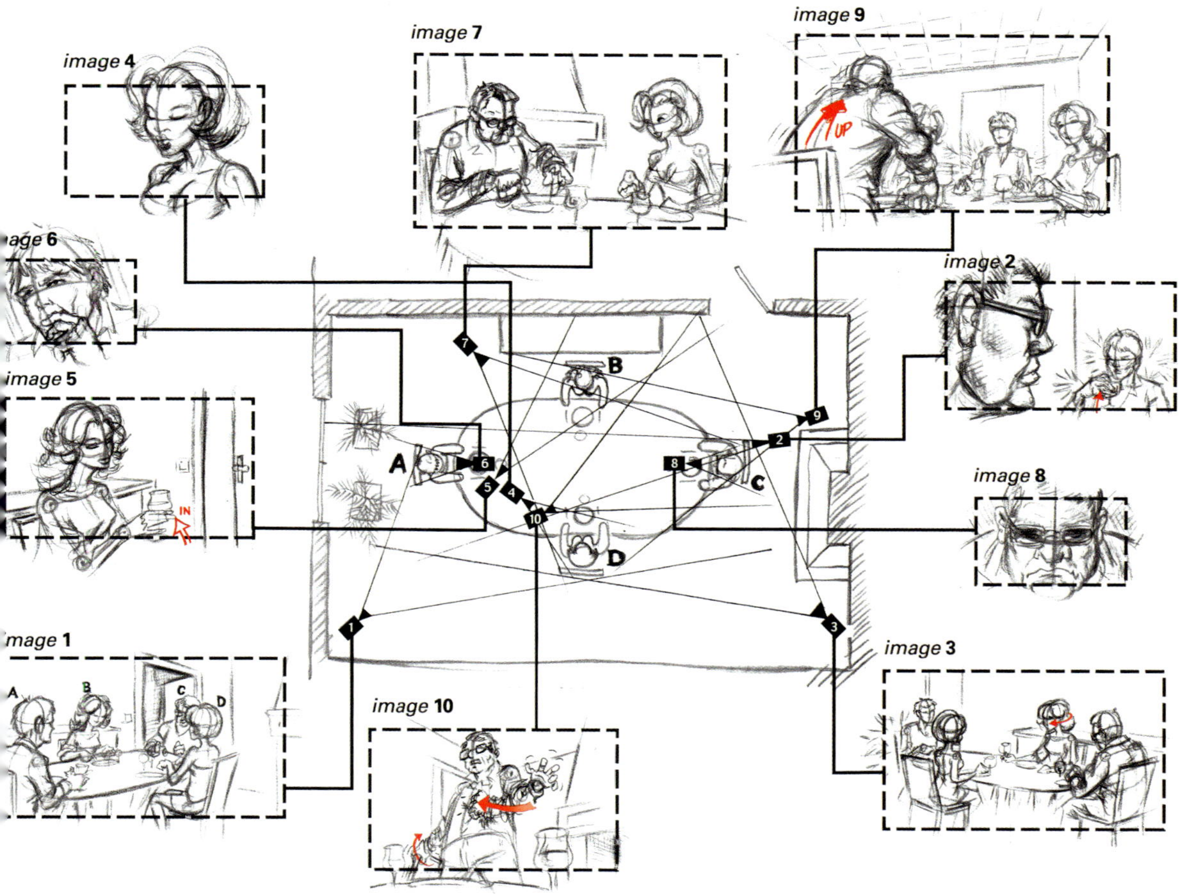

Diagramme en plan avec 10 dessins précadrés. © Louis de Rancourt.

Tous ces dessins ont été faits à fond perdu ; le cadrage en pointillés est pour l'instant un cadrage d'intention (nous aborderons une méthodologie de cadrage un peu plus loin). Pour une meilleure lisibilité, nous vous présentons ensuite les dix images ramenées à la même échelle (page suivante).

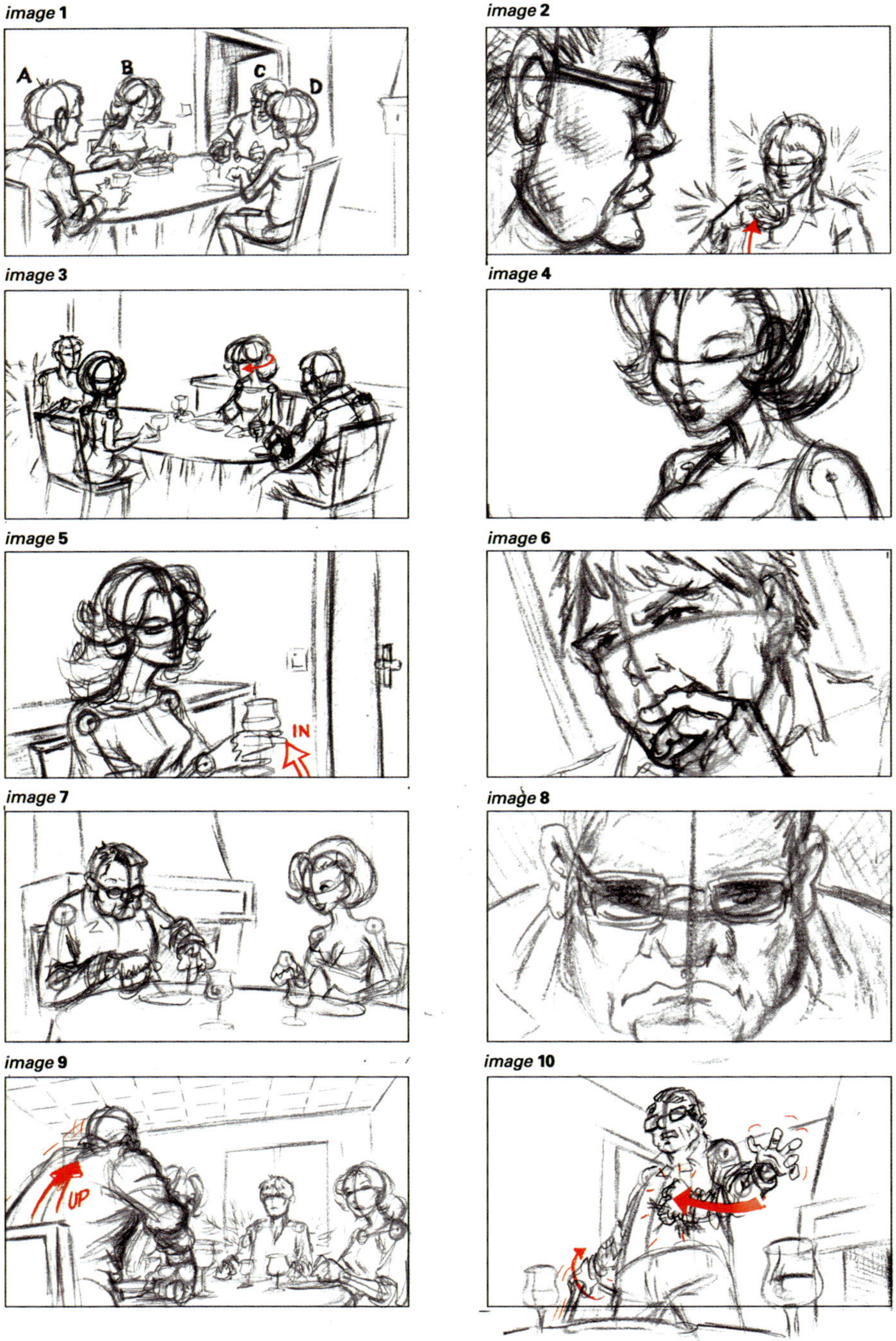

Les 10 dessins cadrés à la même échelle. © Louis de Rancourt.

Comme on l'a vu dans le chapitre consacré aux diagrammes, ceux-ci ne nous donnent pas de précisions quant à la hauteur de la caméra par rapport au sol, ni son inclinaison. À vous d'essayer d'introduire ces notions dans vos dessins : ici, nous avons une légère plongée sur l'image 5 ainsi que sur l'image 7, la caméra au ras de la nappe sur l'image 9, une contre-plongée sur l'image 10. L'image 6 a été débullée.

Pour agrémenter l'exercice, donnez quelques indications de mouvements ou d'*acting* : le personnage A qui porte son verre à ses lèvres (image 2) ou la jeune femme B, avec entrée du verre dans le cadre (image 5), l'homme qui se lève de table (image 9) ou qui fait de grands gestes (image 10)...

Avec ces images (et d'autres), essayez de raconter une histoire, de bâtir une séquence, en inventant des dialogues. L'ambiance est-elle familiale, conviviale ou au contraire tendue, au bord de l'explosion ? Que se disent-ils ? Que va-t-il se passer ?

Ces dix images ont été disposées ici dans un ordre aléatoire. Changez maintenant la succession des plans, en prenant garde de respecter les règles fondamentales du langage cinématographique : évitez par exemple de mettre côte-à-côte l'image 4 et l'image 7 qui sont quasiment dans le même axe (règle des 30°). Ajoutez-en de nouvelles, chaque image étant toujours validée par un diagramme. Faites d'autres plans larges – si les limites du décor le permettent ! –, des plans-inserts, etc. Imaginez des mouvements de caméra, faites entrer ou sortir des personnages : un domestique apporte les plats, puis repart à la cuisine, l'homme C quitte la pièce, etc. Puis changez la configuration de la pièce. Essayez de situer cette scène dans un restaurant, avec d'autres tables en arrière-plan, modifiez le nombre et les caractéristiques des convives.

Chaque jour, faites un exercice similaire : dans un hall de gare, un espace urbain avec des voitures, un magasin, un bureau ou un local professionnel, un tribunal (étudiez notamment l'exercice remarquable proposé par Marcie Begleiter autour de la séquence du procès dans *Paths of Glory [Les Sentiers de la gloire]*, de Stanley Kubrick, dans son livre *Les Clés pour créer un storyboard*), une école, en pleine nature... ou toute situation issue de votre sens de l'observation et de votre imagination. Enfin, au fur et à mesure de votre évolution, donnez-vous comme discipline de réduire le temps d'exécution de vos dessins. Plus vous dessinerez petit, moins vous serez tenté de perdre du temps à peaufiner des détails superflus, et votre dessin gagnera en rapidité et en efficacité. Ce type de dessin ne doit pas excéder dix minutes.

Les mouvements et les déplacements

Les personnages, animaux, véhicules que vous dessinez sont censés bouger ou se déplacer ; signifiez ces mouvements (tête qui se tourne, main qui se lève...) ou déplacements par un système de fléchage. Aucune norme n'est établie pour dessiner ces indications de mouvements ou déplacements : à vous de trouver un code graphique. N'hésitez pas à faire des flèches en courbe, en volume avec une perspective pour signifier éloignement ou rapprochement. Vous pouvez avoir recours à des codes graphiques issus de la bande dessinée : la seule chose vraiment importante est que vos indications de mouvements ou déplacements soient comprises par tous.

> *« Je dessine des flèches pour indiquer les mouvements de caméra, les déplacements des personnages ou encore l'élargissement du cadrage. »*
> Maxime Rebière, storyboardeur

Quand la technique de reproduction le permet, j'aime bien indiquer les mouvements et déplacements de personnages à l'aide d'un fléchage rouge, et signifier les mouvements et déplacements de caméra à l'aide d'un fléchage noir. Mais lorsque vous choisirez la différence graphique à donner à ces indications pour distinguer celles qui concernent les sujets (par exemple un trait fin, en pointillés, en volume...), de celles qui concernent les mouvements de caméra (par exemple, un trait plus épais), gardez à l'esprit que la plupart des storyboards sont diffusés en noir et blanc.

Les outils

Vous allez vraisemblablement, au cours de votre évolution, adopter une technique de prédilection. Mais sachez que, selon le souhait du réalisateur ou l'émotion à faire passer, vous serez amené à varier votre technique : crayon ou encre, noir et blanc ou couleur...

> *« L'esprit du film influant sur le traitement du storyboard, je ne travaille pas de la même façon selon que le sujet est dramatique ou comique. Dessiner des images pour* Le Pianiste *ou bien* Elle s'appelait Sarah *entraîne un dessin différent d'un projet comme* Astérix *; l'implication émotionnelle n'est bien sûr pas la même. »*
> Maxime Rebière, storyboardeur

Pour vos débuts, je me permets de vous conseiller de proscrire d'office tout ce qui ne s'efface pas : stylo, feutre, plume, pinceau, Marker. C'est fou le temps qu'on peut perdre à refaire un dessin qui ne convient pas ou qui comporte une erreur indélébile !

Voici une petite liste de matériel que je vous invite à vous procurer.

- Du papier 50 g/m^2 (24 lbs) ou tout autre suffisamment translucide. Il existe un papier chez Daler Rowney, format A4, qui évite d'avoir recours à une table lumineuse. J'ai chez moi du 17,5 × 24 cm ainsi que du 21 × 29,7 cm ; avoir divers formats n'est pas plus mal et peut s'avérer utile.
- Une ou deux feuilles de papier-calque.
- Des crayons :
  – crayon ou criterium noir 2B ;

- crayon ou criterium « blue light » type Col-erase (ou toute autre marque) ; cette couleur présente l'avantage de ne pas passer à la photocopie : idéal pour les constructions et recherches ;
- crayon ou criterium « blue » type Col-erase (ou toute autre marque) ;
- crayon ou criterium rouge type Col-erase (ou toute autre marque).

• Une table lumineuse, très pratique pour réutiliser un décor, une scène complexe.

• Et le reste : taille-crayon, gomme, cutter, petite règle, adhésif repositionnable, etc.

Si vous possédez un ordinateur, le logiciel Adobe PhotoShop vous sera très utile ; avoir un scanner pour numériser les vignettes également. Par ailleurs, pensez à récolter des cartons forts, afin de vous confectionner des fenêtres ; on parlera des formats types utilisés pour le cinéma et la télévision dans le chapitre 3. Vous trouverez en annexes (voir p. 215 et suivantes) des planches de gabarits de cadre à reproduire sur carton fort et à évider.

Puis, par la suite, vous adapterez ce matériel selon que vous travaillerez au Marker (avec un papier spécial Marker, type « Layout »), ou à l'aquarelle.

La lumière

Vous pouvez être amené à donner des indications de lumière. Pour cela, il est indispensable de savoir où se situe l'action, notamment d'où provient la source de lumière (fenêtre, porte ouverte, lampe, etc.). Si la lumière vient frapper le côté gauche du personnage, n'allez pas le représenter avec la joue droite éclairée !

Pensez bien qu'un storyboard est destiné à être copié de nombreuses fois. Évitez donc les gris légers qui risquent de ne pas passer à la photocopieuse. Optez plutôt pour un système de zone hachurée (voir l'étape n° 1 de l'exercice pratique, chapitre suivant).

Attention : en ce qui concerne les indications de lumière, ne le faites qu'à la demande expresse de votre réalisateur. Veillez bien à ne pas en faire trop par respect envers les autres corps de métier. Certains n'apprécient pas du tout qu'un storyboardeur vienne leur dire ce qu'ils ont à faire ou leur apprendre leur métier. Ainsi, le chef opérateur Bruno Delbonnel m'a avoué que quand il devait travailler avec un storyboardeur, il lui demandait de ne pas mettre d'indications d'ombre et de lumière pour ne pas empiéter sur son propre travail.

Le cadrage

Je vous ai invité à dessiner à fond perdu. À présent, il va vous falloir cadrer, autrement dit, faire une sélection du dessin. En effet, nous avons tous un champ de vision assez large. Faire du cinéma, et plus particulièrement cadrer, c'est précisément faire une sélection de notre champ visuel dans une fenêtre rectangulaire aux rapports largeur/hauteur établis.

La méthodologie de cadrage que je vous propose sera largement développée dans le chapitre 3. Cette méthode consiste à promener sur vos dessins à fond perdu des gabarits de cadres homothétiques (voir les modèles en annexes) et à choisir ce qui convient le mieux. Nous verrons lors de l'exercice pratique du chapitre 3 (étapes 1 à 9) comment cette méthodologie permet, à partir d'un seul et même dessin, d'envisager plusieurs options de cadrage.

En tout état de cause, je vous déconseille fortement d'avoir des planches de storyboard avec des cadres pré-imprimés ou prédessinés et de dessiner dedans. Par expérience, je peux vous affirmer qu'un dessin qui a été fait ainsi est mal composé dans 98 % des cas. En constatant ce défaut, vous n'aurez plus qu'à tout gommer et à recommencer... alors que la solution préconisée vous évitera ce surcroît de travail.

Et si vous entamez une première collaboration avec un réalisateur, plutôt que de lui livrer vos vignettes cadrées, ce qui reviendrait à lui imposer votre option de cadrage, venez le voir avec vos premières esquisses ou vos dessins plus ou moins finalisés à fond perdu, emportez vos planches de fenêtres découpées sur carton, et laissez votre réalisateur manipuler ces cadres et jouer avec. Il appréciera votre délicatesse, votre empathie, qui n'a rien à voir avec de la flagornerie ; c'est avant tout *son* film, et non le vôtre (sauf bien sûr si vous faites du storyboard pour votre projet personnel).

La couleur

En général, un storyboard se fait en noir et blanc (crayon, plume, pinceau, feutre...), ne serait-ce que pour des questions d'ordre pratique et économique de reprographie. Mais il peut vous être demandé de réaliser quelques vignettes en couleurs, pour donner une intention d'ambiance chromatique, par exemple pour une séquence précise, tandis que les autres plans seront exécutés en noir et blanc. La couleur peut, par ailleurs, donner des indications de tournage, par exemple une tonalité bleue pour les séquences de nuit, ou aider à décortiquer une image composite.

Pour la publicité au contraire, c'est quasiment un passage obligé : les vignettes sont de facture plutôt soignée, et en couleurs : Marker, craie grasse, pastel, aquarelle, crayon de couleur... ou colorisation assistée par ordinateur.

À ce propos, surtout si vous devez livrer des images en couleurs, conservez votre dessin original et faites-en des copies pour proposer différentes gammes de couleurs. Et pensez à bien archiver vos dessins : cela peut resservir ! Si vous travaillez régulièrement en publicité pour un modèle automobile par exemple, vous serez amené à dessiner souvent une voiture sous divers points de vue récurrents. Et comme on travaille toujours dans l'urgence, cette tactique vous fera gagner un temps précieux. En cinéma d'animation, on appelle ça la « réut. », pour réutilisation. Non seulement c'est conseillé, mais parfois la « réut. » est exigée, aussi bien pour les décors que pour l'animation, spécialement dans les séries destinées à la jeunesse.

Pour le cinéma de prise de vues réelle, il y a des storyboardeurs astucieux qui n'hésitent pas à réutiliser un même dessin sur plusieurs projets. Vous ne me croyez pas ? Comparez la séquence 89 dessinée par Fabien Lacaf pour *Vidocq*, de Pitof (2001) avec la séquence 114 dessinée par le même Fabien Lacaf pour *Monsieur N.*, d'Antoine de Caunes (2002). Hormis une différence dans la gamme colorimétrique, ne trouvez-vous pas un air de ressemblance flagrant entre ces deux dessins extraits de deux projets différents ?

Vidocq, de Pitof, storyboard de Fabien Lacaf, 2001.

Monsieur N., d'Antoine de Caunes, storyboard de Fabien Lacaf, 2002.

En conclusion

Après avoir abordé ces notions fondamentales de découpage technique, de diagrammes, les différents angles de prise de vues, valeurs de cadres et mouvements de caméra, suivis de conseils et astuces pour la pratique du dessin, je vous propose un petit exercice d'application, histoire de se « mettre les mains dans le cambouis ».

Si vous avez bien assimilé ce chapitre et si vous suivez scrupuleusement la méthodologie proposée, vous devriez pouvoir obtenir un résultat satisfaisant, indépendamment de votre niveau en dessin.

Chapitre 3

Cas pratique « La salle de classe »

Préambule

Cet exercice est à considérer comme tel et non comme une fin en soi. Puisque notre propos est l'appréhension et l'initiation au storyboard, je n'ai pas souhaité que vous vous posiez toutes les questions relatives à la narration d'une histoire, à sa conception, à ce que l'on appelle la note d'intention, à la mise en scène ou à la réflexion trop poussée du découpage plan par plan.

Pour cet exercice, imaginez que je suis réalisateur. J'ai en tête des idées bien précises, en termes de cadrage, d'angle de prise de vues, de mise en scène… Je voudrais bien me rassurer, mais je ne sais pas dessiner. Aussi, afin d'être totalement sûr de moi, tant pour la partie conception que pour la communication avec mon équipe, je fais appel à un storyboardeur – vous – à qui je vais confier la visualisation, la « matérialisation transitoire et poétique des images que j'ai rêvées », pour reprendre les mots de Jean-Jacques Beineix.

Vous disposez au départ d'un **scénario** ; cette petite saynète n'a aucune prétention scénaristique. En partant d'un lieu connu par tous – une salle de classe –, j'ai réécrit une petite scène à caractère humoristique en me rapprochant au maximum du type d'écriture d'un scénario, où chaque mot est censé avoir son importance et sa raison d'être.

Pourquoi une salle de classe ? Si j'avais proposé une séquence aussi simple et courte, mais dont l'action se passait, par exemple, dans une station spatiale intersidérale ou bien dans un château bavarois du XVIIIe siècle, il vous aurait fallu surmonter ce que l'on pourrait appeler une « appréhension d'espace vécu ». L'endroit choisi a l'avantage d'être un lieu que tous ont fréquenté durant plusieurs années de leur vie, donc un espace familier et connu. En effet, à quelques détails de configuration près, une salle de classe est une pièce rectangulaire aux dimensions standardisées, avec une porte d'entrée, une façade opposée avec des fenêtres, une estrade, un tableau noir, un bureau, des tables et des chaises pour les élèves, plus un ou plusieurs meubles (armoire, bibliothèque…).

Suit un **découpage technique**. Nous présenterons, pour chaque plan, trois rubriques.

1. Le **numéro du plan**, avec la double notion de plan monté-plan tourné (voir plus loin).
2. Le **descriptif action**, qui reprend tout ou partie du texte du scénario, avec quelques précisions et insertions de dialogues (en « ON » ou en « OFF »).
3. Le **descriptif technique**, dans lequel on va indiquer les mouvements de caméra, les valeurs de cadre, l'angle de vue..., en laissant volontairement une part à l'initiative et à la réflexion.

Effectivement, certaines indications vont vraisemblablement vous sembler un peu floues, imprécises, par exemple (plan 3) « Plan semi-ensemble, moins large que le plan 1, avec un point de vue différent », ou encore (plan 8) « Plan semblable au début du plan 6 en termes de valeur, mais avec un angle de vue différent ».

Si j'avais souhaité un exercice rigoureux à l'extrême, j'aurais conçu mon plan au sol initial comme une grille de mots croisés, avec horizontalement les lettres A, B, C, D, E, F..., et verticalement les chiffres 1, 2, 3, 4, 5, 6... Ensuite, pour tel plan, j'aurais indiqué « caméra en G-9, orientée nord-nord-ouest », et vous n'auriez plus eu qu'à poser docilement la caméra comme indiqué, sans réfléchir, puis à tenter de reproduire en termes de dessin ce que voit la caméra. Cela ne m'a pas semblé intéressant. Mieux vaut – et c'est à mon sens tout l'intérêt de l'exercice – que chacun se pose les questions suivantes.

- En tenant compte des indications figurant sur le découpage (autrement dit, des intentions de mise en scène et de découpage du réalisateur), quelle est la place la plus pertinente de la caméra pour ce plan-ci ?
- Si je mets ma caméra à tel endroit, qu'est-ce que je vois ? Et qu'est-ce que je ne vois pas ?
- Compte tenu du plan précédent et du plan suivant, en mettant ma caméra à tel endroit plutôt qu'à un autre, est-ce que je raccorde bien les plans d'une même scène ?
- Toujours compte tenu du plan précédent et du plan suivant, en mettant ma caméra à tel endroit plutôt qu'à un autre, est-ce que je ne transgresse pas une des règles fondamentales du langage cinématographique ?
- Est-ce que j'ai tenu compte de la faisabilité du plan ? Puis-je ou non placer ma caméra ainsi ? Cette option que j'ai choisie va-t-elle nécessiter une reconstitution de décor ou non, une machinerie ou un dispositif spécial, pour un plan seulement ?

Voilà les vraies questions qu'il convient d'avoir constamment à l'esprit lorsque l'on veut faire du storyboard. Nous avons déjà vu, lors du chapitre précédent, que le dessin comporte des pièges divers et variés : certaines vignettes peuvent paraître séduisantes, étonnantes, formidables, « emballantes » sur le papier, et se révéler difficilement voire totalement irréalisables en termes de tournage.

Si la meilleure idée visuelle ou conceptuelle du monde s'avère irréalisable, pour de bonnes ou de mauvaises raisons – matérielles, financières, techniques, géographiques, etc. –, il faut tout de suite lui trouver une solution de substitution pragmatique et réalisable. Il est totalement inutile de s'obstiner sur un plan superbe, un mouvement de caméra révolutionnaire, une situation visuelle jamais vue si on ne peut pas les faire…, ce qui n'empêche nullement, avant de jeter l'éponge et de dire « Ce n'est pas possible », de chercher, creuser, inventer… et trouver. C'est ça la passion du cinéma !

Faisons à présent connaissance de l'histoire que nous allons tenter de mettre en images sous forme de storyboard.

La salle de classe

Synopsis ou « pitch »

En présence de l'inspecteur de l'académie, un enfant se fait expulser de la classe pour avoir mal répondu. Mais ce n'est pas entièrement de sa faute…

Scénario

Dans une salle de classe (élèves de 10-12 ans), les enfants chahutent à qui mieux mieux en attendant l'arrivée de la maîtresse. Au signal de celui chargé de faire le guet, tous regagnent leur place, sages comme des angelots.

La maîtresse, jeune et jolie femme court vêtue, entre dans la classe suivie d'un inspecteur de l'académie, la cinquantaine bien sonnée, lequel ne semble pas insensible aux appâts de la jeune institutrice.

DIAL. 1 : LA MAÎTRESSE

« Mes enfants, monsieur l'inspecteur nous fait l'honneur d'assister à la classe aujourd'hui : je compte sur vous… »

DIAL. 2 : L'INSPECTEUR

« Merci mademoiselle. Je vais m'installer à côté de ce jeune homme, là… »

Tandis que la maîtresse se dirige vers le tableau noir, l'inspecteur remonte l'allée et va s'asseoir au dernier rang, à la droite d'un garçon seul à son pupitre.

DIAL. 3 : LA MAÎTRESSE

« Nous allons commencer par un peu d'anglais… »

Elle s'empare d'une craie et commence à écrire au tableau la phrase « Spring and summer are the nice seasons with long days and short nights ». De ce fait, son derrière se trémousse. Les enfants – et surtout l'inspecteur – la regardent. Ceci fait, elle se retourne vers la classe.

DIAL. 4 : LA MAÎTRESSE

« Voilà. Qui peut me traduire ce que je viens d'écrire ? »

Silence dans les rangs. Puis l'élève assis à côté de l'inspecteur lève le doigt.

DIAL. 5 : ANTOINE

« Moi, mademoiselle, moi ! »

Un peu surprise, car ce n'est pas dans les habitudes de l'élève, elle lui réplique :

DIAL. 6 : LA MAÎTRESSE

« Toi, Antoine ? Euh… Bon, eh bien, vas-y ! »

L'enfant se lève et déclame fièrement, sous l'œil interloqué de l'inspecteur :

DIAL. 7 : ANTOINE

« Cette nana a un p'tit cul du tonnerre, et le reste n'est pas dégueu' non plus ! »

Fou rire général dans la classe, sauf l'inspecteur qui rougit et ne sait plus où se mettre. La maîtresse expulse le fautif.

DIAL. 8 : LA MAÎTRESSE

« Antoine ! Prends la porte ! Tu vas avoir de mes nouvelles ! »

Résigné, Antoine se lève et, en passant, admoneste l'inspecteur :

DIAL. 9 : ANTOINE

« Quand on ne sait pas l'anglais, on ne souffle pas ! »

Puis il sort sous les quolibets, tandis que la maîtresse adresse un regard chargé de reproches à l'inspecteur, lequel souhaiterait être englouti sous terre.

Découpage technique

Clarifions tout d'abord la notion de plan monté-plan tourné – notés par la suite plan monté-*plan tourné*. Dans cet exercice de la salle de classe, on constate que les plans 005, 007 et 009 peuvent être tournés d'un seul tenant, quitte à intercaler au montage les plans 006 et 008. Idem pour les plans 006 et 010, le 010 étant tourné sans interruption dans la continuité du 006. Ainsi, pour cette courte séquence, nous avons 12 plans montés mais qui, au tournage, ont été ramenés à 9. On peut imaginer et apprécier l'incidence que peut avoir un découpage technique bien pensé et bien préparé en amont du tournage, lorsque l'on va travailler sur un moyen- ou court-métrage.

Les plans montés sont ceux qui figureront dans l'ordre chronologique du montage (plan 001, plan 002, etc.). Les plans tournés permettent de réaliser une prise de vues d'un seul tenant (même angle de prise de vue, position de caméra, même décor...). Lors du montage, on coupera à un moment donné, on juxtaposera un (ou plusieurs) autre(s) plan(s), puis on mettra dans l'ordre du montage la suite de ce plan, et ainsi de suite.

Plan monté-*plan tourné*	**Descriptif action + dialogues**	**Descriptif technique**
Plan 001-*plan 001*	En l'absence de la maîtresse, les écoliers chahutent, grimpent sur les pupitres, se battent à coups de règle, etc. L'un d'eux, posté à la porte, fait le guet.	Plan d'ensemble large en légère plongée. Panoramique de droite à gauche pour arriver sur le guetteur.
Plan 002-*plan 002*	Ce dernier alerte ses camarades : « 22 ! V'là la prof ! »	Plan taille sur le guetteur.
Plan 003-*plan 003*	Les enfants redescendent des pupitres et s'asseyent à leur place, l'air très sage. La maîtresse et l'inspecteur entrent. Début DIAL. 1 : « Mes enfants, monsieur l'inspecteur nous fait l'honneur d'assister à la classe aujourd'hui... »	Plan semi-ensemble, moins large que le plan 1, avec un point de vue différent. Trois ou quatre élèves se remettent à leur place. Léger travelling latéral vers la porte ; la maîtresse et l'inspecteur IN.
Plan 004-*plan 004*	Cont. DIAL 1 : « ... je compte sur vous. » Elle va vers son bureau. DIAL. 2 : « Merci mademoiselle. Je vais m'installer à côté de ce jeune homme, là. » Lui va s'asseoir au dernier rang, à côté d'un gamin. DIAL. 3 (OFF) : « Nous allons commencer par un peu d'anglais. »	Plan large vu du fond de la classe : travelling en arc de cercle qui suit l'inspecteur jusqu'à ce qu'il s'asseye.
Plan 005-*plan 005a*	Elle commence à écrire au tableau ; son derrière se trémousse.	Vue subjective des élèves du deuxième rang. Plan américain : elle de dos ou trois quarts dos qui écrit. Léger travelling latéral d'accompagnement. On resserre un peu sur elle.
Plan 006-*plan 006a*	La classe, attentive, la regarde. L'inspecteur, ravi, marmonne un commentaire inaudible. Son jeune voisin le regarde, intéressé.	Contrechamp : plan semi-ensemble des enfants, yeux rivés au tableau. Travelling avant : on se rapproche un peu de l'inspecteur et de son voisin.

Plan monté-*plan tourné*	**Descriptif action + dialogues**	**Descriptif technique**
Plan 007-*plan 005b*	Continuité du plan 5 : la maîtresse finit d'écrire sa ligne, puis se retourne et interroge la classe. DIAL. 4 : «Voilà. Qui peut me traduire ce que je viens d'écrire ? »	Continuité du plan 5 : plan taille. Elle fait volte-face.
Plan 008-*plan 007*	Silence des enfants. Antoine au fond de la classe lève le doigt. DIAL. 5 : « Moi, mademoiselle, moi ! » (Option : l'inspecteur, ainsi que quelques élèves se tournent vers Antoine.)	Plan semblable au début du plan 6 en termes de valeur de cadre, mais avec un angle de vue différent.
Plan 009-*plan 005c*	La maîtresse regarde Antoine (OFF). DIAL. 6 : «Toi, Antoine ? Euh... Bon, eh bien, vas-y ! »	Continuité des plans 5 et 7 : encore un peu plus serré sur la maîtresse (plan buste).
Plan 010-*plan 006b*	L'enfant se lève. DIAL. 7 : « Cette nana a un p'tit cul du tonnerre, et le reste n'est pas dégueu' non plus ! » Début d'angoisse pour l'inspecteur.	Continuité de la fin du plan 6 : l'inspecteur + Antoine.
Plan 011-*plan 008*	La classe s'esclaffe. La maîtresse expulse le trublion. DIAL. 8 : «Antoine ! Passe à la porte ! Tu vas avoir de mes nouvelles ! » Ce dernier quitte sa chaise...	Plan large d'ensemble, la maîtresse au premier plan, de trois quarts dos. Amorce du mouvement de sortie d'Antoine.
Plan 012-*plan 009*	Raccord mouvement ; Antoine passe derrière l'inspecteur, puis à côté de lui, marque un court temps d'arrêt et l'admoneste au passage. DIAL. 9 : « Quand on ne sait pas l'anglais, on ne souffle pas ! » Puis Antoine se dirige vers la sortie. L'inspecteur rougit, confus. La classe rigole toujours de plus belle. La maîtresse, les poings sur les hanches (ou bras croisés), fixe l'inspecteur confondu.	Plan en très légère plongée sur l'inspecteur (assis) et l'enfant qui passe derrière lui, puis à côté (possibilité d'un léger travelling d'accompagnement sur Antoine). Puis travelling arrière/zoom arrière qui accompagne Antoine se dirigeant vers la sortie, tout en conservant l'inspecteur dans le champ : la maîtresse (de trois quarts dos ou de profil) entre dans le champ.

Développement de l'exercice plan par plan

La logique voudrait que l'on commence par le plan 001, puis que l'on aborde le plan 002, et ainsi de suite. Or, il se trouve que le plan 001 est l'un des plus compliqués et risque de rebuter l'aspirant storyboardeur.

Aussi ne prendra-t-on pas le développement des plans dans l'ordre chronologique. Nous commencerons par des plans assez simples, autour desquels nous poserons les bases de la méthodologie proposée, puis nous ferons un va-et-vient entre des plans simples et des plans plus compliqués, en essayant de monter en intensité au fur et à mesure de la complexité des plans et des notions acquises.

En agissant de la sorte, nous aurons déjà une « démarche cinéma » : en effet, on ne commence pas forcément un tournage par le plan 001 de la séquence 001. C'est même assez rare, voire exceptionnel, de conjuguer le plan de tournage avec le déroulement chronologique du film...

Pour chaque étape, on abordera divers points, des questions les plus simples aux plus complexes : à partir des indications du découpage technique, comment placer la caméra de la façon la plus judicieuse sur le plan au sol, comment bâtir un dessin, comment indiquer un mouvement, un geste ou un déplacement de personnage. En ce qui concerne les mouvements et déplacements de la caméra, de même, on verra quels sont les multiples avantages à utiliser un diagramme en plan et les inconvénients que l'on encourt à négliger cette étape, comment raccorder convenablement deux plans...

On verra aussi pourquoi il vaut mieux opter pour une proposition plutôt que pour une autre grâce à quelques contre-exemples ; comment un dessin peut sembler très séduisant... et cacher des pièges, tant pour la continuité narrative que pour des problèmes de réalisation.

Étape n° 1

Plan 008-*plan 007*

Descriptif action

Silence des enfants. Antoine au fond de la classe lève le doigt. DIAL. 5.

(Option : l'inspecteur, ainsi que quelques élèves se tournent vers Antoine.)

Descriptif technique

Plan semblable au début du plan 6 en termes de valeur de cadre, mais avec un angle de vue différent.

Notions abordées

Positionnement de la caméra : plan au sol + pictogramme de caméra sur calque = le diagramme en plan • premier exemple de mauvais placement • explication – rectification : placement correct • croquis rapide • court exposé de perspective ; choix de hauteur de caméra • construction basique de personnages de trois quarts face : dessin neutre, dépouillé de toute anecdote • différences entre enfant(s) et adulte(s) • premier dessin (sans fléchage) • autre sens • deuxième dessin (avec fléchage) : deux poses en un seul dessin • indication de lumière ; sa source, différents graphismes basiques • méthodologie de cadrage : plusieurs options à partir d'un seul et même dessin...

Approche de construction d'une vignette

C'est un plan simple, sans mouvement de caméra, ni déplacements de personnages : juste un enfant qui lève le doigt. Comme on l'a vu depuis le début, la première des choses à faire est d'établir un plan au sol (voir en fin d'ouvrage, p. 215).

Ensuite, à l'aide d'un pictogramme de caméra dessiné sur calque – ou bien un triangle découpé dans une feuille de papier – et en ayant bien à l'esprit, non seulement l'énoncé du découpage technique, mais aussi le plan qui précède ainsi que celui qui suit, on va promener cette caméra sur le plan au sol et chercher le positionnement optimal.

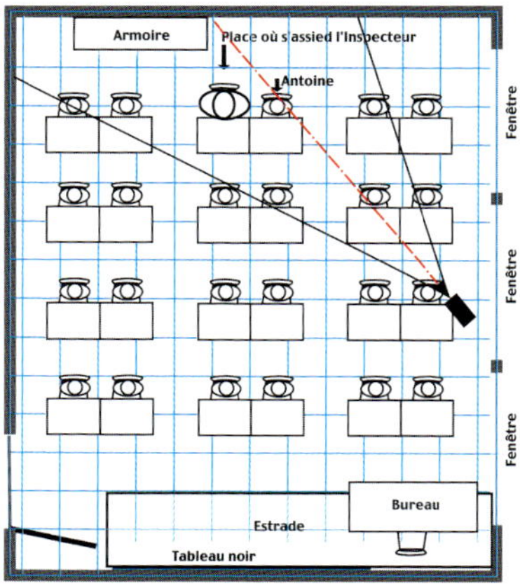

Premier placement de caméra.
© Louis de Rancourt.

Nous commençons par une première position, comme sur l'exemple ci-contre.

À moins de mettre la caméra très en hauteur, ce qui n'est pas forcément judicieux, si on regarde attentivement ce positionnement de caméra dans la classe, on s'aperçoit que l'élève du premier plan occulte Antoine et le masque. J'ai matérialisé la partie cachée par l'élève par

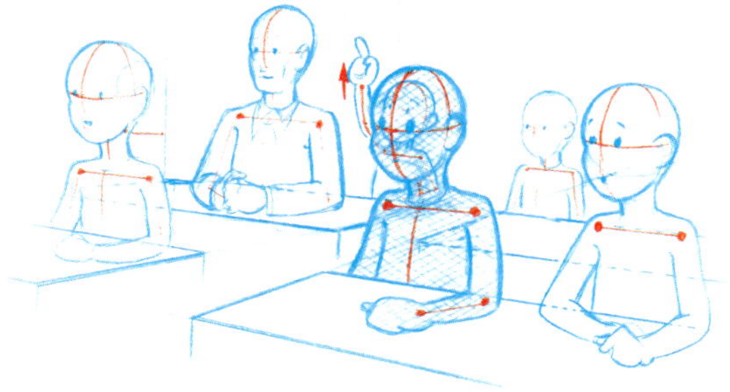

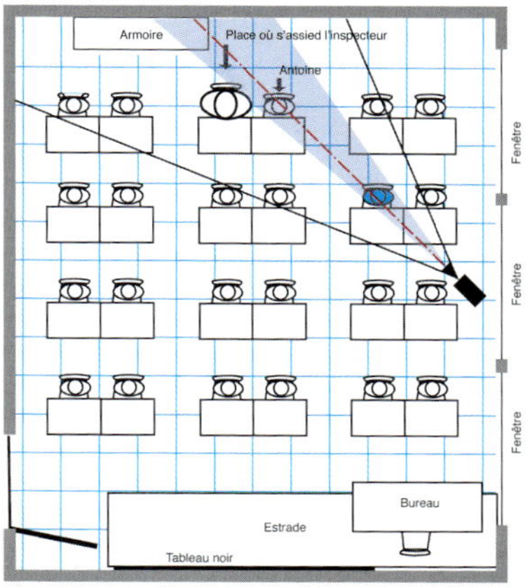

L'élève du premier rang masque une partie de la scène (zone bleue sur le diagramme en plan). © Louis de Rancourt.

une zone bleue, sur le diagramme ci-dessus. Tout au plus verra-t-on le doigt d'Antoine surgir de derrière la tête de l'enfant qui se trouve au premier plan, comme sur le dessin ci-dessus. Ce n'est peut-être pas très heureux, non ?

On va donc décaler légèrement la caméra de manière à avoir une sorte de couloir passant de part et d'autre de l'élève du premier plan et de l'élève assis juste devant Antoine. On va ensuite ajuster ce positionnement de caméra pour voir également l'inspecteur sans que celui-ci, en dépit de sa taille d'adulte, soit trop occulté par le ou les enfants devant lui ; cet ajustement nous donnera le diagramme ci-contre.

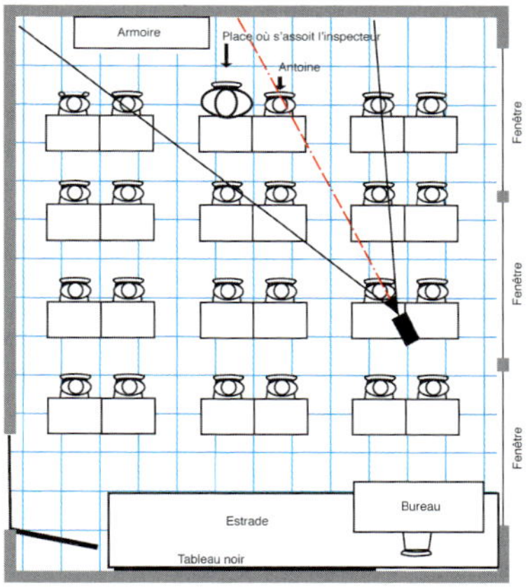

Placement de caméra rectifié.
© Louis de Rancourt.

Vous voyez tout l'intérêt d'élaborer au préalable ce diagramme en plan, plutôt que de foncer tête baissée dans le dessin d'une vignette, quelle que soit sa complexité. Non seulement ce travail préliminaire va nous permettre de bâtir notre point de vue exactement comme on l'a choisi, mais en plus avec la satisfaction d'avoir maîtrisé celui-ci en toute connaissance de cause.

Sans entrer dans un cours de perspective élaboré (voir pour cela *Le Dessin de perspective par l'exemple*, par John Montague, éditions Eyrolles, 2011), rappelons quelques principes.

- Quand on regarde un objet, de nos yeux partent les rayons visuels qui s'écartent en formant un cône ; c'est ce que l'on appelle le **cône visuel**.

- Le **tableau** (la feuille de papier sur laquelle nous dessinons) est un plan réel, toujours perpendiculaire au regard, donc vu de face.
- La **ligne de terre (T)** est une ligne horizontale placée en principe au bas du dessin. Elle est l'intersection entre le tableau et le plan au sol.
- La **ligne d'horizon (H)**. Appelée aussi « niveau des yeux » en perspective, elle est toujours située à hauteur de l'œil de l'observateur. On pourra faire varier cette hauteur en fonction du point de vue souhaité par le dessinateur. Si l'objet est situé sous la ligne d'horizon, l'observateur en verra le dessus. Inversement, si l'objet est situé au-dessus de cette ligne, l'observateur en verra le dessous.
- Le **rayon visuel principal (RVP)** est l'axe du cône, perpendiculaire au tableau. Ce rayon visuel est vu par le spectateur en un point P, appelé point de fuite principal, qui se situe sur la ligne d'horizon et sur la verticale principale.

L'opération précédente consistant à établir un diagramme en plan va grandement nous faciliter la construction d'une vignette cohérente.

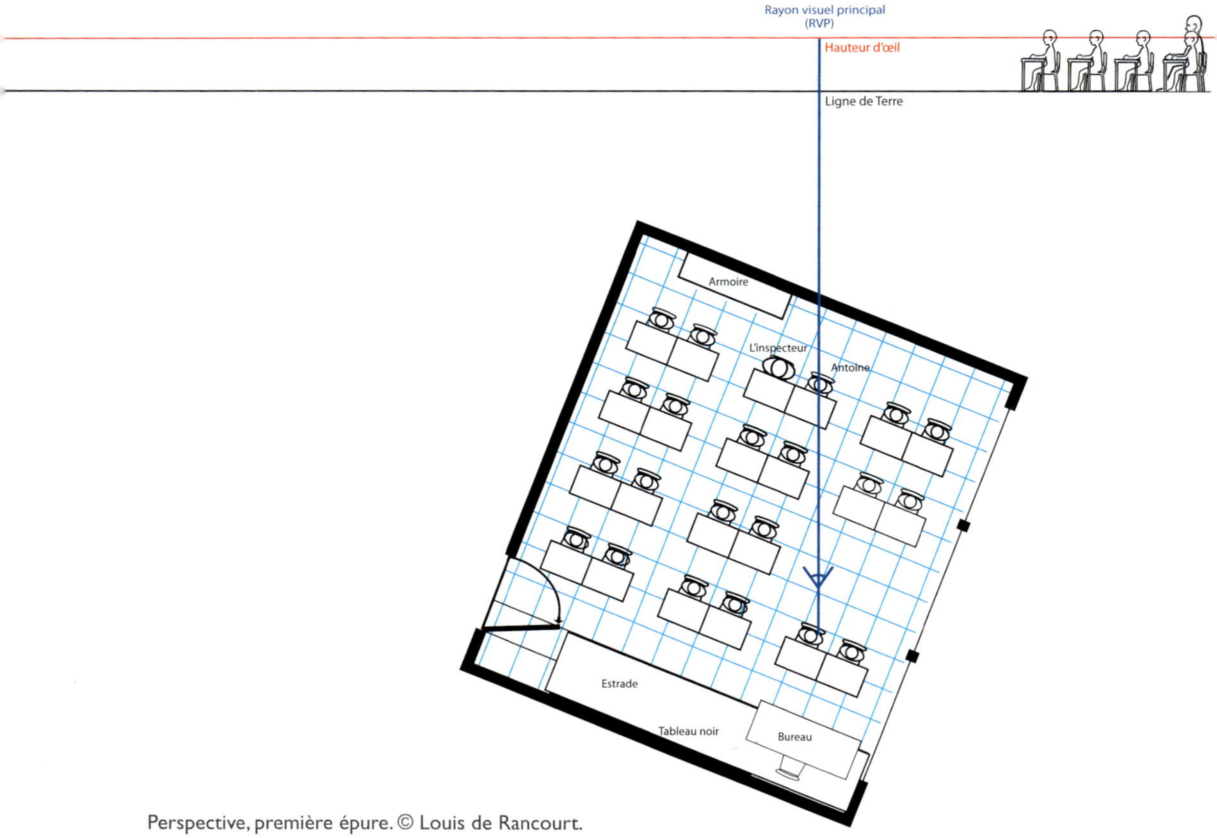

Perspective, première épure. © Louis de Rancourt.

Maintenant que nous avons déterminé un emplacement de caméra satisfaisant, nous allons reproduire en perspective le « carrelage » de notre plan au sol, dans le même axe que celui du point de vue choisi. Sur une portion de ce quadrillage en perspective, on va délimiter la ligne au sol des deux murs visibles, ainsi que l'occupation au sol des tables et de l'armoire du fond. On effectuera cette opération en se référant aux repères de notre plan au sol original. À partir des angles (coin du mur, tables, armoire), on va ensuite élever des verticales.

À une hauteur donnée, en allant chercher les points de fuite, on va alors tracer le dessus des tables : largeur et profondeur.

Derrière chacune d'elles, on va déterminer l'axe vertical de chacun des personnages par rapport à la table, en ne tenant pas compte de leur position assise, mais en faisant comme si l'on plantait des piquets ou l'on posait des quilles. Sur cet axe vertical, on va déterminer la hauteur des épaules, ce qui va nous donner ces espèces de « porte-manteaux » (en rouge, ci-contre), et matérialiser la tête par une simple sphère.

Essayons à présent de faire un dessin suffisamment convaincant, en tâchant d'aller à l'essentiel de ce qu'il faut dire et de ne pas se perdre dans des détails insignifiants.

En effet, à ce stade du projet cinématographique, le casting n'est pas encore fait. Même si on sait très bien que, dans une classe, il y a des garçons et des filles, des grands et des petits, des gros et des maigres, des gens de couleur, des vêtements différents, etc., il est inutile d'en tenir compte à cette étape.

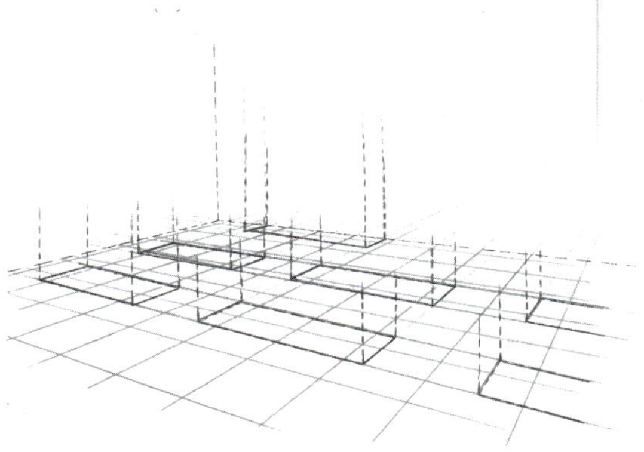

Perspective, deuxième épure. © Louis de Rancourt.

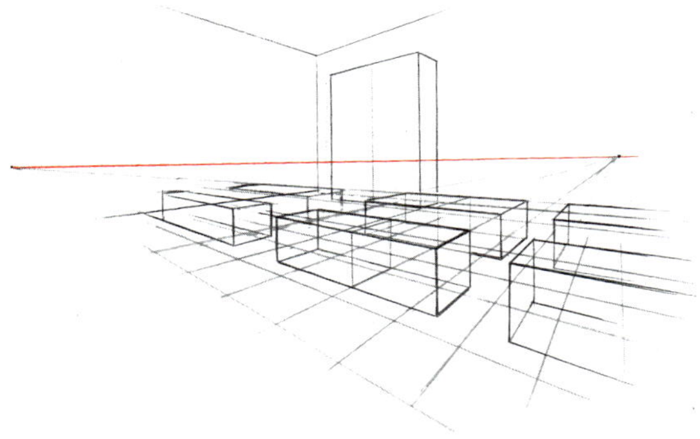

Perspective, troisième épure. © Louis de Rancourt.

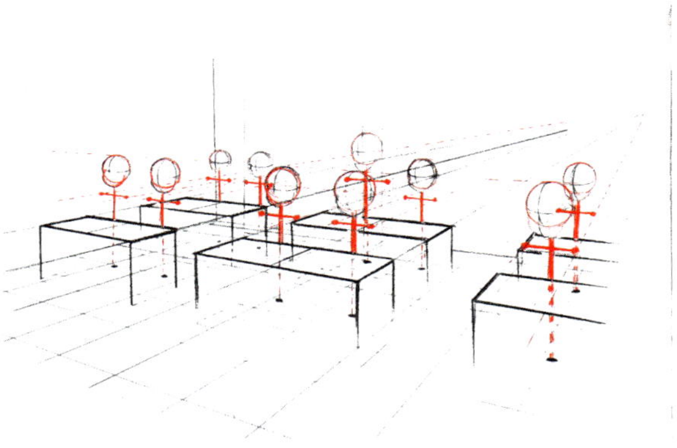

Perspective, quatrième épure. © Louis de Rancourt.

On va donc dessiner des enfants semblables, de même rapport de taille, sans aucun artifice (*a fortiori* à ce stade du dessin !). De même, on fera attention à la taille de l'inspecteur, afin qu'il ait bien la taille d'un adulte par rapport à des enfants de 10-12 ans. Là aussi, il convient de se référer à ce que l'on connaît, à ce que l'on a pu observer.

- À quel niveau les épaules d'un adulte moyen assis se situent-elles par rapport à un enfant assis sur le même plan ?
- De combien sa tête dépasse-t-elle celle d'un enfant ?
- Quelles sont les proportions de la largeur d'épaules, du volume de la tête de l'un par rapport à celle de l'autre, etc. ?

Si ce point de vue nous satisfait, on va pouvoir à présent donner un peu de vie à ce dessin et, à partir de notre structure de base, ajouter des indications d'acting ou d'attitudes.

Pour l'instant, nous représenterons les personnages en termes de construction ou de structure, sans les indications de mouvements (acting : doigt levé, têtes qui se tournent). On s'occupera du cadrage à la fin.

Pour donner un peu de vie et d'animation à ce plan, je ne me suis pas contenté de représenter Antoine avec un doigt levé. Si on a bien lu l'histoire, Antoine est le cancre de service, celui qui ne répond jamais. Aussi, ses camarades – tout du moins un, voire deux ou trois –, étonnés, vont se retourner vers lui. De même, l'inspecteur va regarder son jeune voisin.

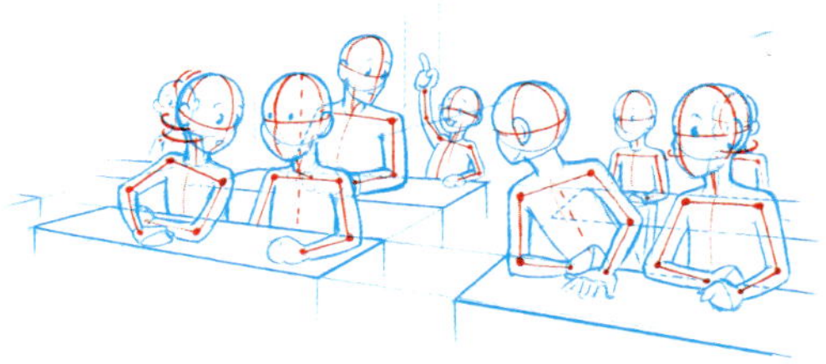

Dessin du plan 008 à fond perdu, sans fléchage, pose Stop. © Louis de Rancourt.

Attention : si on dessinait la vignette telle qu'elle apparaît ci-dessus, cela aurait une autre signification que celle que l'on souhaite lui donner… En effet, montrer le plan ainsi, sans fléchage, équivaut à signifier que, au moment où le réalisateur va dire : « Moteur… Action ! », l'enfant a déjà le doigt en l'air. Et ses petits camarades ont déjà la tête tournée dans sa direction. Est-ce bien ce que l'on voulait dire ?

N'oublions jamais que le storyboard, c'est du dessin au service du cinéma. On va donc matérialiser ces mouvements par un fléchage simple (doigt qui se lève) ou en volume (voir l'exemple ci-après) ; au trait vide (l'inspecteur tourne la tête) ou rempli (mouvement de l'élève du troisième rang, juste à droite d'Antoine), ou encore plus simplement, par des « virgules » (les deux enfants sur les bords du dessin).

Voici, décomposé en deux parties, ce que l'on verra à l'écran.

- Pose Start : tous les élèves et l'inspecteur regardent en direction du tableau (OFF).

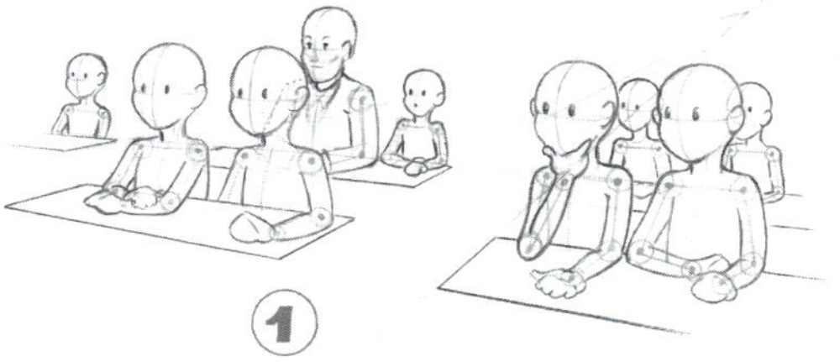

Dessin du plan 008 à fond perdu, sans fléchage, pose Start.
© Louis de Rancourt.

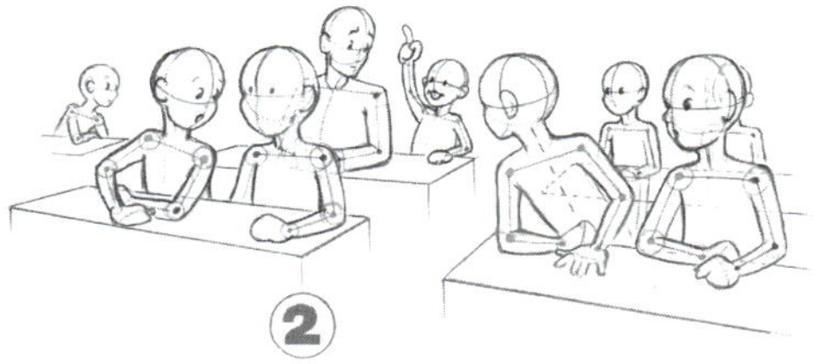

Dessin du plan 008 à fond perdu, sans fléchage, pose Stop.
© Louis de Rancourt.

- Pose Stop : Antoine lève le doigt. Réaction : certains – dont l'inspecteur – tournent la tête dans sa direction.

En utilisant ces quelques indications de fléchage, on induit automatiquement qu'au départ du plan, tous les élèves regardent vers le tableau puis, après le temps de silence notifié dans le découpage technique, Antoine lève le doigt, ce qui entraîne la réaction des autres. On fait donc l'économie d'un dessin !

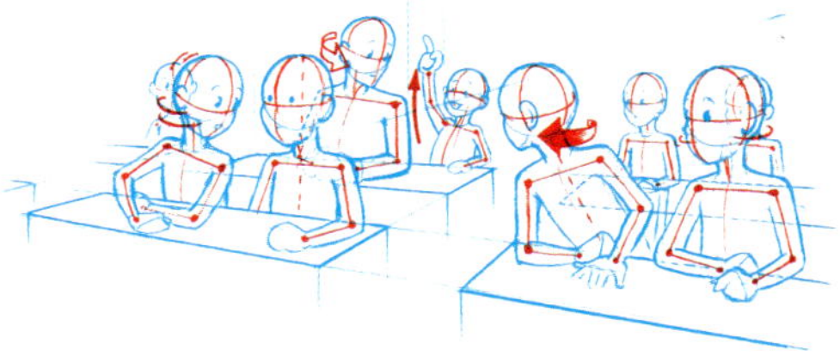

Dessin du plan 008 avec fléchage.
© Louis de Rancourt.

Le simple fait de mettre une flèche au bout du bras d'Antoine indique qu'au départ du plan, l'enfant a les deux mains sur la table, puis lève le doigt. De la même façon, tous les autres personnages – inspecteur et enfants – ont les yeux rivés sur la maîtresse (OFF) au départ, et leur réaction est indiquée par un système de fléchage ou de virgules.

Rappel

Si le storyboard n'est pas de la bande dessinée, on peut néanmoins récupérer des codes graphiques issus de celle-ci à dessein d'exprimer un mouvement, une expression, ou toute autre indication d'intention.

En faisant ainsi, non seulement on pense cinéma mais, de surcroît, tout en apportant des indications de mise en scène, on fait d'un seul dessin deux poses, voire davantage.

Vous remarquerez que dans ce dessin, les constructions restent apparentes, aussi bien les lignes de perspective que la construction anatomique des personnages. J'ai même dessiné en transparence les élèves cachés par ceux qui sont devant eux. On ne vous reprochera jamais de n'avoir pas fait disparaître ces éléments de construction, bien au contraire ! J'ajouterais même que si ces éléments de construction sont justes (la ligne d'horizon, les points de fuite...), cela donnera des indications précieuses au caméraman quant au placement de sa caméra !

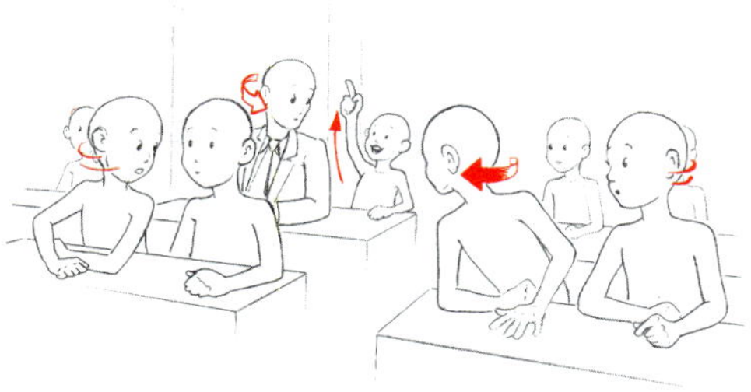

Dessin du plan 008 au trait. © Louis de Rancourt.

Cela dit, selon les exigences de votre commanditaire, vous pouvez faire un dessin au trait, dépouillé de ses éléments de construction, toujours dépourvu de toute anecdote concernant les personnages, comme ci-contre.

Le cinéma, c'est aussi de la lumière. Sauf avis contraire, vous pouvez être amené à donner des indications concernant de la direction ou le positionnement de la source de lumière. C'est un renseignement précieux pour le chef opérateur et les responsables de l'éclairage.

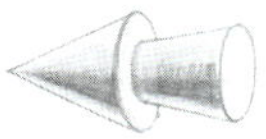

Pictogramme source de lumière. © Louis de Rancourt.

Dans le cas présent – d'où l'intérêt encore une fois de savoir où l'on se trouve –, la lumière vient en toute logique des fenêtres de la salle de classe, c'est-à-dire de notre droite ; elle va éclairer la partie gauche des personnages et des meubles. Par convention, on peut matérialiser le sens et la direction d'une source de lumière par un pictogramme comme celui ci-contre. Cette flèche conique sera dessinée différemment selon que l'on aura une lumière frontale, latérale, en contre-jour, venant d'en haut ou d'en bas, etc.

Après avoir déterminé le sens et la direction d'une source de lumière par un pictogramme, on va s'aider de notre construction de base en termes de volumes simples, et tâcher de comprendre quelles parties sont éclairées et quelles autres sont dans l'ombre. On va ensuite dessiner une ligne de démarcation ombre-lumière, en bleu (en cinéma d'animation, on parle de *shadow line*) et hachurer les parties dans l'ombre.

Dessin du plan 008 avec la *shadow line* et les parties dans l'ombre hachurées. © Louis de Rancourt.

Cette technique présente l'avantage de pouvoir être reproductible, même si l'on ne dispose que d'un photocopieur de qualité médiocre. De plus, le trait au bleu risque fort de disparaître à la reprographie : c'est la raison pour laquelle il convient de faire tous ses traits de construction au bleu, ainsi que les esquisses de dessin, puis de repasser sans gommer au crayon noir ce que l'on désire conserver.

Si l'on dispose de moyens de reproduction plus performants, notamment d'un scanner, on aura recours à un aplat léger, ici toujours dessiné en bleu, en évitant les nuances, estompes, frottis ou autres autant que possible.

Attention : en ce qui concerne les indications de lumière, veillez bien à ne pas en faire trop par respect envers les autres corps de métiers.

Dessin (bleu) du plan 008 avec *shadow line* et hachures. © Louis de Rancourt.

Toutes ces étapes ont été réalisées à fond perdu, sans pour l'instant s'occuper de cadrage. Nous allons aborder à présent cette notion de cadre et ainsi voir qu'à partir d'un seul et même dessin, plusieurs possibilités s'offrent à nous.

Comment cadrer un dessin pour du cinéma

Encore une fois, il convient de rappeler que le storyboard, c'est du dessin au service du cinéma, et surtout pas l'inverse !

Le découpage technique nous a donné quelques indications d'intentions, notamment en termes de valeur de cadre. Si on nous parle d'un plan américain, par exemple, on ne va pas se préoccuper des pieds… Ici, il s'agit d'un plan dit « moyen », avec tout ce que cela peut avoir de vague. C'est justement pour effacer cette notion imprécise que l'on va avoir recours au storyboard.

En effet, nous avons tous un champ de vision assez large. Faire du cinéma, et plus particulièrement cadrer, c'est précisément faire une sélection de notre champ visuel dans une fenêtre rectangulaire aux rapports largeur/hauteur établis. Ici, c'est l'un des formats les plus utilisés, le 1,77:1, appelé également le 16/9, soit pour une hauteur de 10 cm, une largeur de 17,7 cm. Aussi, pour vos futurs storyboards, je vous invite fortement à vous confectionner des planches avec des formats rectangulaires homothétiques, une pour chaque type de format, comme celles que vous trouverez à la fin de cet ouvrage (voir p. 216 à 221).

Reproduisez ces rectangles sur un carton fort et évidez les fenêtres. Libre à vous de changer la disposition, le nombre de fenêtres par carton ou le rapport de grandeur des cadres, à partir du moment où vous respectez l'homothétie du format choisi.

Selon que vous aurez à travailler au format 1,77:1 (appelé aussi 16/9, format le plus couramment utilisé), au format 1,85:1 (standard américain) ou au format 2,35:1 (CinemaScope ou Panavision), vous allez vous confectionner des planches de cadres similaires.

Note : le format 1,33:1 (format TV, appelé aussi *Flat Academy*) et le format 1,66:1 (standard européen pour les films en 16 mm) ne sont plus utilisés aujourd'hui. Ils sont mentionnés ici uniquement à titre historique.

Maintenant, vous allez placer ces fenêtres sur votre dessin ou sur votre simple croquis à fond perdu – d'où l'intérêt de n'avoir pas dessiné trop grand – et vous allez les promener, les ajuster par rapport à ce que vous souhaitez avoir au bord du cadre et ce que vous voulez mettre au milieu – en général, le centre d'intérêt de la scène.

Selon l'option choisie, vous aurez ainsi une vue d'ensemble de la scène ou, au contraire, un cadrage plus serré en excentrant Antoine, ou une autre option de cadrage encore plus serré, concentré sur Antoine, avec juste l'inspecteur et deux enfants en amorce, ou enfin la solution de balancer, ou débuller, le cadre dans un sens ou un autre.

Cadrage, option 1 : vue d'ensemble de la scène, Antoine centré. © Louis de Rancourt.

Cadrage, option 2 : cadrage plus serré, en excentrant Antoine. © Louis de Rancourt.

Cadrage, option 3 : encore plus serré sur l'enfant, avec l'inspecteur et deux élèves en amorce. © Louis de Rancourt.

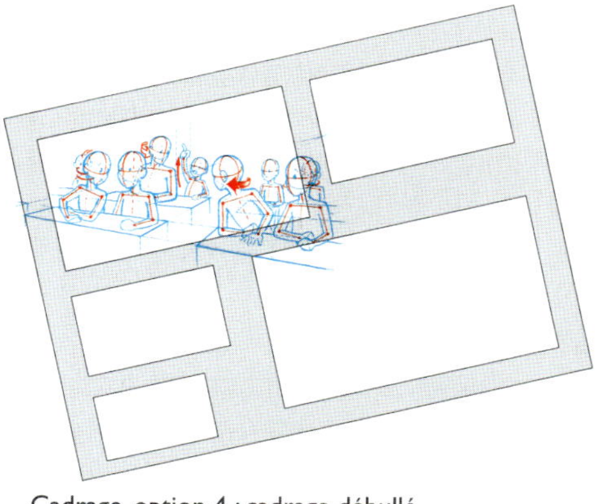

Cadrage, option 4 : cadrage débullé. © Louis de Rancourt.

Ce qui figure ci-contre ne représente que quelques exemples. En bref, vous aller opter pour un choix de cadrage, en excentrant Antoine à droite ou à gauche, en rehaussant ou en rabaissant les personnages dans le format, etc. La suite n'a de limites que celles de votre imagination.

En faisant de la sorte, vous vous aménagez une totale maîtrise de votre intention de cadrer. En dessinant un peu large et à fond perdu, compte tenu des valeurs données dans le découpage technique, vous vous assurez une marge de manœuvre suffisante et avez tout le loisir d'affiner votre cadrage par approches successives.

C'est la raison pour laquelle je vous déconseille fortement de dessiner dans un rectangle pré-imprimé ou prédessiné. Par expérience, je peux vous affirmer que cela se voit tout de suite. À moins d'avoir une longue expérience et un œil redoutable, il y a 99 chances sur 100 pour que votre visuel soit mal composé dans le format rectangulaire. Or, le cinéma doit également répondre aux exigences de la composition d'une image dans un format rectangulaire défini.

La composition d'un format rectangulaire est au moins aussi importante au cinéma qu'en peinture. Voilà ce qu'en dit un spécialiste connu.

> *« Figurez-vous que je ne regarde jamais à travers l'objectif. Quand j'hésite, je dessine le plan pour le caméraman, puis je trace un rectangle autour. Avant tout, le problème est que vous travaillez dans un medium à deux dimensions. Ne jamais oublier cela. Vous avez un rectangle à remplir ; remplissez-le. Composez-le. »*
>
> Alfred Hitchcock, réalisateur

> *« L'important pour moi est que chaque image, si on la sortait du film, puisse, accrochée au mur, faire un tableau. »*
>
> Jean-Pierre Jeunet, réalisateur
> *Le Technicien du film*, n° 563, février 2006

Sur la démonstration ci-contre, on constate que ces quatre vignettes, si on devait les rassembler sur un document, n'auraient pas la même taille. En vue de la présentation finale, il conviendra d'harmoniser toutes ces vignettes et d'avoir une suite de plans cadrés à la même taille, soit d'égal rapport hauteur/largeur. Nous aborderons cette notion dans une section ultérieure consacrée à l'harmonisation des vignettes pour la présentation finale, après avoir réalisé les douze plans de l'exercice (voir étape 12).

Étape n° 2

Plan 005-*plan 005a*

Descriptif action

La maîtresse commence à écrire au tableau ; son derrière se trémousse.

Descriptif technique

Vue subjective des élèves du deuxième rang. Plan américain : la maîtresse de dos ou de trois quarts dos qui écrit. Léger travelling latéral d'accompagnement. On resserre un peu sur elle.

Notions abordées

Exemple de démarrage d'une vignette sans avoir réalisé au préalable un diagramme en plan • construction par étapes successives : la maîtresse d'abord • multipose due au déplacement • mise en place des élèves du premier plan • proportions entre premier plan et arrière-plan : recours au diagramme en élévation • inconvénient de n'avoir pas commencé par placer la ou les caméras : explication, rectification • nouveau dessin de la vignette • travelling latéral + resserrement (travelling avant ou zoom) • dessin des cadres • fléchage liant les deux cadres • anticipation du plan 007-*plan 005b* ainsi que du plan 009-*plan 005c* • vignette finale : sept indications en un seul dessin !

Pour tenter de vous persuader du bien-fondé du diagramme en plan, et notamment des inconvénients auxquels on s'expose en négligeant cette opération, nous allons attaquer ce plan sans avoir recours préalablement à un placement de caméra. Le découpage technique nous dit : vue subjective des élèves du deuxième rang. On va donc naturellement opter pour une vue frontale.

C'est un plan qui comporte un déplacement de personnage. Pour visualiser ce plan, nous allons donc montrer les deux positions de l'institutrice. Comme elle écrit de gauche à droite, on va la représenter commençant à gauche du tableau (position 1, sur l'illustration ci-contre) puis, avec une flèche indiquant son déplacement, vers l'extrémité opposée, un peu plus éloignée (position 2).

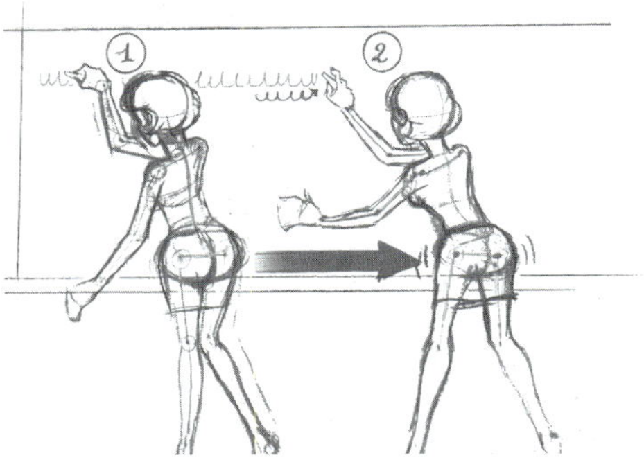

Plan 005-*plan 005a*. Maîtresse seule, à fond perdu. © Louis de Rancourt.

Dans un premier temps, on ne s'occupe que de la maîtresse. Le descriptif technique indique un plan américain, soit le bas du cadre arrivant à mi-cuisses. On va la dessiner en se gardant une marge, par exemple à mi-mollet, toujours à fond perdu, puis on cadrera.

Sur cette première esquisse, on note bien la même maîtresse dédoublée, avec la numérotation des poses, la flèche de déplacement de gauche à droite, ainsi que les «virgules» pour indiquer que son derrière se trémousse. En effet, si le storyboard n'est pas de la bande dessinée, rien n'interdit de récupérer des codes issus du neuvième art, comme ces petites virgules…

Observez, éventuellement à l'aide d'un(e) complice, comment on représente une personne écrivant au tableau. N'hésitez jamais à vous aider à bâtir un dessin, comme ici avec la construction : structure de colonne vertébrale et articulations. Notez par ailleurs qu'il est inutile de réécrire sur le dessin la phrase en anglais car elle est mentionnée dans le scénario. De même, comme vous avez bien lu ce dernier et le découpage technique, vous allez faire la deuxième pose peu éloignée de la première : on ne va pas représenter la maîtresse écrivant la phrase entière au tableau, juste les trois ou quatre premiers mots.

Occupons-nous à présent de ce qui figure au premier plan. Puisque le descriptif technique nous dit : vue subjective des élèves du deuxième rang, nous allons donc avoir, entre la caméra et la maîtresse, les enfants assis au premier rang, de dos, au premier plan.

La difficulté réside dans l'échelle à établir entre les élèves du premier rang – au premier plan, donc prenant plus d'importance dans l'image – et la maîtresse écrivant – à l'arrière-plan, donc plus petite.

Il y a deux manières de procéder : une relevant de la «pifométrie», science aléatoire et peu exacte, et une autre un peu plus rationnelle. C'est là que nous aurons recours à ce qui s'appelle un **diagramme en élévation**, par opposition au diagramme en plan.

Commençons par la méthode approximative. En partant du dessin évoqué page précédente, on va dessiner sur calque deux silhouettes d'enfants.

On procédera par approches successives et on va ainsi se rendre compte très vite de ce qui ne fonctionne pas (maîtresse gigantesque derrière des enfants minuscules ou l'inverse).

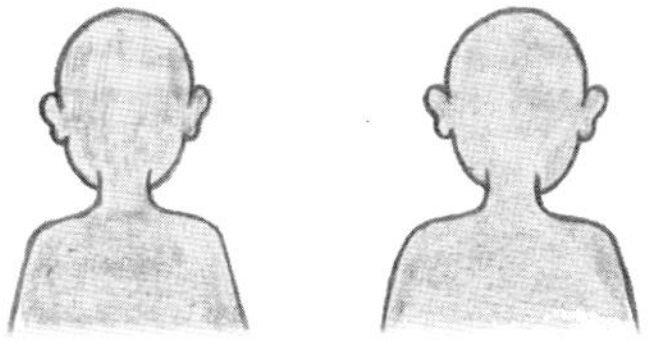

Silhouettes d'enfants sur calque. © Louis de Rancourt.

Deux exemples de mauvais rapport de taille. À gauche : il y a au moins 8 m entre les élèves et le tableau. À droite : la maîtresse fait la classe à des nains de jardin. © Louis de Rancourt.

Silhouettes d'enfants et dessin multipose de la maîtresse. © Louis de Rancourt.

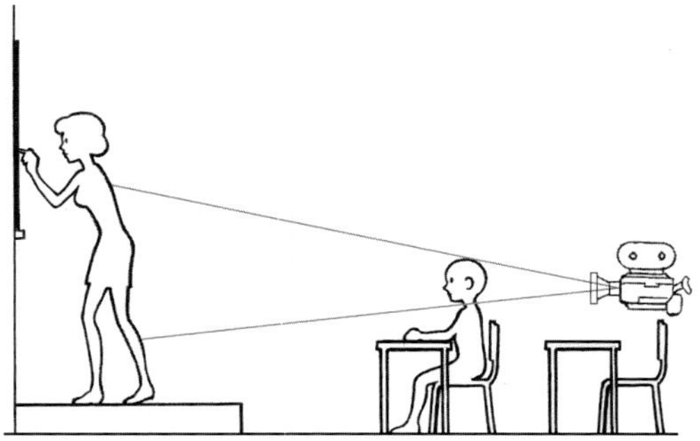

Diagramme en élévation. © Louis de Rancourt.

Une fois que l'on a trouvé une proportion acceptable et plausible, on va déplacer ces deux silhouettes d'enfants de façon à composer une image harmonieuse.

Mais si on désire être le plus proche possible de la réalité, on va établir un diagramme en élévation, en plaçant une caméra en lieu et place de l'enfant du deuxième rang, comme ci-contre, sans être obligatoirement aussi précis.

Cette vue de profil permet de visualier, compte tenu de la place de la caméra, à quelle hauteur la tête et les épaules des enfants arrivent par rapport à la maîtresse. On constatera ainsi que le haut du crâne des enfants arrive *grosso modo* à hauteur de ses omoplates, et que leurs épaules se situent plus ou moins à mi-cuisses de la jeune femme.

Quelle que soit la méthode utilisée pour arriver à un rapport de taille enfants-maîtresse convenable, il y a un inconvénient. En effet, puisque le scénariste s'est donné la peine de spécifier qu'en écrivant au tableau, son derrière se trémousse, et que cette précision se retrouve mentionnée dans le découpage technique (il insiste vraiment lourdement !), on voit bien sur le dessin du haut que lorsqu'elle va passer derrière l'enfant de droite, son postérieur va être caché par la tête de ce dernier…

Le découpage technique nous indique : vue subjective des élèves du deuxième rang, mais ne précise pas de quel(s) élève(s) il s'agit. Si on veut bien promener nos pictogrammes de caméra (calque) sur notre plan, on s'apercevra que si on situe la caméra au deuxième rang de l'allée centrale – point de vue adopté dans le croquis ci-dessus –, l'écart entre les deux élèves du premier rang est très restreint. Mais si on se met côté fenêtres ou côté mur, du fait du changement d'angle de prise de vues, la zone vide constituée par l'allée est nettement plus large.

Après avoir essayé le deuxième rang côté porte, à l'aide d'un gribouillis rapide (voir figure ci-contre, à gauche), j'ai opté pour le deuxième rang côté fenêtres (figure ci-contre, à droite).

Pré-rough côté porte (et diagramme).
© Louis de Rancourt.

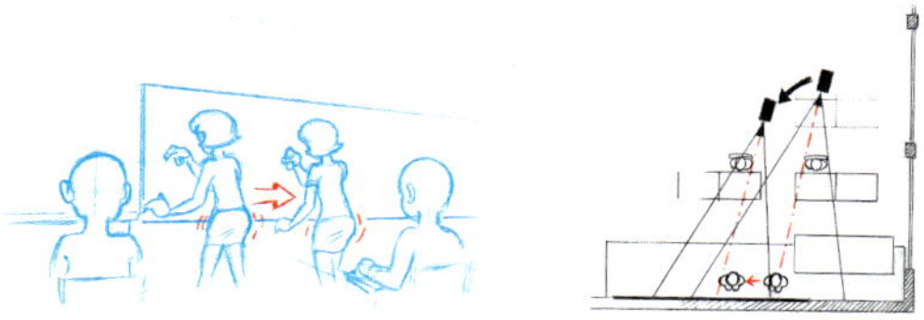

Pré-rough côté fenêtres (et diagramme).
© Louis de Rancourt.

Et voici le diagramme avec la caméra placée dans la rangée centrale (ci-dessous, à gauche) et le diagramme avec la caméra placée dans la rangée côté fenêtres (ci-dessous, à droite).

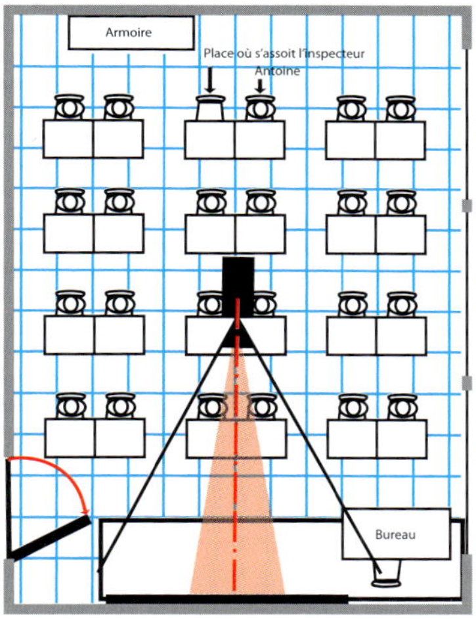

Diagramme de la caméra au 2e rang au milieu, avec zone de champ visuel.
© Louis de Rancourt.

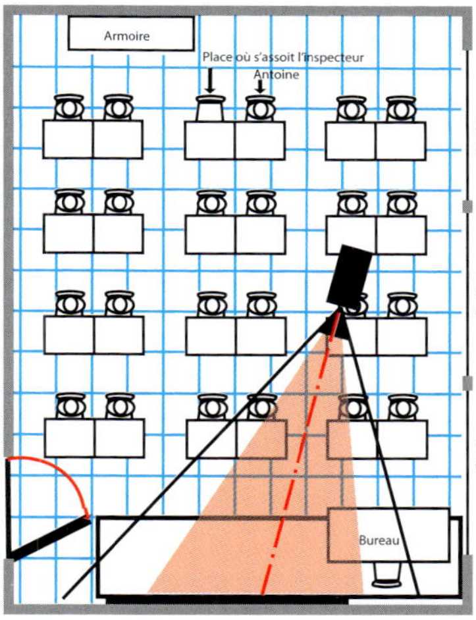

Diagramme de la caméra au 2e rang côté fenêtres, avec zone de champ visuel.
© Louis de Rancourt.

J'ai finalement opté pour cette deuxième solution, car dans l'option deuxième rang, côté porte, le déplacement de caméra était en sens inverse de celui de la maîtresse.

Dans le premier cas de figure (deuxième rang, allée centrale) comme dans le deuxième, j'ai matérialisé l'angle limité par les élèves de part et d'autre de l'axe focal par une zone de couleur. On constate ainsi que sur le diagramme de droite, à cause de l'espace généré par l'allée, il y a davantage de champ entre les deux élèves. On couvre un angle plus large nous permettant de suivre le déplacement latéral de la maîtresse, sans que ses fesses soient masquées par la silhouette d'un enfant. Voilà pourquoi il faut placer sa caméra avant de se lancer tête baissée dans un dessin pour du cinéma !

« Quand vous arrivez sur le plateau,
vous devez savoir où vous allez placer votre caméra.
Sinon, vous pouvez être sûr que vous allez être attaqué
par tous ces petits démons maléfiques et intérieurs,
et que vos doutes se verront à l'écran. »
Orson Welles, réalisateur

À présent, on peut établir le diagramme en plan général, avec le déplacement de caméra respectant les indications données dans le découpage technique.

Maintenant que nous savons avec certitude où se trouve la caméra, nous allons dessiner le point de vue des élèves du deuxième rang côté fenêtres, toujours en dessinant large, avec une multipose de la maîtresse, sans cadrage pour l'instant. On obtient l'illustration ci-dessous.

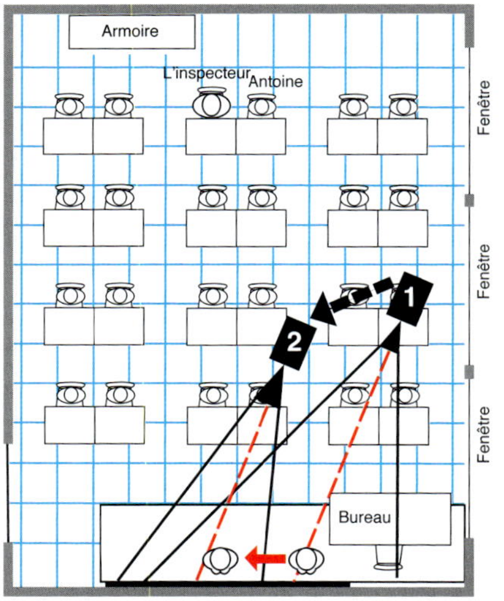

Diagramme général du plan 005, côté fenêtres. © Louis de Rancourt.

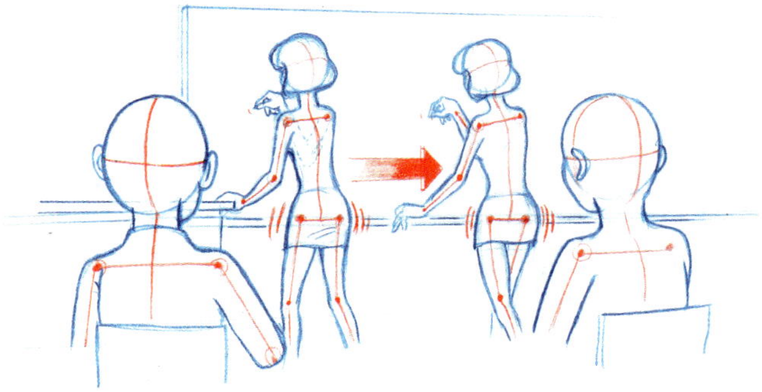

Dessin multipose à fond perdu. © Louis de Rancourt.

Occupons-nous du cadrage à présent. Le découpage technique nous parle d'un léger travelling latéral d'accompagnement, en mentionnant que l'on resserre un peu sur la maîtresse, ce qui implique soit un travelling avant, soit un zoom avant. Nous allons voir à présent comment matérialiser cette double opération – assortie du déplacement de la maîtresse – sous forme de vignette de storyboard.

Le découpage technique nous dit : plan américain. Le bas du cadre arrivera donc à mi-cuisses de la maîtresse. En partant de notre dessin de la page ci-contre, toujours en cherchant le cadrage le plus approprié à l'aide des planches de fenêtres homothétiques, on tracera le cadre de départ, que nous appellerons cadre A par convention.

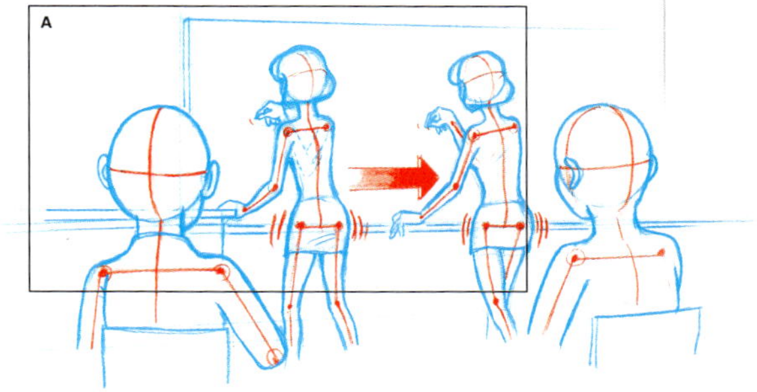

Cadre A. © Louis de Rancourt.

Sur le même dessin, on tracera le cadre d'arrivée, soit le cadre B, lequel sera décalé vers la droite, suite au travelling, et plus petit, à cause du rapprochement (travelling avant ou zoom avant).

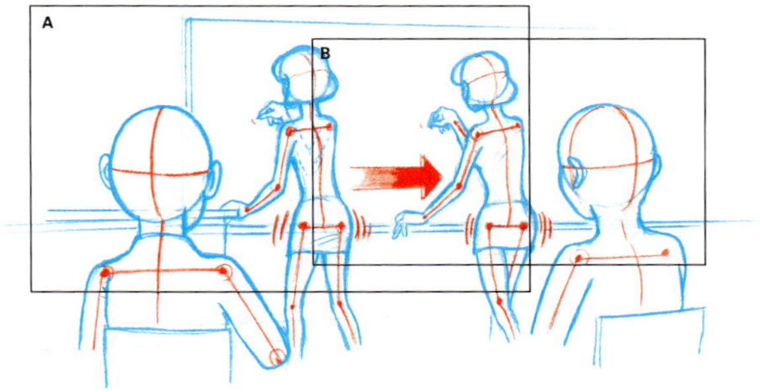

Cadre A + cadre B. © Louis de Rancourt.

On prendra bien garde que ces deux cadres soient parfaitement homothétiques au format 16/9, soit un rapport hauteur/largeur de 1,77:1. Enfin, on reliera ces deux cadres par des flèches, le point de départ et d'arrivée de chacune d'elles correspondant au même coin de chaque cadre.

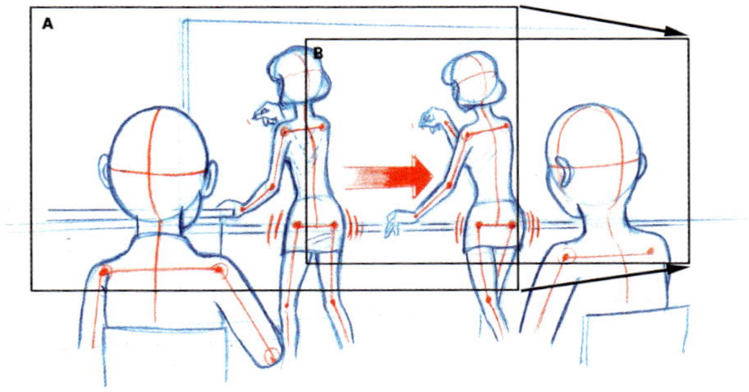

Cadre A + cadre B et flèches. © Louis de Rancourt.

Et voilà un visuel parfaitement clair. Rendez-vous compte de l'efficacité d'une vignette de storyboard : en un seul dessin, on a dit sept choses !

1. Une maîtresse écrit au tableau.
2. Elle se déplace de la gauche vers la droite : fléchage, éventuellement numéros des poses.
3. Son derrière se trémousse : virgules de part et d'autre de ses hanches.
4. Au départ, nous sommes en plan américain : bas du cadre de départ à mi-cuisses.
5. La caméra est au deuxième rang : élèves entre la caméra et la maîtresse.
6. Travelling d'accompagnement : fléchage reliant les deux cadres.
7. On resserre un peu sur elle : cadre d'arrivée plus petit que cadre de départ.

Ne perdons pas de vue que le plan 005-*plan 005a* servira également au plan 007-*plan 005b* et au plan 009-*plan 005c* qui seront tournés dans la continuité. Nous développerons ces deux plans lors de l'étape n° 10.

Pareillement, on verra que si les exigences l'imposent, on peut être amené à présenter le plan 005-*plan 005a* en deux vignettes contiguës. Mais sur cette proposition que nous venons de voir, que de temps économisé !

Étape n° 3

Plan 006-*plan 006a*

Descriptif action

La classe, attentive, regarde la maîtresse. L'inspecteur, ravi, marmonne un commentaire inaudible. Son jeune voisin le regarde, intéressé.

Descriptif technique

Contrechamp : plan semi-ensemble des enfants, yeux rivés au tableau. Travelling avant : on se rapproche un peu de l'inspecteur et de son voisin.

Notions abordées

Premier mouvement de caméra • positionnement de la caméra sur plan au sol pour le cadre de départ • décomposition des élèves par rangs successifs : construction basique de personnages de face • différences entre enfant(s) et adulte(s) • zoom ou travelling ? • diagramme en plan d'un zoom • comment représenter un zoom sur la vignette • ses avantages et ses inconvénients en termes de résultat d'image • diagramme en plan d'un travelling avant : conséquences en termes de solution • comment représenter un travelling avant sur la vignette • ses avantages en termes de résultat d'image • anticiper le plan 010-*plan 006b.*

Puisqu'il s'agit d'un contrechamp, nous allons donc avoir en quelque sorte le point de vue de la maîtresse lorsqu'elle est sur son estrade. Mais afin d'éviter d'avoir une vue trop en plongée, comme si elle regardait sa classe (elle leur tourne le dos, donc ce ne serait pas très logique), nous allons baisser la caméra, à peu près à hauteur d'œil des enfants.

Nous allons bâtir une vue d'ensemble aussi précise que possible, avec comme indication principale qu'il y a des enfants au premier plan, puis au deuxième, au troisième et, enfin, au quatrième rang, avec l'inspecteur assis à côté de l'élève Antoine.

Sans entrer dans un cours de perspective très élaboré, j'ai d'abord dessiné la rangée du fond, en traçant une ligne horizontale correspondant à la hauteur de tête des enfants. Je les ai tous dessinés, même les enfants dont je sais qu'ils seront cachés par ceux des troisième, deuxième et premier rangs.

J'ai, dans un premier temps, dessiné la rangée du fond comme s'il n'y avait que des enfants puis, en me référant à ce que l'on connaît, j'ai dessiné l'inspecteur en superposition du voisin d'Antoine en tenant compte des proportions que peut avoir un adulte standard assis à côté d'un enfant de 10 ou 12 ans.

Puis je suis passé au troisième rang, en grossissant mon schéma du quatrième rang dans une proportion aléatoire mais restant crédible. J'ai opté pour un trait un peu plus dense que celui utilisé pour le quatrième rang, mais vous constaterez que j'ai laissé en pointillés les élèves cachés par ceux qui sont devant.

J'ai continué de la même façon ensuite, en reprenant le même procédé, pour le deuxième rang, où ne figurent que deux enfants.

J'ai enfin terminé par le premier rang, où les visages semblent énormes.

Pour finir, on gomme éventuellement tous les traits de construction, puis on cadre suivant la méthodologie évoquée depuis le début, comme ci-contre, par exemple.

Et voilà le cadre de départ du plan 006-*plan 006a.*

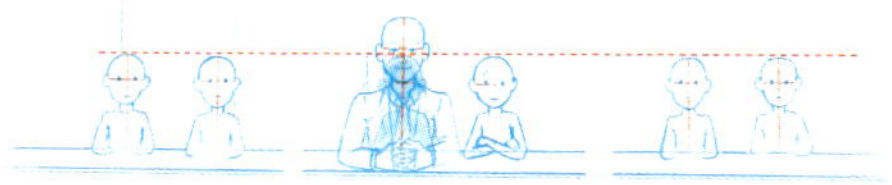

Première étape : enfants du 4e rang. © Louis de Rancourt.

Deuxième étape : enfants des 3e et 4e rangs. © Louis de Rancourt.

Troisième étape : enfants des 2e, 3e et 4e rangs. © Louis de Rancourt.

Quatrième étape : les 4 rangs. © Louis de Rancourt.

Les 4 rangs au net avec cadrage. © Louis de Rancourt.

Vous pouvez également bâtir votre dessin à l'aide d'un diagramme en élévation. À partir de l'objectif de la caméra (le centre focal), faites passer une droite par le sommet du crâne des enfants de chaque rangée pour visualiser de combien dépasse la tête d'un enfant par rapport à celle de celui qui est derrière.

Diagramme en élévation. © Louis de Rancourt.

Si vous joignez ce diagramme en élévation à votre planche de storyboard, vous donnez ainsi une indication sur la hauteur de la caméra par rapport au sol.

J'avais, dans un premier temps, réalisé le dessin ci-contre. Puis je me suis rendu compte que ce croquis n'était pas tout à fait exact en termes de perspective. Compte tenu du point de vue choisi, les enfants de la rangée centrale devraient être encore plus alignés, alors que sur le dessin, ils n'occultent pas suffisamment l'inspecteur et Antoine… Cela correspondrait à peu près à une vignette médiane, comme on le verra en fin d'étape.

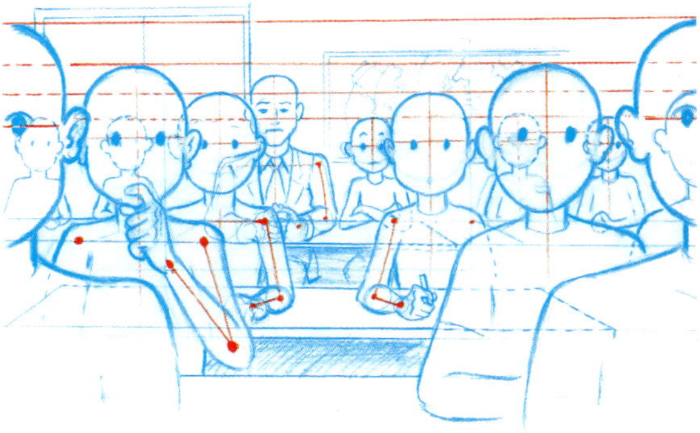

Plan 006-*plan 006a* ancienne version.
© Louis de Rancourt.

Sur le nouveau dessin réalisé (voir page précédente), nous avions déjà une indication intéressante : les occupants des trois premiers rangs, et plus particulièrement ceux de la troisième rangée, masquent partiellement l'inspecteur et son jeune voisin. Comme le script nous dit que l'inspecteur, ravi, marmonne un commentaire inaudible et que son jeune voisin le regarde, intéressé, on va se rapprocher d'eux pour se concentrer sur cette description de mise en scène. D'où la question de départ : travelling avant ou zoom avant ? En sachant que les deux solutions possèdent des avantages et des inconvénients…

Lorsque je propose cet exercice, après avoir fait la démonstration de l'élaboration ci-dessus pour visualiser le cadre de départ, je pose toujours cette question aux candidats :

« – À votre avis, pour se rapprocher d'Antoine et de l'inspecteur, quel est le meilleur moyen : travelling avant ou bien zoom avant ?

– Zoom avant, évidemment ! me répond-on à l'unisson.

– Pourquoi zoom avant, “évidemment” ?

– Parce que, à moins d'avoir à notre disposition une grue, il est impossible de faire un travelling avant, à cause des tables.

– Ah oui ? On parie ? »

Quelle que soit l'option choisie, la première des choses consiste à établir un diagramme en plan.

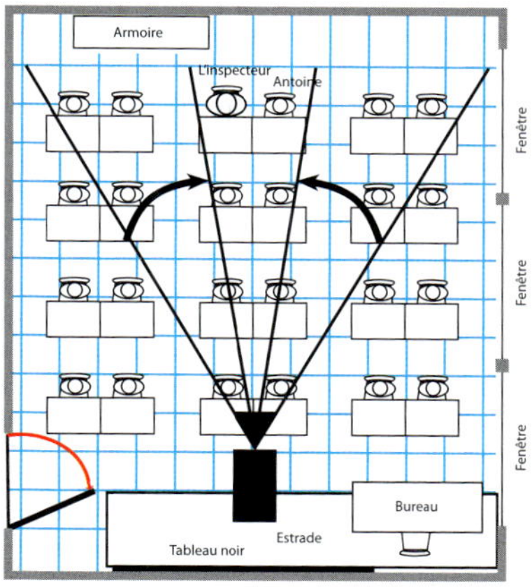

Diagramme de l'option zoom.
© Louis de Rancourt.

Commençons par l'option zoom avant, de toute évidence la plus simple en termes de facilité de tournage. On place la caméra entre l'estrade et la première rangée de pupitres, afin d'avoir au bord du cadre les deux enfants du premier rang, puis on zoome de manière à resserrer sur l'inspecteur et l'enfant. Nous obtenons alors le diagramme ci-contre.

Il suffit de représenter une seule caméra, avec deux angles d'ouverture différents, reliés par des flèches allant de la plus large à la plus étroite. Si l'on voulait signifier un zoom arrière, on inverserait le sens des flèches. Et nous obtenons la vignette ci-contre.

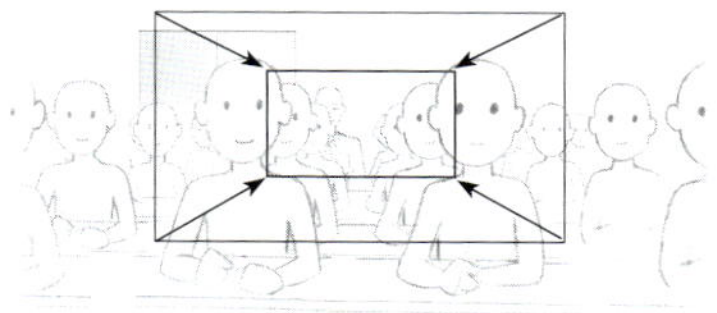

Vignette de l'option zoom.
© Louis de Rancourt.

La cohérence entre le diagramme et la vignette est parfaite. Cette dernière nous montre deux cadres : un cadre de départ et un cadre d'arrivée, avec le sens du zoom indiqué par les quatre flèches aux coins. Pour un zoom simple, avant ou arrière, cette indication en storyboard nous évite de faire deux vignettes.

Mais quelle que soit la largeur de l'angle de prise de vues, au départ comme à l'arrivée du changement de focale, nous avons toujours les enfants assis devant la rangée du fond qui occultent partiellement l'inspecteur et Antoine. En effet, si la caméra – donc le centre focal – reste fixe, cela veut dire que la distance entre le point focal et le sujet ne variera pas, donc la perspective restera identique, quelle que soit la longueur focale choisie. De fait, les éléments du premier plan cacheront toujours ceux qui sont derrière. Or, si nous désirons nous rapprocher d'Antoine et de l'inspecteur, afin d'attirer l'attention sur un jeu d'acteur très discret, nous devrons avoir recours au travelling avant.

Comme il a été objecté, il y a des obstacles, en l'occurrence les tables des premiers rangs. À moins de disposer d'une machinerie de grue pour avancer au-dessus des tables et de passer entre les élèves de la rangée centrale, on ne va pas pouvoir exécuter ce mouvement. Comment faire alors ?

Commençons à poser le problème en établissant un diagramme en plan. Pour matérialiser un travelling sur un diagramme, nous utiliserons deux pictogrammes de caméra : un pour la position de départ et un autre pour la position d'arrivée. Outre le parcours de la caméra, qui peut être complexe dans certains cas, on indiquera par un numéro la position de caméra (1 ou 2 dans ce cas) sur les deux pictogrammes.

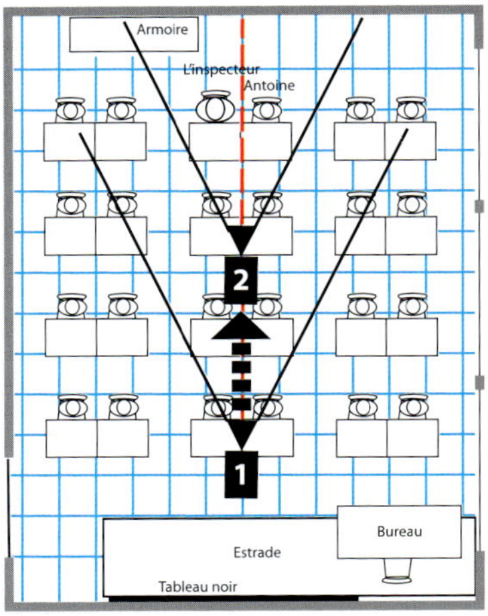

Diagramme de l'option travelling.
© Louis de Rancourt.

Puisqu'il va falloir avancer (caméra à l'épaule, Steadicam ou sur rails) afin de se rapprocher de l'inspecteur et d'Antoine, la solution consistera à écarter les tables du premier, puis du second rang, sitôt que les élèves sortiront du champ au cours du mouvement de la caméra. On fera de la place pour pouvoir manœuvrer en supprimant les tables des extrémités que l'on ne verra jamais, à savoir les deux pupitres côté fenêtres et ceux côté porte.

C'est en faisant un diagramme en plan comme celui ci-contre que l'on peut véritablement se rendre compte de la faisabilité d'un plan. Les obstacles et difficultés apparaissent alors de façon évidente et, pour peu que l'on veuille bien se prendre un peu la tête dans les mains, les solutions apparaissent elles aussi. C'est tout le côté passionnant du cinéma : se trouver face à un problème plus ou moins délicat de mise en scène ou bien une difficulté technique à résoudre, et trouver la solution. Nous venons de voir que l'option du zoom était bien plus simple à réaliser, mais qu'elle comportait ses lacunes en termes de résultat d'image.

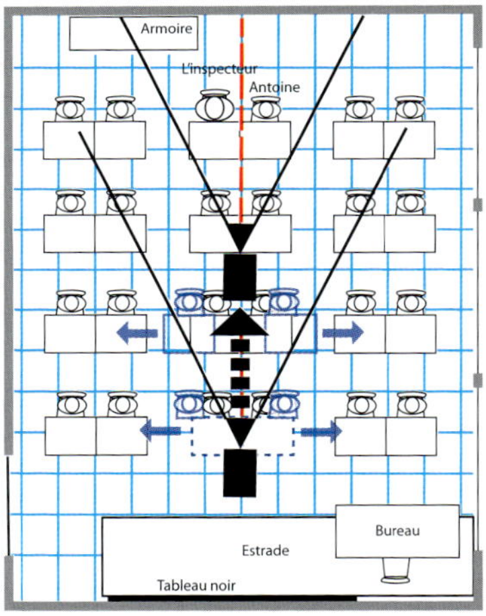

Diagramme de l'option travelling avec démonstration du retrait des tables.
© Louis de Rancourt.

Lors d'une démonstration sur ce plan, un élève m'a fait une objection pertinente :

« – Il y a un problème, Monsieur…

– Quel problème ?

– Avec cette manipulation, on va avoir le bruit des tables déplacées… »

Ce qui prouve que cet élève avait déjà une remarquable « attitude cinéma » : il était déjà mentalement sur un plateau de tournage ! Il avait parfaitement raison, mais avait perdu de vue un court instant l'ensemble de la séquence. En effet, il ne faut jamais considérer un plan tout seul, mais le remettre dans son contexte. Ce plan 006-*plan 006a* se situe en effet entre le plan 005-*plan 005a* et le plan 007-*plan 005b*. Nous avons vu lors de l'étape précédente qu'au montage, on ne va garder que le début de la phrase écrite au tableau par la maîtresse.

Mais puisqu'il s'agit d'un seul et même plan en termes de plan tourné, on va filmer toute l'écriture de la phrase jusqu'à la fin, avec la prise de son, tandis que le plan 006-*plan 006a*, sera tourné « en muet », sans prise de son. La bande-son, soit le bruit de la craie sur le tableau noir, sera recollée au montage afin d'avoir un raccord sonore avec les deux autres plans.

Attention : n'oubliez pas que vous êtes storyboardeur, et non premier assistant, ni chef opérateur, steadicamer, ingénieur du son ou machiniste ! Cette petite démonstration n'est faite que pour vous convaincre de la faisabilité de ce plan. Mais c'est bel et bien au réalisateur ou à ses principaux chefs de département qu'il revient de trouver cette solution..., à moins évidemment qu'il vous demande votre avis. Tout repose sur la qualité des rapports harmonieux entre le réalisateur et son storyboardeur, le climat de confiance réciproque, l'implication demandée.

> *« Le dessinateur doit trouver, avec simplicité, le chemin le plus clair et le plus rapide pour fixer l'image idéale de la scène. Mais il doit le faire sans déflorer l'essentiel, les détails qui sont du ressort des autres collaborateurs du film. »*
>
> Fabien Lacaf, storyboardeur
> Introduction à l'exposition des dessins réalisés pour le film *Faubourg 36*, de Christophe Barratier, à la galerie Storyboard, du 19 septembre au 26 novembre 2008.

Revenons à notre vignette. Pour indiquer le travelling, nous aurons recours à des flèches en légère perspective rentrant à l'intérieur (pour un travelling arrière, on procédera de même, en dirigeant la pointe des flèches vers l'extérieur du cadre).

Vignette Start avec flèches de travelling. © Louis de Rancourt.

Enfin, pour avoir une prévisualisation complète du plan, nous aurons recours à deux vignettes. La première montrera le cadre de départ et la deuxième le cadre d'arrivée. Puisqu'il faut deux dessins, on en profitera pour évoquer sur le deuxième le sourire égrillard de l'inspecteur et, en réaction, l'enfant qui se tourne et le regarde.

J'ai dessiné les deux enfants du premier plan légèrement flous, avec en bleu léger ces flèches qui les poussent vers l'extérieur du cadre (c'est l'effet qui sera produit par le travelling avant).

Vignette Start et vignette Stop sans flèches de liaison. © Louis de Rancourt.

Pour bien notifier qu'il ne s'agit pas de vignettes pour deux plans différents, mais bien d'un seul plan développé en deux (ou plusieurs) vignettes, on mettra en marge deux flèches de liaison, comme sur le dessin ci-contre. C'est un petit truc que j'ai « piqué » en regardant les storyboards que Luc Desportes a dessinés pour les films de Jean-Pierre Jeunet : j'aurais pu trouver plus mauvais maître !

Vignette Start et vignette Stop avec flèches de liaison. © Louis de Rancourt.

Si l'on avait voulu faire une vignette intermédiaire, nous aurions obtenu la série de trois vignettes ci-contre. On voit sur celle du milieu que, par le mouvement avançant de la caméra, l'inspecteur et Antoine commencent à se dégager de ceux qui les masquent. Mais là encore, ce type d'opération est à éviter pour les raisons déjà évoquées.

Avec son numéro de plan, son descriptif action et son descriptif technique, son diagramme en plan et ses deux vignettes, voici un plan parfaitement bien préparé en amont du tournage, et qui ne devrait poser aucune difficulté à réaliser.

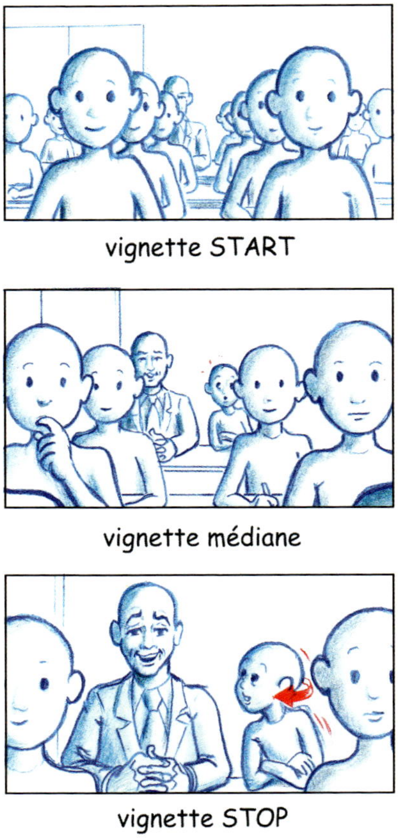

Vignette Start, vignette intermédiaire et vignette Stop. © Louis de Rancourt.

Étape n° 4

Plan 004-*plan 004*

Descriptif action

Cont. DIAL 1. La maîtresse va vers son bureau. DIAL. 2. L'inspecteur va s'asseoir au dernier rang, à côté d'un gamin.

DIAL. 3 OFF.

Descriptif technique

Plan large vu du fond de la classe : travelling en arc de cercle qui suit l'inspecteur jusqu'à ce qu'il s'asseye.

Notions abordées

Déplacement d'un personnage, combiné avec un mouvement de caméra • se poser la question du trajet du personnage : positionnement de la caméra de départ • imaginer le déplacement de la caméra • réalisation du diagramme en plan : matérialisation du trajet de l'inspecteur (fléchage, multipose) et de la montée de la maîtresse sur l'estrade (fléchage en escalier) • positionnement de la caméra d'arrivée : fléchage reliant les deux caméras • intérêt de découvrir à côté de qui (hors champ au début du plan) s'assied l'inspecteur • conséquence : anticipation du tournage; conséquence économique : établissement du plan de tournage, 8 cachets en moins (élèves côté fenêtres) • plusieurs manières de présenter un plan : vignette étirée ou deux vignettes • vignette intermédiaire en option.

Ce plan va combiner deux mouvements : d'une part, le déplacement de l'inspecteur, depuis l'entrée de la classe (raccord avec le plan précédent, que nous étudierons plus loin) jusqu'à sa place au fond de la classe à côté d'Antoine et, d'autre part, un mouvement de caméra, en l'occurrence un travelling en arc de cercle.

Occupons-nous dans un premier temps de l'inspecteur et de son parcours. Nous allons prendre notre plan de la classe et, avec le doigt, simuler le trajet de l'inspecteur. Pour établir le diagramme en plan, on positionnera deux pictogrammes de l'inspecteur, le premier près de la porte (pose Start) et le deuxième près de la chaise sur laquelle il va s'asseoir. On indiquera son parcours par un fléchage rouge.

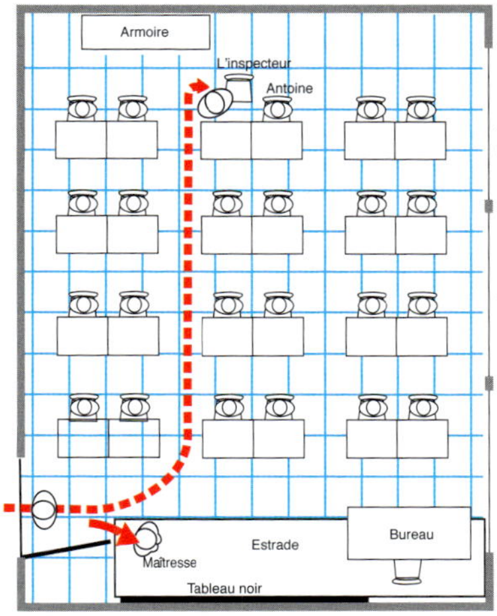

Trajet de l'inspecteur sans caméra.
© Louis de Rancourt.

Le trajet représenté est celui qui paraît le plus logique : l'inspecteur n'a aucune raison de raser le mur côté porte, ni de faire tout le tour de la classe. C'est pourquoi, avant de dessiner le diagramme, on a mimé le trajet avec le doigt. On en profite pour indiquer le déplacement de la maîtresse – toujours raccord avec le plan 004-*plan 004* – qui se dirige vers l'estrade.

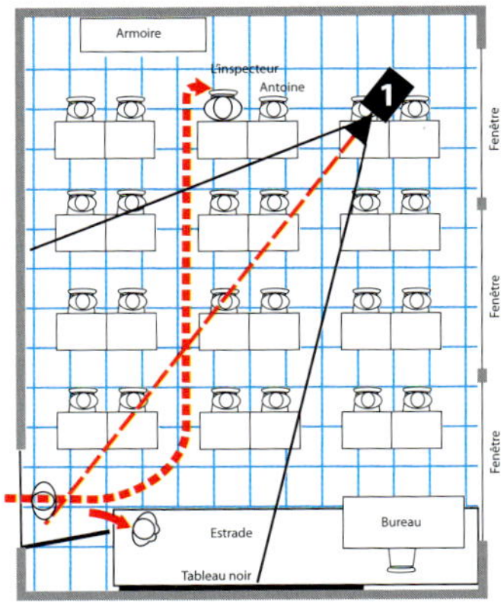

Caméra de départ uniquement.
© Louis de Rancourt.

Maintenant que les acteurs sont positionnés, occupons-nous de la caméra. Le descriptif technique commence par nous dire : plan large vu du fond de la classe. Pour voir l'inspecteur en position de départ, on va placer notre pictogramme de caméra de départ presque au fond de la classe, côté fenêtres, comme ci-contre. Notez bien que dans ce positionnement de caméra au départ, l'élève Antoine est hors champ pour l'instant.

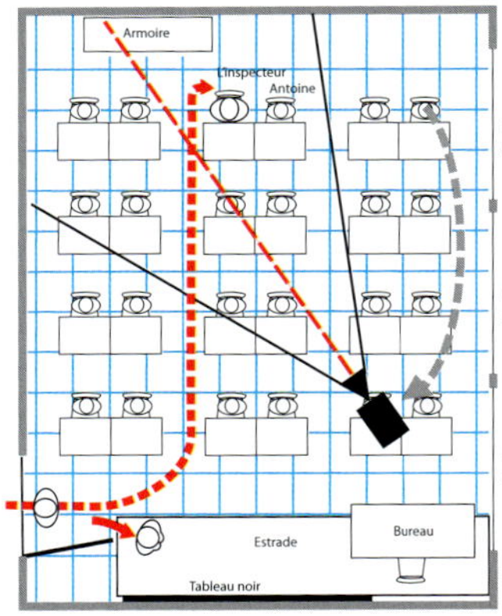

Caméra d'arrivée uniquement.
© Louis de Rancourt.

Reprenons la lecture du descriptif technique : travelling en arc de cercle qui suit l'inspecteur jusqu'à ce qu'il s'asseye. On va à nouveau mimer le déplacement de celui-ci avec le doigt, tout en suivant le fléchage et, en s'aidant de nos pictogrammes de caméra sur calque, déplacer la caméra au fur et à mesure de la progression de l'inspecteur, sans le quitter, tout en décrivant l'arc de cercle demandé. À l'arrivée, la caméra sera positionnée à l'emplacement matérialisé sur le diagramme ci-contre.

À partir de ces deux schémas, nous pouvons réaliser le diagramme en plan définitif, avec la caméra de départ et celle d'arrivée, reliées entre elles par un fléchage noir en arc de cercle.

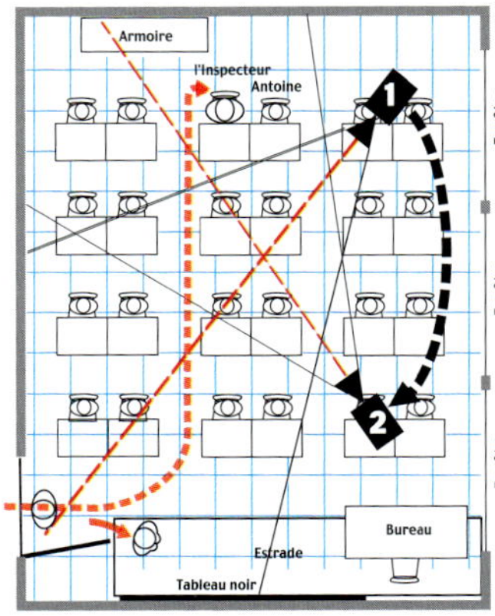

Diagramme définitif.
© Louis de Rancourt.

Si vous avez bien exécuté cette manipulation, vous constaterez que l'élève Antoine n'entre dans le champ que sur la fin du mouvement de caméra. C'est la première fois qu'on l'identifie en tant que futur voisin de l'inspecteur depuis le début de cette séquence. Il m'a semblé intéressant de ménager cet effet de surprise (si on peut dire !) : à côté de qui s'assied l'inspecteur ? En effet, nous ne savions pas où Antoine était assis dans la classe. Au début du plan, l'inspecteur dit : « Merci mademoiselle. Je vais m'installer à côté de ce jeune homme, là. » On le voit se diriger vers une place supposée libre avec un voisin, mais on ne sait pas de qui il s'agit.

À présent, avant même d'attaquer le dessin des vignettes, regardez attentivement le dernier diagramme. Quelque chose peut vous sembler embarrassant ou sujet à problème. En effet, le trajet de la caméra passe sur les pupitres et leurs occupants de la rangée côté fenêtres.

Si vous regardez bien ce que voit la caméra au cours de son trajet, vous vous rendrez compte que les élèves côté fenêtres n'apparaissent à aucun moment dans le champ ; le dessin des vignettes nous le confirmera. De fait, la solution technique s'impose d'elle-même : on retire les quatre paires de pupitres de la rangée côté fenêtres pour laisser libre cours au trajet de la caméra. Et on va donner congé aux huit enfants, ce qui nous évitera d'être gênés par leur présence sur le plateau.

Je vais même aller plus loin : nous avons vu que le storyboard a notamment une fonction économique et sert entre autres choses à planifier, organiser et préparer un plan de tournage jour par jour, si possible à moindre coût. Supposons que le tournage de cette séquence soit planifié sur deux jours ; on va bloquer sur une seule et même journée tous les plans dans lesquels les élèves côté fenêtres ne figureront pas ou seront hors champ. Vous savez en effet que toute journée commencée est due, en termes de rémunération (salaire ou cachet), qu'il s'agisse de techniciens, de comédiens ou de figurants. En agissant de la sorte, vous allez économiser huit cachets ! Et, bien qu'il ne s'agisse pas de sommes importantes comme celles que l'on verse à des vedettes, soyez sûr que votre producteur appréciera.

Abordons à présent le dessin des vignettes. D'une manière générale, à partir du moment où vous avez à représenter un mouvement de caméra, quel qu'il soit, il est fortement conseillé – pour ne pas dire obligatoire – d'avoir au moins deux vignettes : le cadre de départ et le cadre d'arrivée. Certains mouvements de caméra complexes nécessiteront trois, quatre ou cinq vignettes, voire plus.

Commençons par le cadre de départ, soit ce que voit la caméra située presque au fond de la classe. Aidez-vous de l'axe focal (représenté en pointillés rouges sur les diagrammes) pour déterminer à peu près ce qui va figurer au centre de l'image ; ici, la porte ou le coin de la classe. Comme on l'a vu précédemment, on commencera toujours par dessiner à fond perdu – toujours en laissant les constructions apparentes –, puis on cadrera.

Image de départ, non cadrée, avec son diagramme. © Louis de Rancourt.

Dans le plan précédent, le plan 003 – que nous étudierons plus tard –, la maîtresse et l'inspecteur entraient dans la classe. Le descriptif action nous dit que la maîtresse se dirige vers son bureau ; elle va donc monter sur l'estrade. Notez sur le dessin le fléchage en escalier. L'inspecteur, lui, va amorcer un virage pour s'engager dans l'allée entre deux rangées, d'où ce fléchage en coude, comme un ruban courbé (ci-dessus).

Passons ensuite à la deuxième vignette : ce que voit la caméra en fin de parcours, toujours à fond perdu. On visualise, grâce au fléchage, la fin du trajet de l'inspecteur, lequel se penche pour s'asseoir. L'enfant lève la tête et le regarde (flèche). Vous constatez effectivement que les élèves de la rangée côté fenêtres n'apparaissent ni dans le cadre de départ, ni dans le cadre d'arrivée.

Image d'arrivée, non cadrée, avec son diagramme. © Louis de Rancourt.

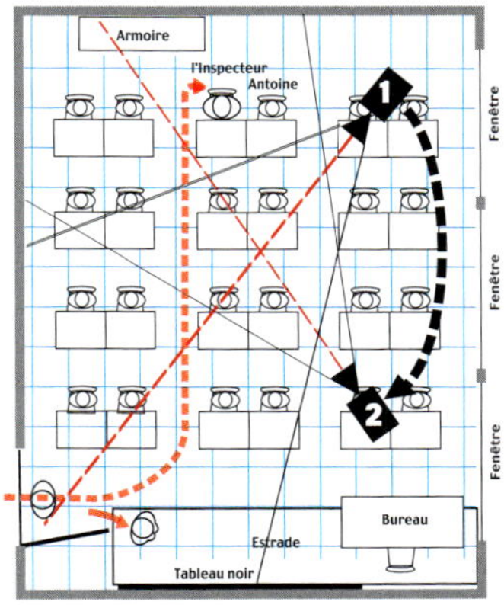

Plan 004 en deux vignettes avec flèches de liaison + diagramme. © Louis de Rancourt.

Plan 004 développé en trois vignettes. © Louis de Rancourt.

Réunissons à présent les deux vignettes : voilà ce que donne (ci-dessus) la visualisation de ce plan, avec les intentions de cadrage. Si on souhaitait une vue intermédiaire, soit ce que verrait la caméra à mi-parcours de notre travelling en arc de cercle, voici ce que nous obtiendrions (ci-contre).

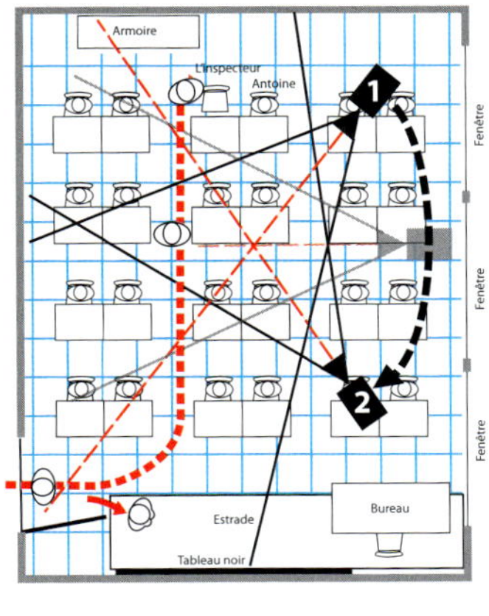

Mais attention : cette opération ne serait à effectuer que dans le cadre d'un film d'animation, ou bien s'il se passait quelque chose de notable à cet instant (par exemple, l'inspecteur caresse le crâne d'un élève, ou un enfant fait une grimace dans son dos). Sinon, trop en faire reviendrait à prendre les destinataires du storyboard pour des simples d'esprit ! À éviter formellement donc, sauf en cas de nécessité absolue.

Nous allons un peu anticiper sur la phase finale d'harmonisation et de présentation : on peut également représenter ce plan en une seule vignette extensible.

Plan 004 en une seule vignette allongée. © Louis de Rancourt.

Nous avons repris nos deux dessins à fond perdu et les avons reliés par ce cadre extensible. Notez la zone indéfinie entre les deux dessins, un peu comme une sorte de *no-man's land* où se situerait la fameuse vignette intermédiaire évoquée précédemment.

Remarquez par ailleurs que le sens de la courbe de la flèche est identique à celui qui décrit le trajet de la caméra sur le diagramme en plan. Évitez de placer cette flèche courbe en dessous de la vignette allongée, car on pourrait alors penser qu'il s'agit d'un panoramique et non d'un travelling en arc de cercle. Certes, le descriptif technique nous dit bien en toutes lettres que nous avons recours à un travelling en arc de cercle, et cette indication sera corroborée par le diagramme en plan, mais évitons les confusions autant que faire se peut.

Étape n° 5

Plan 001-*plan 001*

Descriptif action

En l'absence du maître, les écoliers chahutent, grimpent sur les pupitres, se battent à coups de cartable, etc. L'un d'eux, posté à la porte, fait le guet.

Descriptif technique

Plan d'ensemble large en légère plongée. Panoramique de droite à gauche pour arriver sur le guetteur.

Notions abordées

Panoramique : comment le matérialiser sur un diagramme en plan • notion de plan large • déplacement de caméra • déplacement de l'axe optique et des points de perspective • composition d'une perspective anamorphosée • animation de la scène : mouvement des enfants, attitudes • cadre d'arrivée : composition moitié-moitié du cadre • plusieurs manières de présenter un plan avec panoramique : vignette étirée avec perspective anamorphosée, ou 2 ou 3 vignettes séparées • fléchage de sens sous les vignettes • signifier que 2 ou plusieurs vignettes appartiennent à un seul et même plan.

Voici donc le plan d'ouverture de cette séquence. Vous allez vite comprendre pourquoi je n'ai pas souhaité respecter l'ordre chronologique de cette séquence, en commençant en toute logique par le plan 001, puis le plan 002, et ainsi de suite. En effet, la complexité d'un tel plan en termes de dessin a de quoi décourager un néophyte !

Ce plan d'ouverture va nous permettre de découvrir le lieu où se déroule la séquence : la salle de classe. C'est un plan large, un plan d'ensemble et, là aussi, vous vous rendrez compte que ce type de plan est plus fastidieux à réaliser qu'un plan plus serré, comme celui qui va suivre, par exemple, ou encore un plan où ne figurent qu'un nombre limité de personnages.

Il s'agit d'un plan panoramique horizontal, autrement dit, la caméra va pivoter sur son axe pour balayer tout ou partie de la salle de classe.

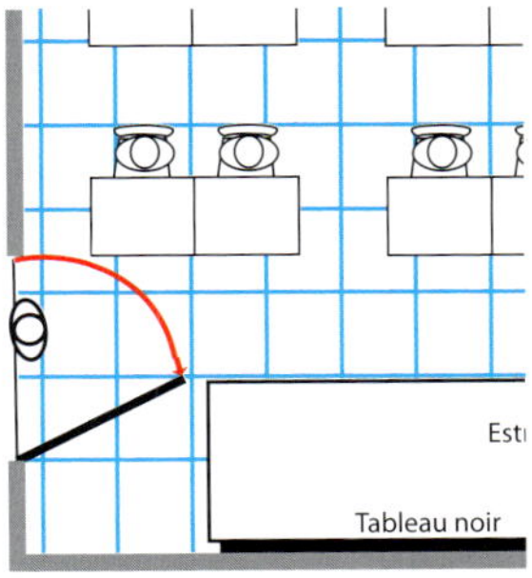

Positionnement d'un pictogramme d'enfant à l'entrée de la salle de classe. © Louis de Rancourt.

La première chose à faire consiste à positionner l'enfant faisant le guet à la porte. On va donc dessiner un petit pictogramme d'enfant au seuil de la classe. Notez qu'il n'est pas nécessaire de dessiner les positions et déplacements des élèves qui chahutent. Ça, c'est le travail du metteur en scène : n'empiétons pas sur son territoire !

Dans l'introduction de cet exercice, j'ai volontairement laissé une part de réflexion quant au positionnement de caméra le plus judicieux à adopter. Ici, le découpage technique nous dit : panoramique de droite à gauche pour arriver sur le guetteur. Pour trouver la meilleure option de placement de caméra, je vous propose une petite astuce permettant de la choisir grâce à la méthode du calque avec les pictogrammes de caméras, promené sur le plan au sol. On va d'abord concevoir le plan à l'envers, c'est-à-dire que l'on va commencer par braquer la caméra sur l'enfant faisant le guet près de la porte (illustration ci-dessous à gauche), puis pivoter cette caméra de gauche à droite, soit en sens inverse par rapport à l'indication énoncée dans le découpage technique (ci-dessous, à droite).

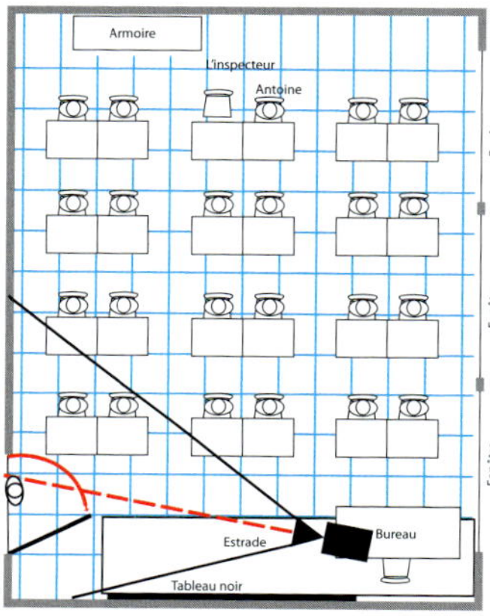

Diagramme avec guetteur et caméra d'arrivée. © Louis de Rancourt.

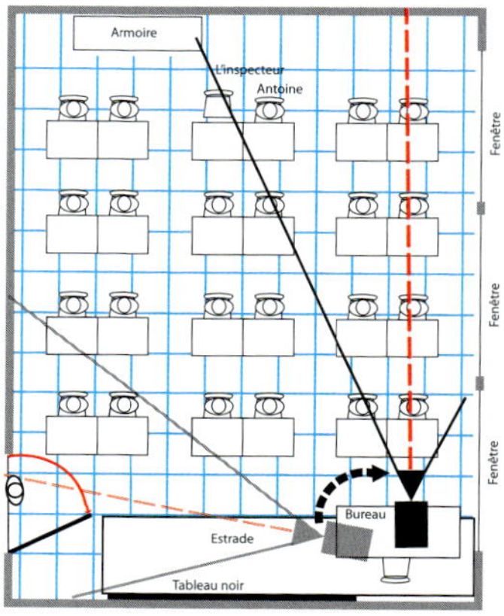

Diagramme avec le sens du fléchage inversé. © Louis de Rancourt.

Compte tenu de la mention de plan d'ensemble large stipulée dans le découpage technique, on va vite se rendre compte que cette position de caméra (soit à l'endroit du bureau de la maîtresse) est la seule acceptable. Essayez, par simple curiosité, de placer autrement cette caméra, toujours avec sa rotation de la droite vers la gauche, et vous verrez que vous aller filmer un mur vide, ne pas couvrir le désordre qui règne dans la classe, etc. En un mot, vous n'allez respecter ni le découpage technique, ce qui est grave, ni les souhaits, ni l'attente du réalisateur, ce qui est encore plus grave.

Cette petite manipulation préliminaire étant faite, on va pouvoir maintenant mettre au propre notre diagramme (voir ci-contre), en plaçant nos deux caméras – de départ et d'arrivée – et en donnant le bon sens de rotation (avec le fléchage de la droite vers la gauche).

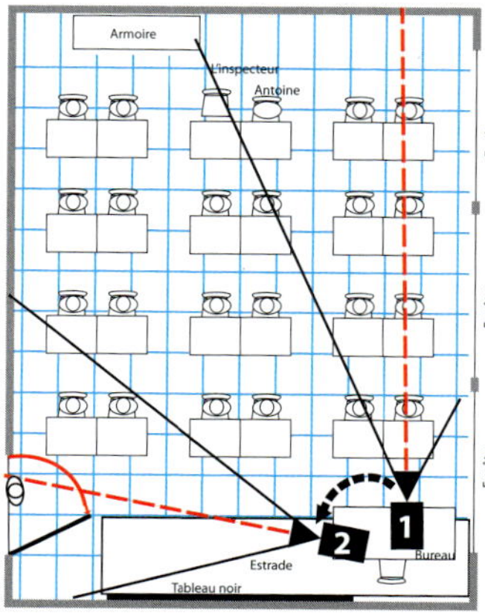

Diagramme finalisé. © Louis de Rancourt.

Passons maintenant au dessin de ce plan. Puisqu'il s'agit d'un panoramique, cela veut dire qu'à chaque déplacement par rotation autour de l'axe de la caméra, ne serait-ce que d'un degré, la perspective va changer en continu.

Si vous regardez bien le diagramme, au départ nous avons une vue frontale : l'axe optique de la caméra est perpendiculaire au mur du fond de la classe. Dès que nous allons faire panoter la caméra, cette perspective va se modifier sans discontinuer, et ce, jusqu'à l'arrêt du mouvement panoramique.

Pour signifier un plan panoramique, il y a au moins deux façons de procéder. La première consiste à bâtir une perspective anamorphosée, laquelle va nous donner une image du type de celle ci-dessous.

Perspective anamorphosée, sans cadrage. © Louis de Rancourt.

Étonnant, n'est-ce pas ? On dirait une vue prise avec un objectif type fish-eye ! Mais si on cadre comme ci-dessous, tout professionnel du cinéma comprendra.

Vignette cadrée avec flèche. © Louis de Rancourt.

Déjà, on a une configuration de cadre d'un format qui n'existe pas; on est sorti de notre format original 16/9. Ce n'est même plus du 2,35:1 (format Scope), ce serait du 3,16:1 (format non encore homologué à ce jour). Ensuite, le découpage technique – validé par le diagramme en plan – nous parle d'un panoramique, donc d'un balayage de la classe. Enfin, même si tout est bien écrit et notifié, pensez à bien ajouter cette flèche noire indiquant le sens du mouvement de droite à gauche. En effet, à l'inverse de l'arabe ou de l'hébreu, nous avons culturellement un sens de lecture de la gauche vers la droite. Sans cette indication, on lira tout naturellement la vignette, donc le plan, dans le mauvais sens !

Personnellement, j'aime beaucoup me frotter à ce type de dessin un peu complexe, et tant pis si la perspective n'est pas tout à fait exacte ou rigoureuse. L'intention est là et tout un chacun comprendra, d'autant mieux si ce dessin cadré est accompagné du descriptif action, du descriptif technique et de son diagramme en plan. Mais je conçois parfaitement que ce genre d'exercice puisse rebuter. Aussi, voici la deuxième façon de procéder pour dessiner ce plan, plus à la portée de tous.

Vignette a + flèche. © Louis de Rancourt.

Nous avons vu lors d'étapes précédentes que lorsque nous avons un mouvement de caméra quel qu'il soit, il convient de visualiser au moins le cadre de départ et le cadre d'arrivée. Pour ce cas de figure, j'ai fait un cadre intermédiaire, soit ce que verra la caméra à mi-parcours. Comme toujours, on va dessiner à fond perdu, puis cadrer.

Vignette b + flèche. © Louis de Rancourt.

Ci-contre, en haut, voici la vignette de départ avec son cadrage au format 16/9, sans oublier la flèche du sens de lecture. Puis on réalise la vignette intermédiaire (on vise l'angle du mur au fond de la classe, côté armoire), toujours sans oublier la flèche (ci-contre, au milieu). Enfin, on dessine la vignette d'arrivée (on est presque perpendiculaire au mur avec la porte), toujours avec la flèche (ci-contre, en bas).

Remarquez que, sous cette dernière vignette, la flèche ne va pas jusqu'au bout du cadre car, à ce moment, l'opérateur va arrêter son mouvement panoramique (s'il continuait, il arriverait sur le tableau noir…) pour se concentrer sur l'enfant faisant le guet à la porte.

Vignette c + flèche. © Louis de Rancourt.

Pour donner de la vie à ces vignettes, j'ai fait un peu de mise en scène en dessinant diverses attitudes d'enfants en train de chahuter. Il reste bien évident qu'il ne s'agit que de suggestions (plutôt que de dessiner une salle vide !) et que ces comportements divers relèvent des attributions du metteur en scène. C'est lui qui, tel un maître de ballet, va dire à tel enfant : « Toi, tu grimpes sur cette table », à deux autres : « Vous vous courez après selon tel trajet », etc. D'ailleurs, si vous comptez le nombre d'enfants dessinés, il n'y en a pas 23 !

En revanche, vous remarquerez que j'ai volontairement laissé un espace vide dans la moitié gauche de la dernière vignette. En effet, si j'avais dessiné d'autres enfants dans cet espace, comme les deux qui jouent à saute-mouton au premier plan comme ci-contre, par exemple, personne ne remarquerait le petit en sentinelle qui ne bouge pas, donc n'attire pas l'attention.

Exemple d'excès de mise en scène à éviter. © Louis de Rancourt.

En regardant la vignette c, on voit qu'elle est composée de telle façon que sur la moitié droite du cadre – continuité du panoramique –, on a une scène de chahut (ici, deux enfants qui se battent à coups de règle, un qui se promène à quatre pattes…). La moitié gauche, au contraire, est plus paisible, statique, permettant de concentrer l'attention sur l'enfant tournant le dos à la caméra, attention suscitée par l'arrêt du mouvement de caméra.

Voici maintenant les trois vignettes ensemble, accompagnées des flèches de liaison signifiant que ces vignettes appartiennent à un seul et même plan. Vous pouvez même dessiner les bords de cadres intermédiaires en pointillés pour signifier la continuité du mouvement.

À vous de choisir laquelle de ces deux propositions (page 135 ou 137) vous convient le mieux, en tenant compte des souhaits du réalisateur ou de son premier assistant, lesquels peuvent privilégier l'une par rapport à l'autre, ne serait-ce que pour un simple souci de mise en page.

Vignettes a + b + c avec flèches et pointillés sur les bords des cadres. © Louis de Rancourt.

Étape n° 6

Plan 002-*plan 002*

Descriptif action

Le guetteur alerte ses camarades : « 22 ! V'là la prof ! »

Descriptif technique

Plan américain sur le guetteur.

Notions abordées

Positionnement de l'enfant • vignette fermée ou mise en page différée • comment un fléchage induit deux positions : pose Start, puis retournement (raccord avec position du plan précédent, plan 001-*plan 001*) • indice simple sur la taille du personnage (hauteur de l'interrupteur).

Après un plan assez compliqué (le plan 001, qui est un plan d'ensemble avec panoramique), passons à un autre nettement plus simple, avec un seul personnage, cadré en plan américain. Rien à voir avec le plan d'ensemble précédent, lequel nécessitait un important travail d'exécution.

Afin d'obtenir un raccord parfait entre le plan 001 et le plan 002, il était nécessaire de commencer par le premier plan, où l'enfant était tourné vers le couloir. On va donc reprendre le diagramme du plan 001, sans aucune caméra, ainsi que le pictogramme de l'enfant et ajouter une flèche rouge pour montrer qu'il se retourne vers l'intérieur de la classe pour alerter ses camarades.

Maintenant, essayons de positionner la caméra. En première intention, on pense d'instinct à une vue frontale, face à la porte, comme ci-dessous. Vous savez qu'il existe une règle fondamentale du langage cinématographique, dite « des 30° », laquelle énonce que, lorsque l'on passe d'un plan à un autre, on doit avoir une différence d'angle de prise de vues d'au moins 30°. Si vous mettez côte à côte le diagramme du plan 001 et celui du plan 002, vous allez obtenir un parfait raccord dans l'axe…

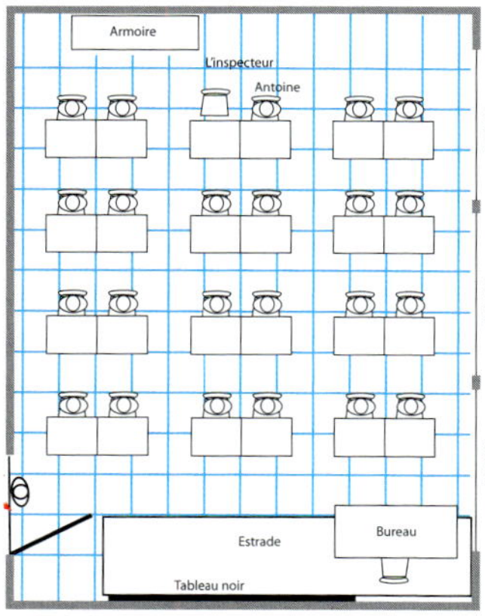

Reprise du diagramme du plan 001 sans caméra avec enfant et flèche rouge.
© Louis de Rancourt.

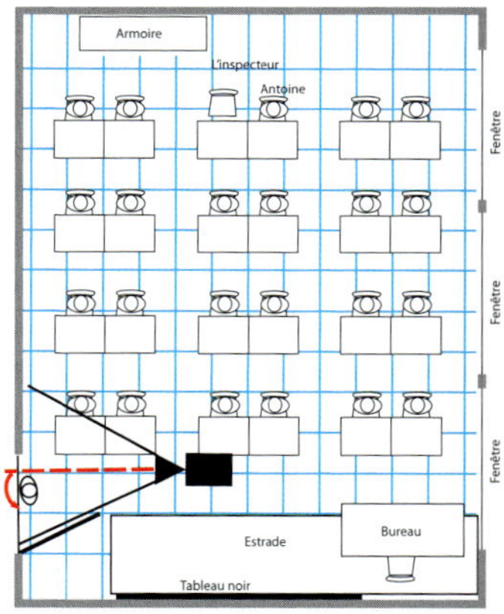

Diagramme du plan 002 avec caméra face à l'enfant (plan incorrect).
© Louis de Rancourt.

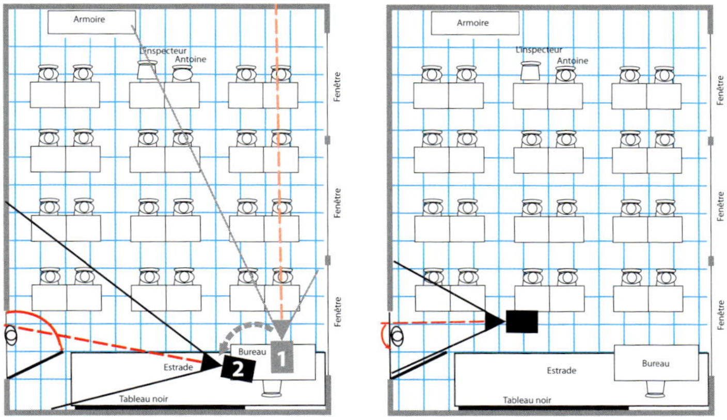

Diagrammes des plans 001 et 002 (incorrects). © Louis de Rancourt.

Mieux vaut opter pour une vue de biais, comme ci-dessous. Et là, nous avons cette différence notable d'angle de prise de vues, donc les deux plans se raccordent convenablement.

Une fois ce travail de placement de caméra effectué, passons au dessin de la vignette. Puisque l'on est de biais par rapport au mur, on va dessiner l'embrasure de la porte avec cet angle de perspective (les lignes horizontales fuient vers un point qui serait situé très à gauche du dessin), puis on va mettre notre petit bonhomme en place. Comme d'habitude, on dessine large et on cadre après.

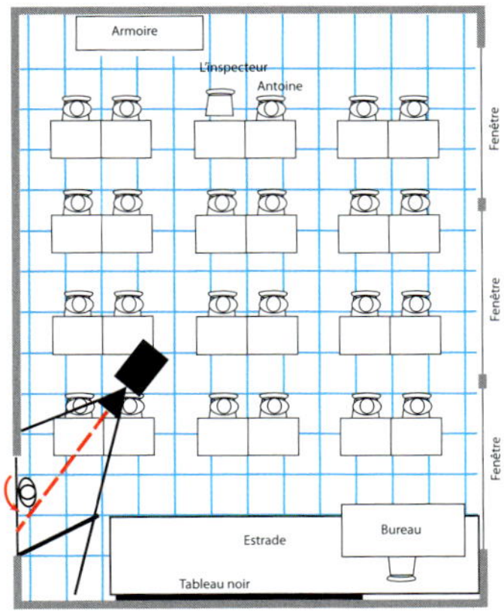

Diagramme du plan 002 (correct). © Louis de Rancourt.

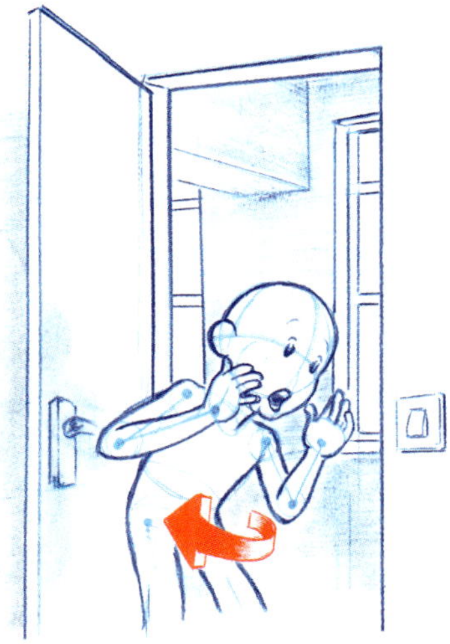

Vignette du plan 002 à fond perdu, non cadrée. © Louis de Rancourt.

Lorsqu'il s'agit d'une attitude simple comme celle-ci, imaginez que vous jouez le rôle du guetteur et mimez l'action. Votre vignette n'en sera que plus crédible et plus convaincante. Bien sûr, s'il s'agissait d'illustrer la phrase « Il s'élance du haut de l'immeuble et s'accroche au patin de l'hélicoptère au moment du décollage », cela pourrait s'avérer dangereux !

Pareillement, avant d'attaquer un dessin plus ou moins finalisé, ne vous privez pas d'ébaucher une construction comme ci-contre.

Vignette 002, construction.
© Louis de Rancourt.

Il y a alors deux possibilités de présentation finale : soit on cadre en ne laissant rien au-delà du rectangle délimitant le cadre (ci-dessous, à gauche), soit on a recours à ce que l'on appelle la mise en page différée, où le dessin dépasse plus ou moins largement au-delà du rectangle délimitant le cadre (ci-dessous, à droite).

Vignette du plan 002 cadrée sans débords.
© Louis de Rancourt.

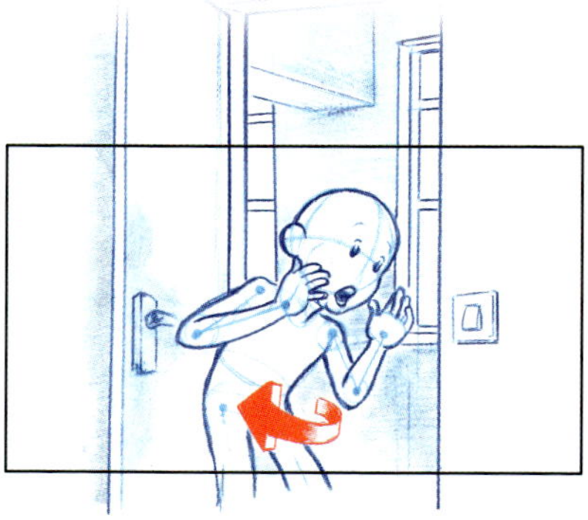

Vignette du plan 002 cadrée avec débords.
© Louis de Rancourt.

À titre personnel, j'ai une légère préférence pour la deuxième option. En effet, avec la première, j'ai le sentiment de donner des consignes strictes au cadreur, ce qui ne relève absolument pas des attributions du storyboardeur ! Au contraire, dans le cas de la mise en page différée, j'ai l'impression de laisser libre cours à son sens du cadrage et de donner seulement des indications d'intentions validées par le réalisateur.

« Un conseil précieux pour les jeunes roughmen – ou storyboardeurs : laisser 3 cm de matière autour de chaque image. Les AD (directeurs artistiques) adorent jouer avec les roughs en les faisant glisser sous la marie-louise. »

Pascal Garnier, storyboardeur publicitaire
© PATAFO : Philippe Arnaud, Allain François, Thierry Ollivier, agents de roughmen/storyboardeurs

Ce qui est valable pour un rough ou une vignette de storyboard en publicité peut s'avérer tout aussi vrai pour du storyboard de cinéma de fiction, court-, moyen- ou long-métrage. Et en plus, vous évitez de vous poser en donneur de leçons et d'empiéter sur le territoire du cadreur.

Un peu d'autocritique ne fait pas de mal. Vous avez sans doute remarqué, sur mon premier dessin à fond perdu (voir p. 139 en bas), que la porte était bien trop basse : un adulte devra baisser la tête pour entrer ou sortir de la pièce. Mais cette petite erreur de proportions n'a vraiment aucune importance dans la mesure où les indications de cadrage mentionnées dans le descriptif technique sont telles qu'on ne verra vraisemblablement jamais le haut de la porte.

Par contre, ce qui est intéressant, *a fortiori* si vous avez des difficultés en dessin pour établir des proportions académiques d'enfant ou d'adulte, ce sont les deux petits indices qui nous permettent de percevoir tout de suite qu'il s'agit là d'un enfant :

- la hauteur de la poignée de porte ;
- la hauteur du commutateur électrique par rapport au personnage.

Même si celui-ci était mal dessiné, par exemple avec les proportions anatomiques d'un adulte, d'un grand adolescent ou d'un enfant de 4 ans, ces deux repères nous assureraient qu'il s'agit bien d'un enfant de 10, 11 ou 12 ans, conformément au script du scénario : « Dans une salle de classe (élèves de 10-12 ans), les enfants chahutent à qui mieux mieux… »

Enfin, indiquer le retournement de l'enfant par une flèche rouge en courbe présente un avantage. Au début du plan, lorsque le réalisateur lance son fameux « Moteur ! Action ! », l'enfant a le dos tourné par rapport à la salle de classe (raccord avec le plan 001 étudié précédemment). Le simple fait de mettre cette flèche induit la position de départ et nous permet l'économie d'un dessin. Sinon, il aurait fallu réaliser notre vignette en deux dessins, comme ci-dessous.

Plan 002 : dessin 1 et dessin 2 sans fléchage. © Louis de Rancourt.

En cinéma d'animation, il est nécessaire, dans la plupart des cas, d'indiquer clairement les différentes poses – ici, l'enfant a sa main droite posée sur le chambranle de la porte –, sous peine de laisser libre cours à l'interprétation des animateurs et de se retrouver avec un résultat dénaturé par rapport à l'intention de départ. Mais en storyboard pour du cinéma de prise de vues réelle, ce genre de choses est à éviter formellement pour les raisons déjà évoquées précédemment.

Étape n° 7

Plan 003-*plan 003*

Descriptif action

Les enfants redescendent des pupitres et s'asseyent à leur place, apparemment très sages. La maîtresse et l'inspecteur entrent ; début DIAL. 1.

Descriptif technique

Plan semi-ensemble, moins large que le plan 1, avec un point de vue différent. Trois ou quatre élèves se remettent à leur place. Léger travelling latéral vers la porte ; la maîtresse et l'inspecteur IN.

Notions abordées

Contre-exemple : le plan 003 est mauvais : trouver 5 raisons – d'où la nécessité de placer un plan dans son contexte • erreurs de langage cinématographique, de logique • non-lecture du découpage • non-lecture du scénario • explications • démonstration : construction de la vignette après rectification, déplacement de caméra (différent du précédent) = déplacement de l'axe optique et des points de perspective • vignette étirée ; construction apparente • importance du sens du fléchage.

Pour l'étude de ce plan – une fois n'est pas coutume –, nous allons commencer par un contre-exemple : un plan *a priori* plutôt bien dessiné, bien composé, bien cadré, parfaitement validé par son diagramme en plan. Voici ci-contre (en haut) la vignette dessinée et cadrée (toujours selon la même méthode), accompagnée de son diagramme en plan.

Ce dessin est très astucieux. En effet, le script nous dit que les enfants chahutaient, couraient… jusqu'au signal de leur camarade. En tout état de cause, aucun n'était assis à sa place. En mettant des flèches rouges numérotées **(1)**, on évite d'avoir à dessiner les enfants en attitude de chahut, et on est raccord avec le plan 001 et le plan 002 (OFF). Ensuite, une fois que les enfants sont tous assis, la maîtresse et l'inspecteur font leur entrée **(2)**. Notez la mention « **IN** » pour exprimer leur entrée dans le champ. Et pourtant, en dépit de toutes ces qualités, ce plan 003 est mauvais. Trouvez cinq raisons.

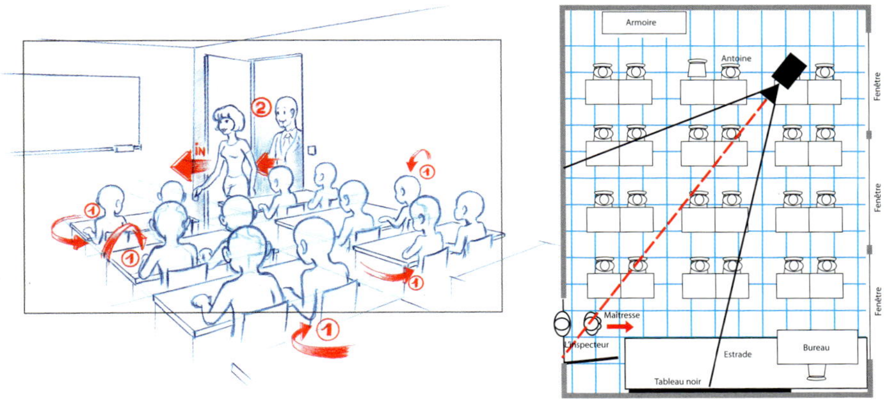

Dessin et diagramme du plan 003 (mauvais). © Louis de Rancourt.

Plutôt que de découvrir tout de suite la démonstration de cette affirmation, je vous invite à essayer de trouver pourquoi ce plan 003 est mauvais, avant de lire l'explication qui suit.

Voici quelques indices ou pistes de réflexion.

- N'oubliez jamais qu'un plan (x) se situe dans une continuité filmique entre un plan (x-1) et un plan (x+1).
- Il y a un découpage technique qui doit être le guide du storyboardeur : relisez-le.
- Enfin, il y a aussi un scénario. Même si le guide primordial du storyboardeur est le découpage technique, il n'est pas interdit d'avoir pris connaissance du scénario. C'est même hautement recommandé ! Relisez-le également : normalement, chaque mot compte !

Pour bien remettre ce plan 003 dans son contexte, posons l'un à la suite de l'autre le plan 002, le plan 003 ci-dessus et le plan 004.

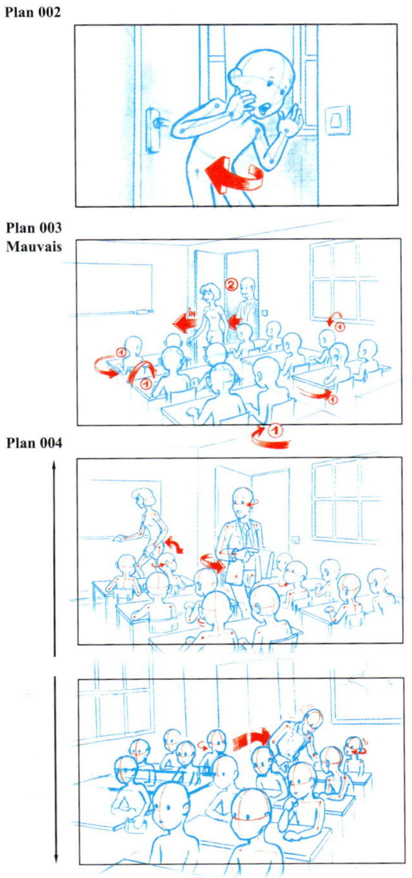

Vignettes des plans 002, 003 et 004 sans les diagrammes.
© Louis de Rancourt.

Plan 003 et première vignette du plan 004 sans les numéros de plan. © Louis de Rancourt.

On peut d'ores et déjà constater des choses qui ne fonctionnent pas. Dans le plan 002, nous avions un enfant dans l'embrasure de la porte : où est-il passé ? Le plan 003 tel qu'il est présenté page précédente ne nous donne aucune indication sur ce qu'il est devenu. Il y a donc un oubli de raccord.

Maintenant, regardez bien le plan 003, et la première vignette du plan 004 (ci-contre).

Nous avons une valeur de cadre absolument identique entre ces deux vignettes. On pourrait penser que le plan 003 et le plan 004 ne forment qu'un seul et même plan dont le découpage technique serait libellé ainsi : « Caméra fixe ; la maîtresse entre, dit son dialogue et monte sur l'estrade. L'inspecteur entre à sa suite, répond à la maîtresse et amorce son trajet. À ce moment seulement, la caméra entame son mouvement de travelling en arc de cercle… » C'est une autre option, envisageable certes, mais ce n'est pas celle du découpage technique qui nous a été donné…

Mais il y a plus grave. Reprenons ces trois plans et mettons en regard des vignettes les trois diagrammes en plan correspondants. En regardant ces trois diagrammes – même en masquant les vignettes dessinées –, on s'aperçoit que ces trois plans sont rigoureusement dans le même axe, ignorant superbement la règle des 30° évoquée lors de l'étape précédente.

Nous venons de voir que non seulement on a une valeur de cadre identique – or, vous savez qu'une autre règle du langage cinématographique dit que quand on passe d'un plan à un autre, il convient de modifier sensiblement la valeur de cadre –, mais en plus, on a un super raccord dans l'axe non maîtrisé, ce qui fait deux transgressions à ces fameuses règles du langage cinématographique !

Et ce n'est pas fini… N'oublions pas que nous avons à respecter un découpage technique. Celui-ci nous dit en toutes lettres : « léger travelling latéral vers la porte ». Sur cette vignette du plan 003, où voyez-vous une quelconque indication de mouvement ou de déplacement de caméra dans un sens ou dans un autre ? On a ici un plan fixe, sans travelling d'aucune sorte… C'est donc un cas de non-lecture du découpage technique.

Enfin, le passage du scénario concernant ce plan nous dit : « Au signal de celui chargé de faire le guet, tous regagnent leur place, sages comme des angelots. La maîtresse, jeune et

Plan 002

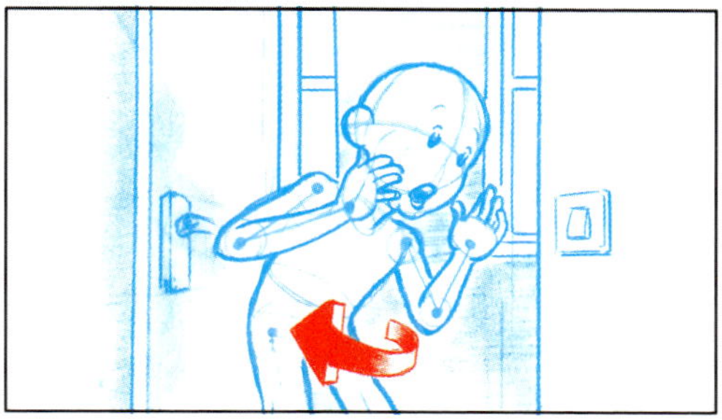

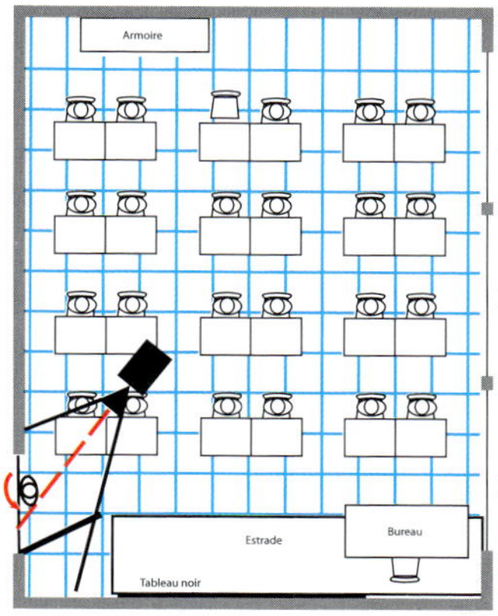

Plan 003
Mauvais

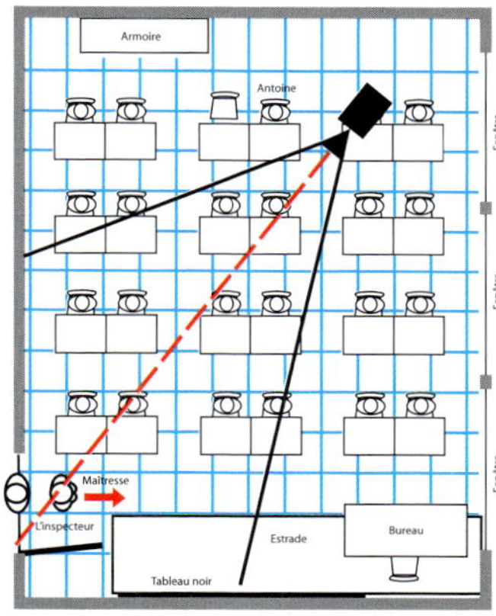

Plan 004

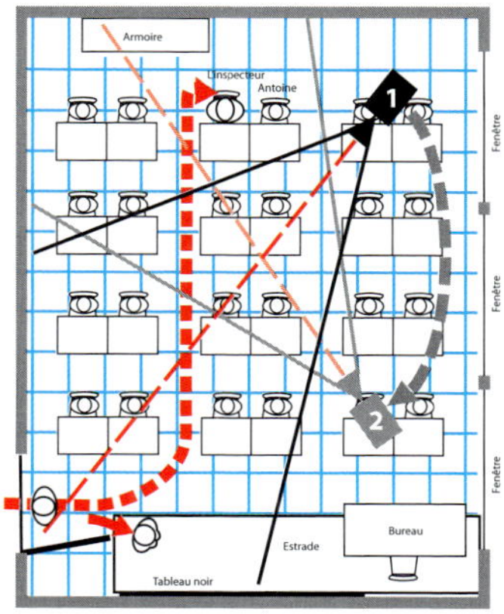

Reprise des vignettes des plans 002, 003 et 004 avec les numéros de plan et les trois diagrammes.
© Louis de Rancourt.

jolie femme court vêtue, entre dans la classe, etc. » L'auteur du scénario s'est donné la peine de bien spécifier que cette jeune institutrice est plutôt mignonne, qu'elle est vêtue d'une minijupe dévoilant vraisemblablement une paire de bien jolies jambes. De plus, c'est la première fois qu'elle apparaît dans la séquence et, sur le dessin, outre les autres erreurs mentionnées précédemment, le storyboardeur a choisi un point de vue tel que lesdites jolies jambes sont occultées par les têtes des enfants. Non seulement c'est un cas manifeste de non-lecture du scénario, mais cela relève de surcroît d'une faute de goût !

Récapitulons les cinq erreurs qui font que ce plan 003 est mauvais.

1. Erreur de raccordement : où est passé le petit garçon du plan 002 ?
2. Erreur de langage cinématographique : valeur de cadre identique entre le plan 002 et le plan 003.
3. Transgression de la règle des 30° : raccord dans l'axe non maîtrisé.
4. Non-lecture du découpage technique : il n'y a pas le travelling en arc de cercle demandé, mais un plan fixe.
5. Non-lecture du scénario : mauvais placement de caméra.

En conclusion, si un jour vous produisez un dessin avec une telle accumulation d'erreurs, faites votre autocensure avant de vous faire critiquer par votre réalisateur et jetez-le vite à la poubelle !

Après avoir étudié ce qu'il ne fallait pas faire et pourquoi, revenons à la « positive attitude ». Comme nous l'avons vu lors de l'étude du plan 001 (étape n° 5), la meilleure façon de procéder pour trouver un bon placement de caméra consiste parfois à commencer par la fin ou, pour être plus exact, par placer la caméra d'arrivée. Aussi, compte tenu des fautes que l'on vient de voir, si on veut voir la maîtresse en entier, sans obstacle la cachant tout ou partie au moment où elle franchit le seuil de la classe, le mieux semble de poser notre caméra en regard de la porte d'entrée, comme ci-contre. Ainsi, on la verra en pied dans l'encadrement de la porte.

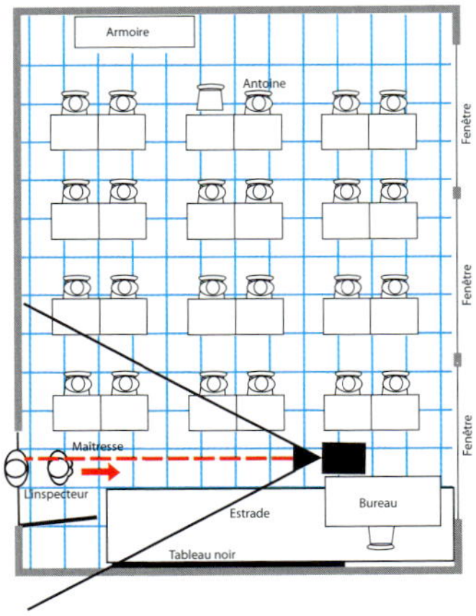

Diagramme avec caméra d'arrivée seulement. © Louis de Rancourt.

Et puisque le descriptif technique nous dit : léger travelling latéral vers la porte, comme nous avons déjà notre caméra braquée sur la porte, toujours selon la méthodologie préconisée consistant à déplacer un pictogramme de caméra, on va faire un mouvement de caméra parallèle au plan du mur, mais à l'envers, soit de gauche à droite, comme sur l'illustration ci-contre (diagramme de gauche, en haut).

Cette petite manipulation effectuée, on finalise le diagramme du plan en mettant le fléchage de déplacement dans le bon sens, soit de droite à gauche, comme ci-dessous (diagramme de droite).

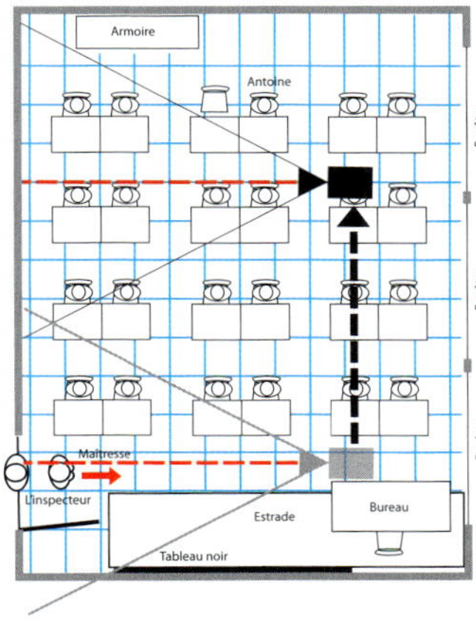

Diagramme avec fléchage de gauche à droite. © Louis de Rancourt.

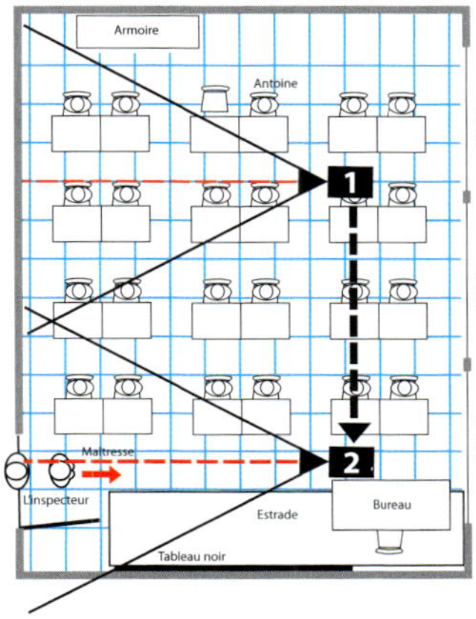

Diagramme définitif avec fléchage de droite à gauche. © Louis de Rancourt.

Nous avons vu, à propos du scénario, que chaque mot est censé avoir son importance. En ce qui concerne le découpage technique, c'est encore plus vrai. Pour la petite histoire, lorsque j'ai conçu cet exercice, j'avais écrit dans un premier temps « léger travelling vers la porte » sans ajouter l'adjectif « latéral ». Un jour, un élève me fait une proposition avec un diagramme réalisé comme ci-contre.

Je ne sais pas comment il s'y serait pris au tournage (à moins d'avoir une grue), mais j'ai tout de suite réalisé que c'était entièrement de ma faute. En ne spécifiant pas « léger travelling **latéral** », je laissais une porte ouverte à une option qui n'était pas celle que j'avais imaginée.

Prenez bien conscience que normalement, dans un scénario comme dans un découpage technique, chaque mot compte, a son importance et sa raison d'être. Aussi convient-il de lire, relire et re-relire ces documents de travail qui constituent un guide, une sorte de « bible » de la pensée et des intentions du réalisateur.

Pour la partie dessin, je vous propose de réaliser l'élaboration de ce plan en deux temps, puis de rassembler ces deux étapes en une seule vignette.

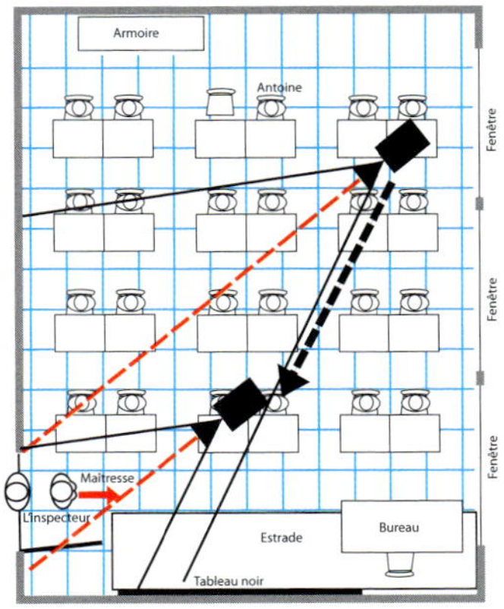

Diagramme avec travelling avant (incorrect). © Louis de Rancourt.

Commençons par la fin. En regard de ce que voit la caméra d'arrivée (vue frontale vers la porte), dessinons – toujours à fond perdu – la maîtresse entrant dans la classe, suivie de l'inspecteur, avec, sur la partie droite de notre dessin, les quatre enfants du premier rang.

Pareillement, représentons ce que voit la caméra de départ : toujours une vue frontale, mais déportée beaucoup plus à droite (sans la porte) du mur de la classe ; quelques enfants courent et se rasseyent à leur place.

Et voici maintenant (ci-dessous) ce que donnent ces deux dessins réunis en une seule vignette extensible, avec l'indication de cadrage, sans oublier la flèche de droite à gauche en dessous, indiquant le sens du travelling latéral.

En haut dessin d'arrivée, sans cadre.
En bas, dessin de départ, sans cadre.
© Louis de Rancourt.

Vignette définitive cadrée et fléchée. © Louis de Rancourt.

Sans doute allez-vous trouver que ce dessin est curieusement bâti, avec ses deux points de fuite… N'oubliez jamais que votre rôle ne consiste pas à exécuter et peaufiner un beau dessin destiné à la publication ou à être accroché dans un musée. Vous faites du storyboard, c'est-à-dire que vous produisez un document de travail censé fournir toutes les directives nécessaires à celles et ceux qui vont réaliser ce plan, conformément aux intentions du réalisateur.

Puisqu'il y a un déplacement de caméra – ici un travelling latéral horizontal –, nous aurons une ligne d'horizon. Sur cette ligne, à droite, un premier point de fuite correspond à la caméra de départ (A), et un second point de fuite, à gauche, à la caméra d'arrivée (B). De plus, outre un mouvement de caméra, vous avez à représenter une action en deux temps :

- les enfants regagnent leur place : la caméra remonte en direction de la porte ;
- la caméra stoppe son mouvement : les enfants du premier rang (et les autres) sont assis, bien sages ; la maîtresse et l'inspecteur font leur entrée.

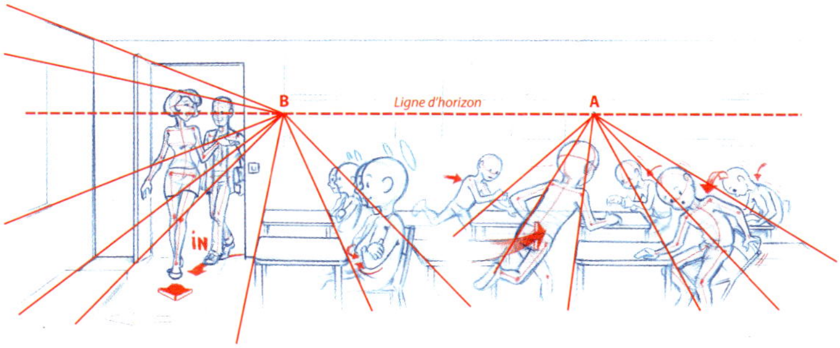

Dessin avec ligne d'horizon et deux points de fuite. © Louis de Rancourt.

Et tout cela en une seule vignette… C'est là une partie des difficultés du storyboard : vous aurez à représenter, sur une feuille à deux dimensions, non seulement des notions de relief et de profondeur, mais aussi de durée. D'où l'importance du choix du moment à dessiner, qui devra représenter parfois plusieurs actions ou mouvements et être compris par tous au premier coup d'œil. Les astuces graphiques consistant à déformer les vignettes et l'exploitation de toute la page s'il le faut seront alors de précieux atouts.

Que toutes ces considérations ne vous empêchent pas d'inventer – pourquoi pas ? – un autre code graphique. C'est un métier qui invite à la création et à l'imagination, contrairement à bien des idées reçues. Dans cet ordre d'idée, utilisez tout ce qui peut vous aider à construire un dessin. Bâtissez vos personnages avec des structures anatomiques (ci-contre dessinées en rouge) ; observez ainsi le déhanché gracieux de la maîtresse, ainsi que la construction de l'enfant qui court et de celui qui s'assied.

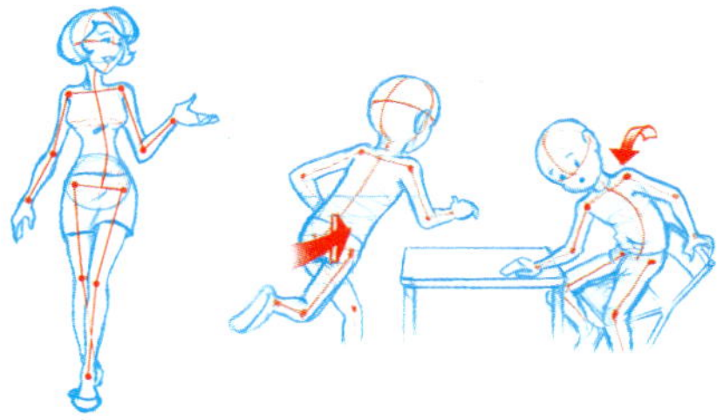

Détails de construction de la maîtresse et de deux enfants. © Louis de Rancourt.

Ajoutez des petites flèches indiquant que les enfants courent, s'asseyent ou se croisent les bras, ainsi qu'une flèche signifiant l'entrée de la maîtresse et de l'inspecteur, avec la mention « IN ».

Pareillement, si vous souhaitez faire passer tel ou tel concept, ayez recours à des petites astuces ou *gimmicks* : par exemple, pour exprimer le passage du scénario « Tous regagnent leur place, sages comme des angelots », j'ai dessiné en bleu léger des petites auréoles au-dessus de la tête des quatre élèves assis au premier rang.

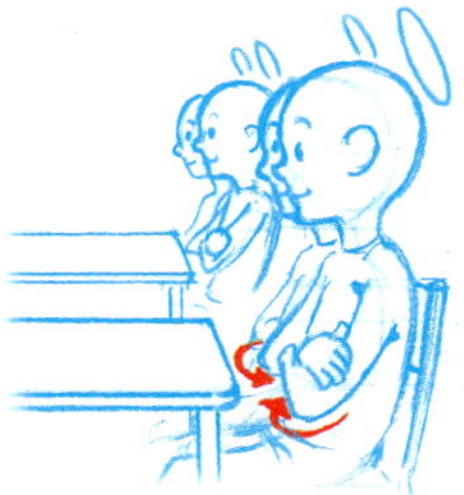

Détail : les auréoles des enfants. © Louis de Rancourt.

Étape n° 8

Plan 010-*plan 006b*

Descriptif action

L'enfant se lève ; DIAL. 7. Début d'angoisse pour l'inspecteur.

Descriptif technique

Continuité de la fin du plan 6 : l'inspecteur + Antoine.

Notions abordées

Retour à un plan simple • continuité du plan 006-*plan 006a* • reprise du cadre d'arrivée du plan 006-*plan 006a* et réalisation rapide de la vignette par transparence • ne pas oublier le fléchage (l'enfant se lève) : pose Start (assis puis debout) – réaction : attitude de l'inspecteur • récapitulation du plan 006a, b tourné (plan 006 + plan 010) • reprise du diagramme plan 006-*plan 006a*.

Rien qu'en prenant connaissance du libellé du plan 010-*plan 006b*, nous savons immédiatement que nous allons avoir affaire à la suite d'un autre plan déjà commencé : il s'agissait du plan 006-*plan 006a*, étudié lors de l'étape n° 3. Rappelez-vous : nous avions ce travelling avant qui se terminait sur l'inspecteur marmonnant un commentaire – inaudible pour le spectateur – et Antoine qui l'écoutait très attentivement, croyant candidement que l'inspecteur murmurait la traduction de la phrase en anglais au fur et à mesure de son apparition sur le tableau.

Reprenons la vignette d'arrivée du plan 006-*plan 006a* ainsi que son diagramme.

Reprise de la vignette Stop du *plan 006a* sans flèche de travelling avant. © Louis de Rancourt.

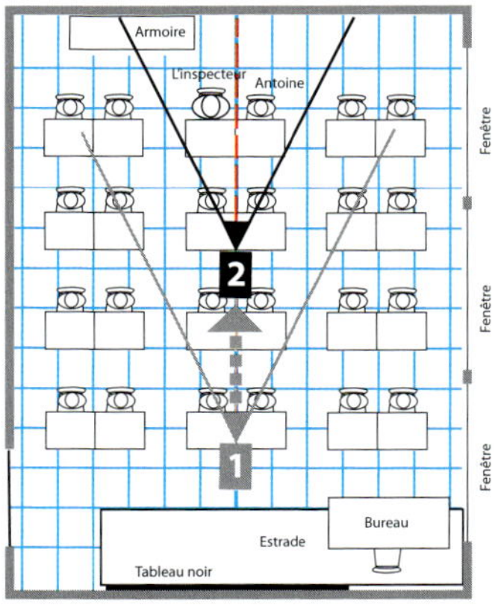

Reprise du diagramme du plan 006. © Louis de Rancourt.

Concernant le diagramme technique, seule la caméra d'arrivée sera conservée, puisque le mouvement de travelling avant est terminé : nous avons un plan fixe. Nous avons déjà vu – et le pire reste à venir ! – que certaines vignettes de storyboard sont complexes, fastidieuses et difficiles à dessiner, et demandent un certain temps d'exécution. Au contraire, ce dessin va être d'une simplicité confondante à exécuter et nous allons battre des records de rapidité en réalisation de vignette !

Vignette Stop du *plan 006a* en transparence. © Louis de Rancourt.

Reprenons la vignette d'arrivée du *plan 006a* et, à l'aide d'un adhésif repositionnable, fixons par-dessus une feuille de papier suffisamment translucide, comme ci-contre, en haut.

On va redessiner par transparence, décalquer les deux enfants au bord du cadre, au premier plan, ainsi que la ligne du pupitre et seulement le buste de l'inspecteur (sans la tête) ; pour l'instant, on ne dessine pas Antoine.

Dessin des enfants, du pupitre et de l'inspecteur (sans tête). © Louis de Rancourt.

Maintenant, faisons glisser la feuille de façon à faire remonter la tête d'Antoine par rapport à celle de l'inspecteur, en se basant sur ce que l'on a pu observer : à quelle hauteur un enfant debout arrive-t-il par rapport à un adulte assis ? Faites attention à ne pas coller la tête de l'enfant trop près du bord supérieur du cadre

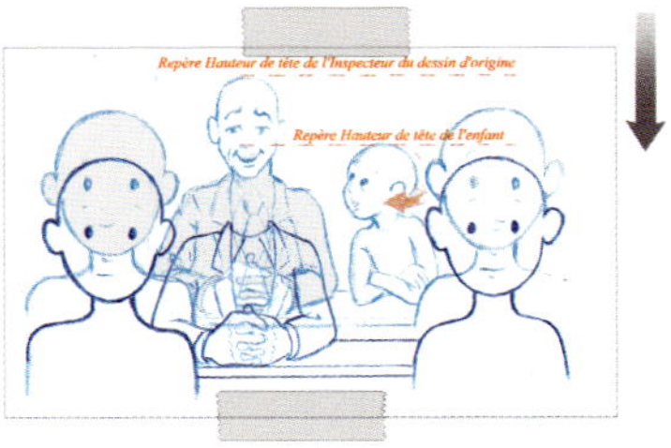

Glissement de la feuille et repère de hauteur de la tête d'Antoine. © Louis de Rancourt.

Puis on va dessiner Antoine, de face (sur le plan 006-*plan 006a*, il était tourné vers son voisin), debout, la bouche ouverte, et l'inspecteur qui le regarde, avec cette expression de début d'angoisse notifiée dans le descriptif action.

Plan 010-*plan 006b* finalisé, sans flèches. © Louis de Rancourt.

Et comme au départ du plan, Antoine était assis, n'oublions pas la flèche rouge indiquant qu'il se lève de sa chaise. Pareillement, on pourra signifier le mouvement de la tête de l'inspecteur par une petite flèche en courbe.

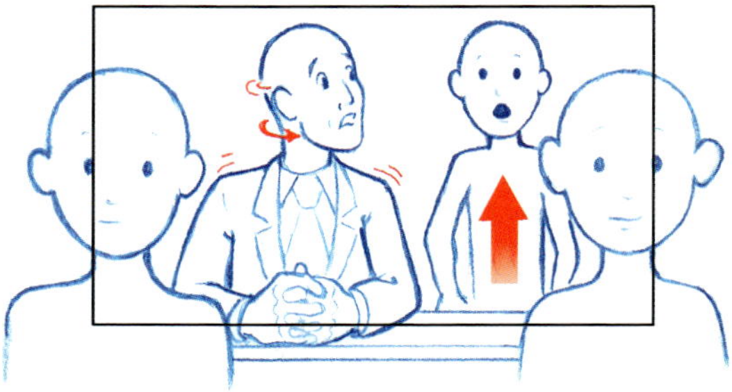

Plan 010-*plan 006b* finalisé, avec flèches. © Louis de Rancourt.

Temps d'exécution de cette vignette, montre en main : entre 3 et 6 minutes ! Voici l'un des avantages que représente l'utilisation de papier translucide. Le jour où vous aurez un cas similaire, mais avec un décor compliqué ou plusieurs personnages, que de temps de gagné ; vous allez apprécier !

Voici donc, ci-contre, ce que donne la totalité du plan 006 tourné, soit le plan 006-*plan 006a*, suivi du plan 010-*plan 006b*.

Depuis le début de cet exercice, vous aurez constaté que, pour une seule séquence comportant 12 plans montés, on arrive, par le découpage technique, à un total de 9 plans tournés. Je vous laisse imaginer et apprécier les avantages que cela peut représenter sur un projet d'envergure comme gain de temps – notamment en termes de réduction de coût – au tournage, sans parler du confort et de l'économie de fatigue…

Totalité du *plan 006a + b* finalisé et cadré.
© Louis de Rancourt.

Étape n° 9

Plan 011-*plan 008*

Descriptif action

La classe s'esclaffe. La maîtresse expulse le trublion ; DIAL. 8. Ce dernier quitte sa chaise.

Descriptif technique

Plan large d'ensemble, la maîtresse au premier plan, de trois quarts dos, amorce du mouvement de sortie d'Antoine.

Notions abordées

Deux mauvais exemples pour commencer : vignette très séduisante, faite sans plan au sol : caméra hors limite et vignette à contresens, ce qui donne : « Antoine ! Passe par la fenêtre ! » au lieu de « Antoine ! Prends la porte ! » • parti pris d'un sens de mouvement, à conserver pour le plan 012-*plan 009* • intérêt d'un croquis ultrarapide avant un dessin plus abouti • importance du format de cadre ; adaptation en conséquence. Option : étude décomposée de l'attitude de la maîtresse, dans le cadre du cinéma d'animation uniquement.

Comme nous l'avons déjà vu lors du plan 001, s'agissant d'un plan d'ensemble, on va se heurter aux difficultés inhérentes aux plans larges. Il y a ici plusieurs personnages, cette fois tous bien rangés, d'où la difficulté de les représenter à leur place dans le décor avec les rapports de taille et de proportions les uns par rapport aux autres, selon qu'ils sont près ou loin, devant ou derrière. Puis nous verrons la façon de cadrer selon le format de cadre initial.

Je commencerai la démonstration de l'élaboration de ce plan par deux contre-exemples qui m'ont été donnés par des personnes qui ont souhaité faire cet exercice : c'est fou comme c'est enrichissant et utile de se tromper, et cet exercice est justement fait pour ça !

Intervenant dans des lycées préparant le bac L option cinéma-audiovisuel, je propose cet exercice de la salle de classe aux élèves voulant s'initier au storyboard. Et je peux vous assurer que j'ai vu de très très bonnes choses – comme quoi il n'est pas obligatoirement nécessaire de savoir très bien dessiner, le plus important étant de bien réfléchir avant de se lancer tête baissée dans la réalisation d'une vignette.

Lorsque j'interviens en lycée, j'utilise en général un rétroprojecteur. De cette manière, les lycéens projettent tour à tour leur travail, et nous pouvons faire des appréciations et corrections d'ordre général qui profitent à tout le monde. Or, une fois, un lycéen me propose sa version du plan 011, plutôt bien dessinée pour quelqu'un qui n'a pas six heures de cours de dessin par semaine (ci-contre).

Dessin d'élève réalisé sans diagramme (incorrect). © Louis de Rancourt.

Il a dessiné à fond perdu, puis cadré. C'est bien cadré, la mention « plan large d'ensemble » stipulée dans le découpage est on ne peut mieux respectée, la perspective est tout à fait honorable, les enfants rigolent bien, on identifie bien au fond Antoine qui est resté debout à côté de l'inspecteur, l'attitude de la maîtresse est sans équivoque – remarquez au passage le trait plus gras pour la maîtresse au premier plan, ainsi que pour son bureau, ce qui est très astucieux –, il y a une bonne indication de fléchage... Il y avait donc tout – ou presque ! – pour faire un plan parfait. Mais il manquait un élément. Et de taille ! Après l'avoir complimenté devant ses camarades pour les qualités énoncées ci-dessus, je lui demande :

« – C'est pas mal du tout... Mais dis-moi, tu as fait un diagramme en plan ?

– Ah non, j'ai pas eu le temps...

– Bon, eh bien on va le faire maintenant. Voici un plan au sol de la classe et un pictogramme de caméra sur calque. En respectant ton dessin, positionne d'abord la maîtresse, puis place ta caméra, toujours selon ta vignette. Tu prends l'angle de caméra qui te convient le mieux. »

Sitôt dit, sitôt fait : sur le rétroprojecteur, mon élève positionne un petit dessin de la maîtresse vue de dessus, debout sur l'estrade puis, en regardant bien sa vignette, positionne sa caméra comme ci-contre.

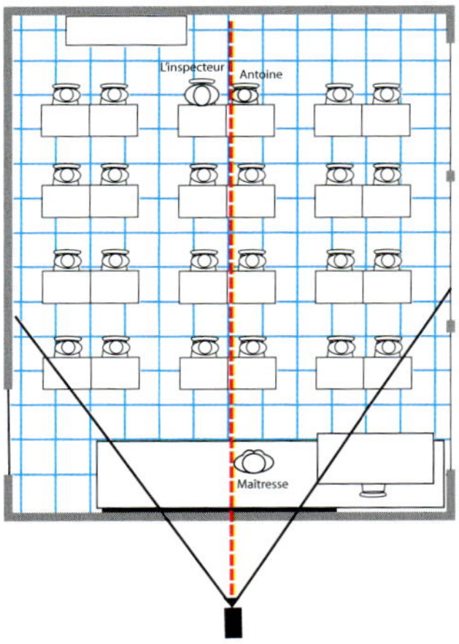

Diagramme 011 incorrect : caméra à l'extérieur des murs.
© Louis de Rancourt.

Je lui dis alors :

« – C'est parfaitement cohérent avec ta vignette. Mais, dis-moi, tu as vu où tu as mis ta caméra ? Derrière le tableau noir !

– ... ??? (silence embarrassé)

– Imagine que la semaine prochaine, on tourne ce petit film dans votre lycée. Est-ce que tu crois que le proviseur sera d'accord pour que l'on fasse un trou dans le mur, ou que l'on abatte la cloison, juste pour un plan ? »

Mon jeune aspirant storyboardeur, bien ennuyé, ne savait plus que dire, quand un de ses camarades est venu à la rescousse :

« – Ah non, mais on peut toujours reconstituer le décor avec une cloison amovible.

– Ah oui ? Tu as pensé à ça en termes de budget ? Vous en avez les moyens, au lycée ? Et le temps perdu à reconstituer cette salle de classe, tu y as pensé aussi ?

– ... (silence éloquent !) »

Voilà un exemple flagrant d'un très beau plan sur le papier, très « vendeur », bien dessiné, mais dont la réalisation s'avérera difficile – pour ne pas dire impossible – dans un contexte avec des limites économiques.

Et si notre jeune aspirant storyboardeur avait bien voulu promener son pictogramme de caméra sur son plan au sol, avant de faire son beau dessin, il aurait *ipso facto* réalisé la complexité de son idée de plan en termes pratiques. Et aurait orienté sa recherche dans une direction plus réaliste.

C'est l'un des pièges majeurs du dessin : sur le papier, tout est possible, et pour peu que la facture graphique soit de qualité et que le résultat soit séduisant, on va le valider… pour se retrouver face à des difficultés plus ou moins insurmontables au moment du tournage.

C'est pourquoi je préconise le recours systématique au diagramme ; là, on ne triche pas. Le diagramme révèle la faisabilité ou non du plan. Il peut mettre en évidence un problème, et donc inviter à chercher… et à trouver la solution (comme on l'a vu sur le plan 006-*plan 006a,* étape n° 2), ou encore les solutions qui jaillissent comme une évidence (par exemple, plan 004-*plan 004,* étape n° 4). On a déjà vu (plan 005-*plan 005a,* étape n° 3) que démarrer une vignette sans avoir préalablement placé où il fallait sa caméra peut amener à tout reconsidérer… Ce n'est pas le jour du tournage qu'il faut s'apercevoir qu'un plan n'est pas faisable, c'est avant qu'il faut y penser.

Alors, au risque de me répéter, faites-en une règle absolue : ne dessinez jamais une vignette, si bien réalisée, si bien cadrée, si bien composée, si claire en intentions soit-elle, sans avoir auparavant démontré sa faisabilité, sans avoir validé celle-ci par un diagramme en plan irréfutable.

Le deuxième contre-exemple va sans doute vous paraître paradoxal à l'énoncé des qualités de l'élève concerné : il s'agit d'un de mes élèves dans le cadre du département formation de la Fédération nationale des storyboardeurs français, sous forme de cours particuliers. Il possède de solides bases en dessin, est très bosseur et très motivé. Chaque fois que l'on se voit, il a énormément travaillé entre deux séances et c'est un vrai plaisir pour moi d'enseigner à quelqu'un d'aussi enthousiaste.

Pour ce fameux plan 011-*plan 008*, il m'apporte donc un dessin bien cadré (je l'ai reproduit au mieux), avec toutes les qualités – même un cran au-dessus – de celui du lycéen de

Diagramme avec caméra sur le bureau et dessin incorrect (doigt pointant vers la droite). © Louis de Rancourt.

l'exemple précédent, avec en plus un diagramme en plan irréfutable, complètement cohérent avec son dessin et son cadrage.

Magnifique, cette vignette, non ? Admirez au passage les « posing » des enfants qui rigolent sans retenue, une vraie perspective qu'il a laissée apparente. Il a dessiné d'abord la salle de classe hilare, à fond perdu puis, à part, la maîtresse, ce qui lui permet là aussi de jouer par transparence à placer son personnage !

Dessin en deux parties : la classe et la maîtresse découpée. © Louis de Rancourt.

Il y a même ce modelé ombre-lumière très bien étudié. L'attitude de la maîtresse est très dynamique ; cette composition dans le format donnant toute son importance à la jeune femme. Et en prime, il y a le diagramme, parfaitement cohérent avec la vignette : tout pour plaire… sauf qu'il y a une erreur, un truc « hénaurme », comme disait Flaubert ! Regardez bien ce dessin et tâchez de voir ce qui ne va pas, mais alors pas du tout, avant de lire la réponse.

Vous n'avez pas trouvé ? Regardez ce dessin et, surtout, resituez-vous dans la salle de classe : où se trouve la porte ? Et quelle direction la maîtresse indique-t-elle à Antoine en lui disant de sortir ? En voyant son geste, elle ne lui dit pas : « Antoine ! Prends la porte ! », mais « Antoine ! Passe par la fenêtre ! » En effet, placée comme elle est, c'est-à-dire regardant la classe, la porte (hors cadre) se trouve sur sa gauche, alors que son bras tendu vers sa droite indique que l'enfant fautif doit quitter la classe séance tenante… en passant par la fenêtre !

Si cette jeune institutrice ordonne à ses jeunes élèves de se défenestrer, en présence de l'inspecteur de l'académie, ce dernier va faire un rapport accablant, et la carrière de la jeune femme dans l'Éducation nationale va très vite prendre fin !

Mon élève a pris acte de son étourderie lourde de sens. Il a cherché comment réparer sa bévue, et comme il avait eu l'astuce de faire son dessin en éléments séparés, il a conservé sa position de caméra, l'ensemble de la classe, et a juste redessiné la maîtresse, doigt pointé dans la bonne direction, cette fois. Voici sa vignette corrigée, ci-contre.

Dessin de la maîtresse avec le doigt dans le bon sens. © Louis de Rancourt.

L'erreur de taille est réparée, mais regardez le sens de la composition de cette image : c'est un acte manqué. En effet, puisque l'on a une direction de la droite vers la gauche, il convient de composer son image dans cette logique de mouvement, de la droite vers la gauche. On voit d'ailleurs que le doigt de la maîtresse vient s'écraser vers le bord gauche du cadre, ce qui est dommage. De plus, Antoine, l'élève expulsé, ne semble pas concerné, à cause de sa position dans le cadre par rapport à la maîtresse et de la direction indiquée par celle-ci.

Mon élève – qui en voulait vraiment – a repris son premier dessin et l'a « floppé » ou, si vous préférez, en a fait ce que l'on appelle une « image miroir ».

Dessin « floppé » et cadré.
© Louis de Rancourt.

Cette fois, la composition est bonne… à ceci près que l'inspecteur et Antoine ont permuté leur place : Antoine se trouve à présent à la droite de l'inspecteur, alors que depuis le plan 004-*plan 004*, il se situait à sa gauche ! Grosse erreur de raccordement. Il faudra également remettre l'armoire à sa place, et dessiner des fenêtres au lieu de la baie vitrée qui sépare la classe du couloir.

Enfin, si l'on est vraiment pointilleux, la perspective est un peu trop vue de haut. Mais passons sur ce dernier détail, cette correction s'effectuera d'elle-même au tournage. N'oubliez jamais le caractère aléatoire et surtout non définitif d'une vignette de storyboard. Ce n'est qu'une aide à la prévisualisation, pas une œuvre d'art pour publication ou musée.

Vous voyez que quand on veut faire du storyboard, il faut penser à tout. Si un réalisateur, avec l'aval de sa société de production, souhaite avoir recours au storyboard, en général pour de bonnes raisons, mais également pour des raisons plus ou moins (in)avouables, c'est pour que cet outil lui apporte une aide véritable, notamment une anticipation des problèmes qui ne manqueront pas de surgir.

À présent que nous avons vu et commenté quelques mauvais exemples, voyons ce qui conviendrait le mieux, compte tenu des observations ci-dessus, sans oublier tous les paramètres déjà abordés : place du plan 011-*plan 008* entre le plan 010-*plan 006b* et le plan 012-*plan 009*, respect de la continuité narrative, etc.

On a vu sur le deuxième exemple que la solution du dessin floppé donnait une bonne composition (même si le point de vue était un peu haut, petite erreur qui s'effacera d'elle-même à la réalisation), notamment dans le parti pris d'une logique de mouvement de la droite vers la gauche. J'ai donc placé la caméra symétriquement par rapport au bureau, avec un angle assez large, pour établir mon diagramme en plan.

J'ai ensuite bâti une construction en perspective, avec les personnages, également construits à l'aide de volumes simples, d'axes et d'articulations.

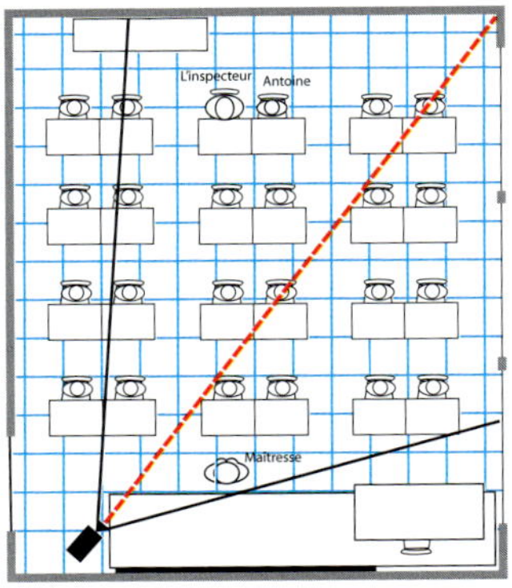

Diagramme du plan 011.
© Louis de Rancourt.

Construction des personnages et perspective. © Louis de Rancourt.

Enfin, j'ai fait le dessin ci-dessous, non cadré pour l'instant.

Préfinalisation – Dessin à fond perdu. © Louis de Rancourt.

Satisfait de l'ensemble, je l'ai finalisé et mis au propre ainsi.

Préfinalisation – Dessin à fond perdu. © Louis de Rancourt.

Si j'essaie de vous faire croire que j'ai réalisé ce dessin en moins d'un quart d'heure, ou même en une demi-heure, vous allez immédiatement me traiter de menteur et de vantard… et vous aurez raison ! J'ai passé beaucoup trop de temps sur le dessin de ce plan, sans doute plus qu'il n'en faut – pour mémoire, entre une heure et une heure et demie –, si l'on veut bien rester dans la configuration d'un storyboard. Seulement, avant d'attaquer ce dessin fastidieux, j'ai fait une esquisse rapide comme ci-dessous. En la réalisant, j'ai, par curiosité, démarré mon chronographe. À la fin de ce croquis rapide, il affichait 1 min 47 s.

Pré-rough du plan 011. 1 min 47s. © Louis de Rancourt.

Imaginez qu'après avoir passé beaucoup de temps sur le dessin finalisé, je me rende compte que, finalement, cela ne me convient pas, ou que mon commanditaire (le réalisateur) trouve à redire sur ce dessin et me demande de le refaire : que de temps perdu ! Alors que si mon esquisse rapide ne convient pas et qu'il faut opter pour un cadrage, un angle, une perspective différents, donc la refaire, je n'ai perdu qu'une minute et quarante-sept secondes… autant dire pas grand-chose.

Avec ce petit gribouillis, on va pouvoir discuter avec le réalisateur, le chef opérateur, le cadreur… Si c'est conforme à ce qu'ils souhaitent et si, de surcroît, il y a des impératifs ou des exigences de qualité de présentation – à l'attention d'une société de production ou d'un éventuel partenaire financier, par exemple – ou si l'on veut vraiment mettre l'accent sur ce plan clé, on va pouvoir, toujours à partir de ce croquis rapide, pousser davantage la finition du dessin, avec notamment diverses recherches d'expressions et d'attitudes des enfants hilares qui ne sont pas encore étudiées ni développées sur ce pré-rough.

Et si le croquis en l'état ne convient pas, on va, selon les indications du réalisateur, recommencer de manière aussi sobre, rapide et efficace, sur place, sur un coin de table, jusqu'à accord du commanditaire. Le temps est une notion que vous ne devez jamais oublier si vous voulez faire du storyboard.

C'est une règle d'or que j'ai toujours tenu à respecter dans les différentes missions que j'ai eues : adapter la qualité de mon rendu au temps qui m'est imparti. On se trouve face à l'équation suivante : *x* vignettes à produire en *y* heures – ou jours, semaines, mois – et tout le professionnalisme d'un storyboardeur tiendra notamment au respect du délai imposé. Il est totalement vain et inutile de vouloir polémiquer : « Aaah, ils auraient pu y penser plus tôt ! » C'est comme ça, à nous de faire avec. « Un storyboard est toujours pour avant-hier ! » déclare Pascal Garnier, storyboardeur free-lance en agences de publicité, qui sait de quoi il parle.

Soit on a du temps devant soi – cas extrêmement rare – et on peut se faire plaisir à peaufiner ses dessins, soit on est tenu par des délais draconiens, avec la pression des commerciaux qui partent présenter la campagne au client, et il faut absolument produire 55 vignettes, quitte à passer la nuit à l'agence. Bien évidemment, le côté esthétique des dessins en pâtira légèrement, mais rappelons-le encore : la véritable finalité du storyboard est de délivrer un concept créatif à des fins publicitaires.

Maintenant que nous avons notre dessin à fond perdu, abordons le cadrage. Pour cet exercice, nous avons opté pour le format 1,77:1. C'est celui de la télévision, également appelé 16/9. Nous allons voir sur le plan 011-*plan 008* non seulement toutes les options de cadrage au format 1,77:1, mais également avec d'autres formats.

Pour rappel, voici les principaux :

- 1,77:1 : plus connu sous l'appellation 16/9, qui est l'un des formats les plus utilisés à ce jour ;
- 1,85:1 : panoramique américain, popularisé après les années 1950, devenu standard américain ;
- 2,35:1 : pellicules 70 mm et Super 35, également appelé Scope ou CinemaScope ou encore Panavision, ou 35 mm anamorphique.

En partant du format 16/9, voici diverses propositions de cadrage.

Plan large. © Louis de Rancourt.

Tête de la maîtresse coupée par le haut du cadre. © Louis de Rancourt.

Maîtresse près du bord droit du cadre. © Louis de Rancourt.

Vous avez ici trois options – on peut en trouver d'autres ! – qui adoptent chacune un parti pris de cadrage. Sans doute dans ces recherches y en aura-t-il une qui vous plaira plus que les autres, mais gardez toujours à l'esprit que vous êtes au service d'un réalisateur.

Permettez-moi de vous donner un petit conseil si vous entamez une première collaboration avec un réalisateur : plutôt que de lui livrer votre vignette cadrée (et de prendre le risque qu'il trouve matière à redire), venez le voir avec votre dessin à fond perdu et vos planches de fenêtres découpées sur carton, et laissez-le jouer avec… Il appréciera votre délicatesse, votre empathie, qui n'a rien à voir avec de la flagornerie. C'est avant tout *son* film et non le vôtre (sauf, bien sûr, si vous faites du storyboard pour votre projet personnel).

Et si on essayait maintenant de cadrer cette vignette au format 1,85:1 (panoramique américain) ? Ou encore au format 2,35:1 (Scope) ?

Quel que soit le format de tournage imposé, toute image doit pouvoir entrer aussi harmonieusement que possible dans un rectangle aux rapports largeur/hauteur prédéfinis.

Cadrage au format 1,85:1. © Louis de Rancourt.

Si vous le voulez bien, pour ce plan, nous allons un peu sortir du cadre strictement dévolu à la réalisation de vignettes de storyboard. Vous avez sûrement remarqué, sur le diagramme en plan, deux choses :

- la caméra est complètement coincée dans l'angle de la pièce ;
- pour capter l'ensemble de la scène, on a recours à une large couverture, autrement dit à un objectif grand-angulaire.

Cadrage au format 2,35:1. © Louis de Rancourt.

Or, vous savez que les courtes focales – ou objectifs grands-angulaires – ont la propriété d'étirer les perspectives. Par exemple, si la salle de classe mesure environ 7,50 mètres, avec un objectif grand-angulaire, elle paraîtra en mesurer 9 ou 10.

Voici ce que l'on pourrait envisager comme astuce pour pallier cette exagération optique des distances au moment du tournage : on recule la dernière rangée de pupitres de quelques centimètres ; *idem* pour les trois autres rangées, avec un intervalle réduit entre chaque rangée par rapport à la disposition initiale. On s'aperçoit qu'on gagne ainsi l'équivalent d'une rangée. On rapproche la maîtresse d'autant, surélevée sur un petit morceau d'estrade (peu importe la nature de ce piédestal qu'on ne verra pas).

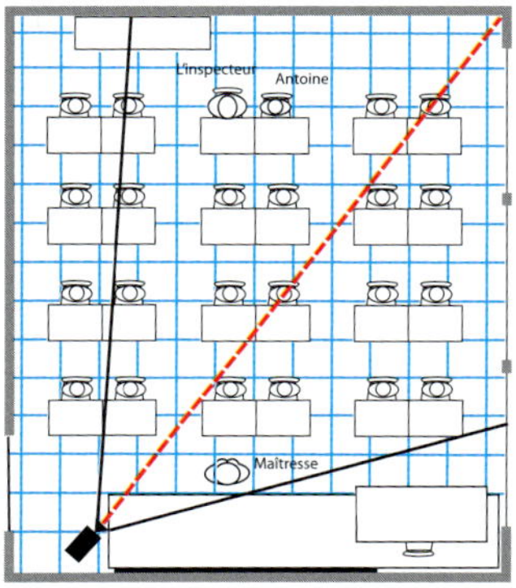

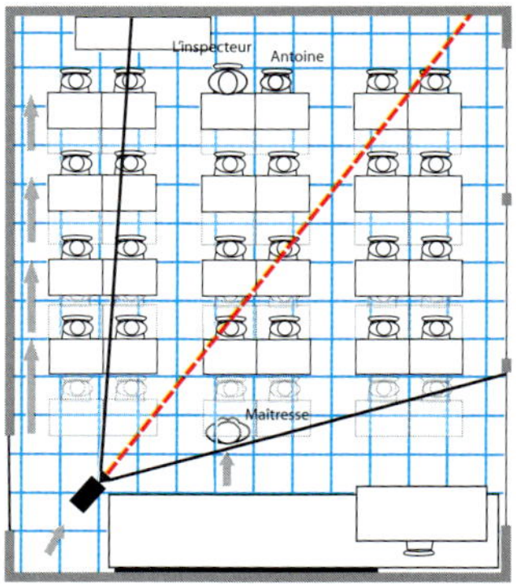

Diagramme de départ et diagramme aménagé. © Louis de Rancourt.

Deux conséquences à cet aménagement :

- le caméraman sera moins coincé dans l'angle de la pièce et plus libre de ses mouvements ;
- l'effet d'étirement des distances sera corrigé.

Nous restons bien d'accord : cette digression sort du cadre de vos compétences de storyboardeur. Mais faire du storyboard ne dispense pas de réfléchir, de s'impliquer dans un projet cinématographique et de proposer des solutions.

> *« C'est un privilège pour le storyboardeur d'être l'un des premiers complices du scénariste, de participer au rêve de toute une équipe dans l'espoir qu'il deviendra aussi celui du public. […] La palette du storyboardeur est assez large. Son travail peut se limiter à la mise en images du découpage technique : c'est la base. Mais il arrive que l'on puisse s'investir plus profondément. […] Le storyboarder doit parvenir à maîtriser son ego pour ne pas empiéter sur les désirs et les idées du réalisateur. Mais il n'est pas interdit de faire des propositions. »*
>
> Fabien Lacaf, storyboardeur
>
> Revue *Storyboard,* n° 3, mars-avril-mai 2003, Alvisa Éditions

De toute façon, si vous voulez travailler pour le cinéma, à quelque poste que ce soit, vous n'avez pas le droit de dire ni de penser : « Ça, ce n'est pas mon problème ! » Vous devez pouvoir valider votre intervention, *a fortiori* si vous avez des velléités de devenir réalisateur. Et ceci est valable également pour un plan comme celui que nous venons d'étudier.

Enfin, ce qui suit est exclusivement réservé au cas où ce plan ferait partie d'un storyboard pour un film d'animation. Le réalisateur ne peut pas être présent à la fabrication de chacun des plans, à raison de 24 images/seconde. Il faut que le storyboard, élément incontournable et véritable pilote des studios d'animation, soit extrêmement rigoureux et précis.

Si on veut que les intentions d'acting soient bien rendues et conformes aux désirs de l'auteur, il est absolument nécessaire de joindre à la vignette générale un petit descriptif concernant l'attitude de la maîtresse, comme ci-dessous.

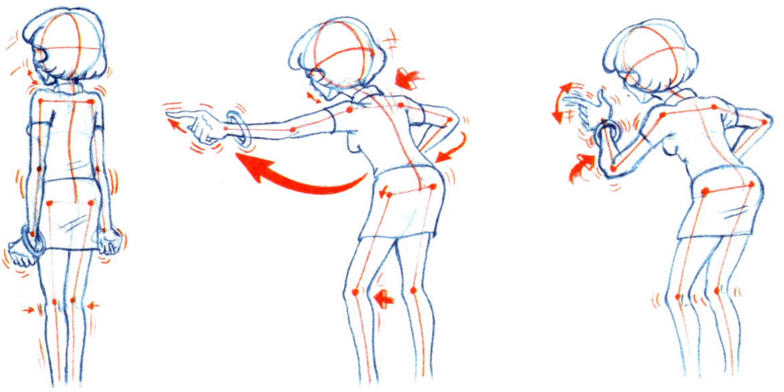

"...Antoine!"
Elle se raidit,
poings crispés
et genoux serrés

...Passe à la porte!"
Elle se penche en avant,
légère flexion des genoux
tend le bras gauche, doigt pointé
l'autre main sur les hanches

...Tu vas avoir de mes nouvelles!"
Elle ramène son bras,
menace du doigt,
resserre un peu les genoux
(éventuellement hoche la tête)

La maîtresse en trois attitudes. © Louis de Rancourt.

On pourra faire de même pour notifier l'attitude honteuse de l'inspecteur, la stupéfaction d'Antoine, ou l'hilarité de tel élève. Si on se dispense de ce travail, on peut s'attendre à un produit dénaturé par rapport à l'intention de départ. Le storyboardeur doit donc apporter des indications de mise en scène et de jeu d'acteur.

Mais sur un plateau de tournage (en prise de vues réelle, avec des comédiens), le réalisateur est là pour donner des consignes à ses comédiens sur le jeu qu'il veut obtenir d'eux : c'est *son* boulot. Vous êtes storyboardeur, pas metteur en scène adjoint, alors ne faites jamais cela pour ce type de film !

Étape n° 10

Plan 007-*plan 005b*

Descriptif action

Continuité du plan 005 : la maîtresse finit d'écrire sa ligne, puis se retourne et interroge la classe. DIAL.4.

Descriptif technique

Continuité du plan 005 : plan taille. Elle fait volte-face.

Plan 009-*plan 005c*

Descriptif action

La maîtresse regarde Antoine (OFF). DIAL. 6.

Descriptif technique

Continuité des plans 005 et 007 : encore un peu plus serré sur la maîtresse (plan buste).

Notions abordées

Retour à deux plans simples • continuité des plan 005-*plan 005a*, puis plan 007-*plan 005b* et plan 009-*plan 005c* • progression du cadrage de plus en plus serré sur la maîtresse : plan américain > plan taille > plan buste • ne pas oublier le fléchage (elle finit d'écrire sa ligne, puis se retourne) • réaction de la maîtresse : expression étonnée • récapitulation des plan 005-*plan 005a,* plan 007-*plan 005b* et plan 009-*plan 005c* • reprise du diagramme et progression de la caméra • tournage en continu • établissement d'un *timing* d'estime : utilisation d'un chronographe.

Pour cette étape, nous allons réaliser non pas un plan, mais deux : il s'agit de la continuité du plan 005-*plan 005a* que nous avons étudié lors de l'étape n° 2. Reprenons le diagramme du plan 005, ainsi que la vignette finale en deux cadres.

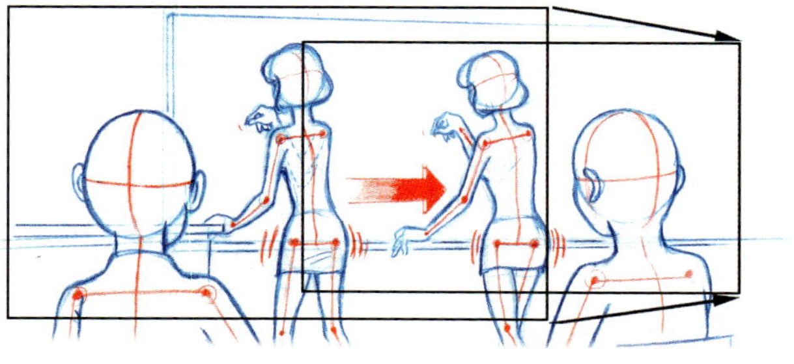

Vignette et diagramme des plan 007-*plan 005b* et plan 009-*plan 005c*. © Louis de Rancourt.

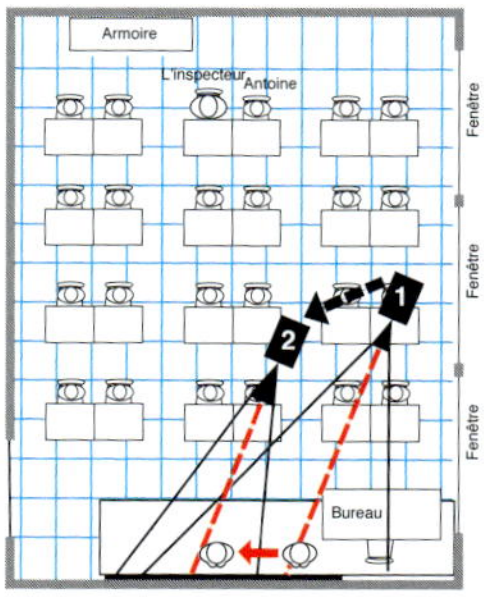

Diagramme général du plan 005, côté fenêtres. © Louis de Rancourt.

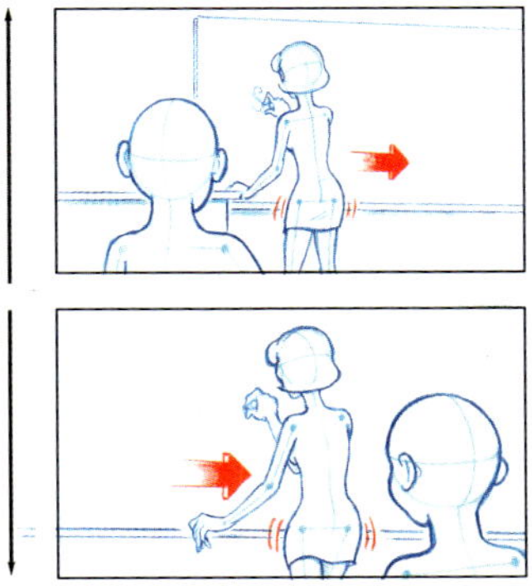

Plan 007-*plan 005b* et plan 009-*plan 005c* en deux vignettes + flèches de liaison. © Louis de Rancourt.

Afin de pouvoir apprécier la progression du cadrage de plus en plus serré, voici (ci-contre) une version du plan 005-*plan 005a* en deux vignettes identiques reliées par la flèche de liaison.

Je suis parti du même dessin de départ, sans cadre. J'ai gommé la deuxième maîtresse sur la vignette 1, puis j'ai effectué la même opération pour la vignette 2 en supprimant la première maîtresse (à l'aide de Photoshop). J'ai ensuite recadré chacun de mes deux dessins. Le choix de ce type de configuration plutôt que le précédent peut relever d'une exigence de présentation, notamment un souci de mise en pages ou autre. N'écartons aucune piste. Remarquez et appréciez au passage l'un des nombreux avantages de la méthodologie préconisée depuis le début… sinon, il m'aurait fallu refaire chacun de ces deux dessins.

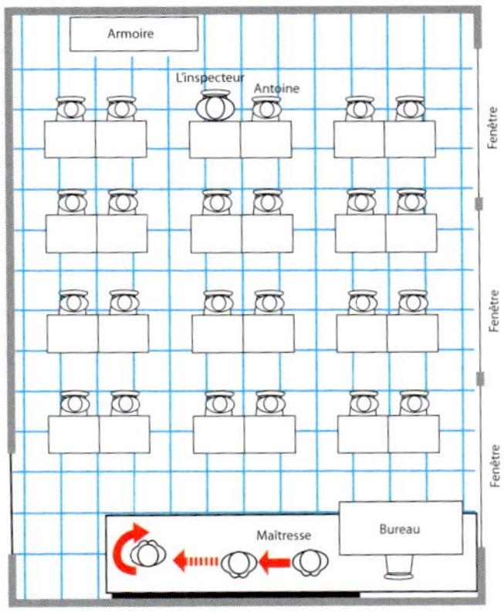

Plan au sol avec pictogramme et fléchage, sans caméra. © Louis de Rancourt.

Pour le plan 007-*plan 005b*, le descriptif action nous dit : « Elle finit d'écrire sa ligne. » On peut donc supposer qu'elle se trouve à l'autre extrémité du tableau, soit à droite. Commençons par placer le pictogramme de la maîtresse sur le plan au sol et, puisqu'on nous dit qu'elle se retourne, orientons-la face aux enfants et profitons-en pour ajouter une petite flèche de retournement autour du pictogramme la représentant.

Notez le fléchage en pointillés du parcours de la maîtresse. Nous avons vu, lors de l'étape n° 3, qu'on allait tourner toute l'écriture de la phrase en anglais afin de pouvoir conserver la bande-son – craie sur le tableau – que l'on recollera sur le plan 006-*plan 006a* à cause du remue-ménage dû au déplacement des pupitres pour effectuer le travelling avant (voir étape n° 3). Toute cette partie d'écriture sautera au montage, mais on va la tourner quand même.

Établissons le diagramme en plan avec juste la caméra qui arrive sur la maîtresse, en tenant compte de l'indication de valeur de cadre (plan taille) donnée dans le descriptif technique.

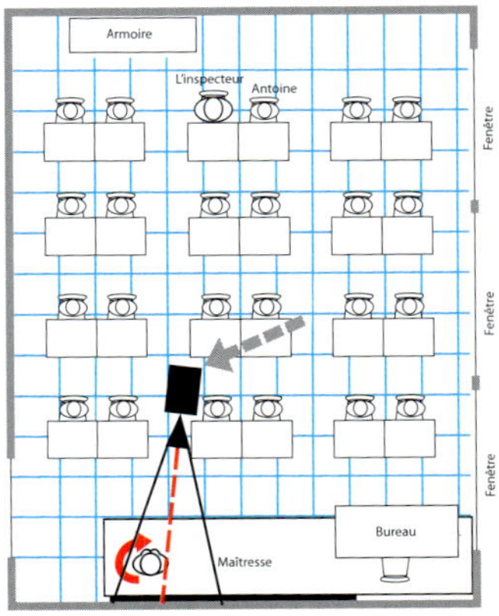

Diagramme du plan 007-*005b* avec caméra. © Louis de Rancourt.

Comme on l'a vu précédemment (étape n° 4), il reviendra au premier assistant ou au chef opérateur d'en tirer les conséquences et de prévoir les aménagements nécessaires : enlever certains élèves et leurs pupitres, installer un rail, ou travailler au Steadicam, à l'épaule, etc. Ce n'est pas au storyboardeur de le faire.

À présent, dessinons la vignette du plan 007-*plan 005b*. Tout en respectant l'indication de cadrage, ne prenez pas de risque : voici le dessin à fond perdu, qui conserve ainsi une grande marge de sécurité. En effet, le descriptif technique nous dit « plan taille », et sur le dessin ci-contre, nous avons le haut des cuisses.

Dessin à fond perdu, sans flèche de retournement. © Louis de Rancourt.

Nous avons déjà vu (étape n° 1 et étape n° 6) que sans fléchage, il faudrait avoir recours à deux dessins, ce qui nous donnerait les vignettes ci-dessous.

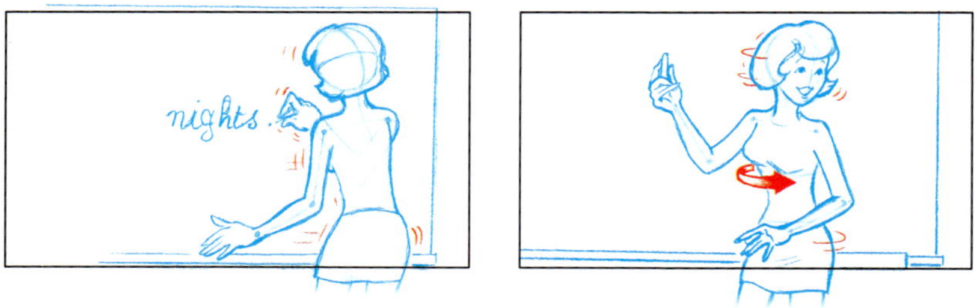

1 - Elle finit d'écrire sa phrase,...

2 - ... puis se retourne : DIAL
"Voilà ; qui peut me traduire ce que je viens d'écrire ?..."

Deux dessins : pose Start et pose Stop, cadrés, sans fléchage, avec les légendes. © Louis de Rancourt.

Que de temps perdu ! Et quelle piètre opinion vous auriez à l'égard des destinataires du storyboard alors qu'un simple fléchage vous fait faire l'économie du premier dessin (dans un métier où le maître-mot est la rapidité et où les délais d'exécution sont souvent serrés) et vous évite de prendre les autres pour des simples d'esprit.

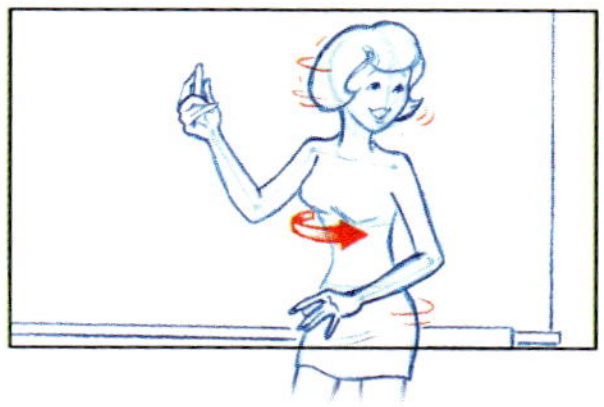

Vignette fléchée et cadrée. © Louis de Rancourt.

Passons au plan 009-*plan 005c* : raccord dans l'axe avec le plan 007-*plan 005b*, mais encore plus serré. Soit on rapproche la caméra (option choisie sur le diagramme ci-contre, en haut), soit on effectue un zoom avant. Mais là encore, c'est au chef op' de décider.

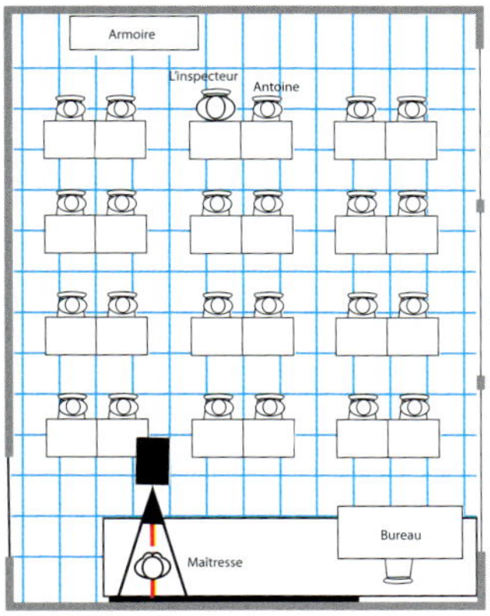

Diagramme et vignette cadrée du plan 009.
© Louis de Rancourt.

Si vous avez des difficultés à retranscrire une émotion, rien ne vous empêche de feuilleter des magazines ou des bandes dessinées. Ici, les yeux sont un peu écarquillés (mais pas trop) et la bouche arrondie. Les petits traits autour de la tête, empruntés aux codes graphiques de la BD sont là pour exprimer l'étonnement de la maîtresse. Surtout, essayez de nuancer, de ne pas en faire trop : ne lui faites pas une expression d'effroi comme si un extraterrestre surgissait dans sa classe ! Et n'oubliez pas qu'il y a un metteur en scène : son expérience de direction d'acteur et le talent de la comédienne feront le nécessaire.

Voici (page suivante) ce que donnerait le plan 005 monté sur une feuille de tournage. Vous y trouverez, dans l'ordre que vous voudrez :

- les numéros de plan correspondants, avec toujours la dualité plan tourné-*plan monté* ;
- les quatre vignettes ;
- les flèches de liaison, indiquant la continuité au tournage ;
- un diagramme en plan unique, commun aux trois plans ;
- le découpage technique : descriptif action et descriptif technique.

Remarquez la progression du cadrage sur la maîtresse : on part d'un plan américain à mi-cuisses sur la première vignette, puis au ras de sa jupe sur la deuxième, un plan taille sur la troisième, pour arriver à un plan buste sur la dernière.

Il est une notion que nous n'avons pas encore abordée dans cet exercice, c'est le temps, la durée d'un plan ; ce que l'on appelle le *timing*. Je m'adresse ici plus particulièrement à celles et ceux qui abordent le storyboard dans l'idée de passer un jour à la réalisation. Et cet exercice s'y prête très bien.

Plan 005 - 1
Plan 005 a

Plan 005 - Plan 005 a
Descriptif ACTION : Elle commence à écrire au tableau ;
son derrière se trémousse.
(SFX craie sur le tableau)

Descriptif TECHNIQUE : [Vue subjective des élèves du 2° rang]
Plan américain : elle de dos ou 3/4 dos qui écrit.

Plan 005 - 2
Plan 005 a

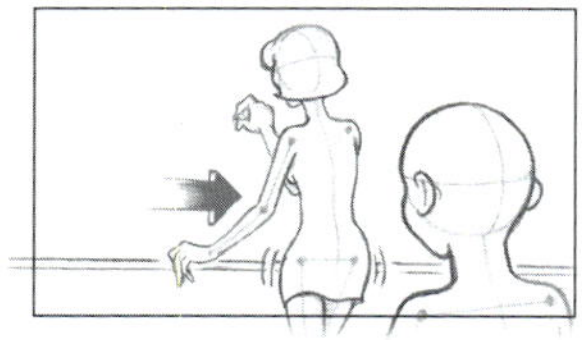

Léger travelling latéral d'accompagnement.
On resserre un peu sur elle.

Plan 007
Plan 005 b

Plan 007 - Plan 005 b
Descriptif ACTION : Continuité du Plan 5 :
Elle finit d'écrire sa ligne, puis se retourne et interroge la classe.
DIAL.4 - *"Voilà; qui peut me traduire ce que je viens d'écrire ?..."*

Descriptif TECHNIQUE : Continuité du Plan 5 :
Plan taille. Elle fait volte-face.

Plan 009
Plan 005 c

Plan 009 - Plan 005 c
Descriptif ACTION : Continuité du Plan 7 :
La Maîtresse regarde Antoine (off).
DIAL.6 - *"...?! Toi, Antoine ? ? euh... bon, eh bien, vas-y !..."*

Descriptif TECHNIQUE : Continuité des Plans 5 et 7 :
Encore un peu plus serré sur elle (plan buste)

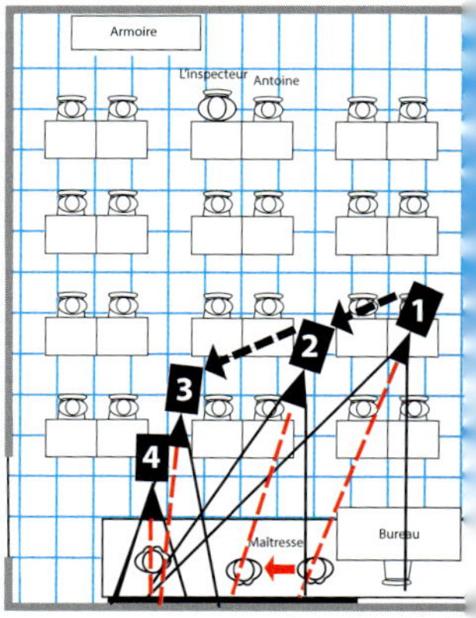

Plan 005 monté :
les 4 vignettes cadrées +
les légendes +
le découpage technique +
le diagramme général.
© Louis de Rancourt.

Si la durée d'un plan ou d'une séquence n'est pas *a priori* le souci majeur d'un storyboardeur qui travaille sur un projet filmé en prise de vues réelle, c'est *a contrario* un paramètre absolument indispensable pour celui ou celle qui travaille pour un film d'animation, quelle que soit la technique utilisée (dessin animé traditionnel, pâte à modeler, papier découpé, animation assistée par ordinateur...). Alors parlons-en !

Les deux outils primordiaux d'un storyboardeur d'animation sont le crayon et le chronographe. Si le premier relève de l'évidence même, le second, bien que moins connu, est tout aussi indispensable. Le chronographe n'est pas un accessoire exclusivement réservé à la scripte. En effet, une des tâches principales du storyboardeur d'animation consiste à établir le *timing* de chaque plan, à l'image près, sachant que les caméras à pellicule argentique tournent à raison de 21 images/seconde et les caméras vidéo à 25 images/seconde. Le storyboardeur d'animation doit non seulement définir la durée du plan mais aussi, s'il y a des mouvements de caméra, établir le rythme d'un travelling ou d'un panoramique.

Imaginons que cet exercice de la salle de classe soit conçu pour un film d'animation. Nous avons vu que la maîtresse écrit une phrase au tableau (« Spring and summer are the nice seasons with long days and short nights »). Entre le plan 005-*plan 005a* et le plan 007-*plan 005b* va venir s'insérer le plan 006-*plan 006a*. On a besoin de savoir de combien de temps on dispose pour tourner ce plan 006, notamment son travelling avant (voir étape n° 3), puisqu'on va récupérer la bande-son (craie sur le tableau) de ce qu'on ne verra pas, pour la recoller sur ce contrechamp en « OFF » du plan 006.

Comment procéder ? Lors des répétitions, on va demander à la comédienne d'écrire cette phrase au tableau et on va chronométrer le temps qu'elle mettra. Le chronographe va afficher par exemple « 0.38.68 », soit 38 secondes et 68 centièmes. On fera trois ou quatre essais afin d'établir une moyenne, quitte à demander à la comédienne d'écrire plus lentement ou plus rapidement en fonction du résultat obtenu.

Écran du chronographe.
© Louis de Rancourt.

Restons sur ce *timing* de 0 min 38 s 68 centièmes. On va convertir les centièmes de seconde en images, ou *frames*, notées « # ». Il y a 25 images/seconde, soit 1 # = 4/100 s. Un plan chronométré à 38" et 68 centièmes équivaudra à 38"17 # (on a divisé le chiffre des centièmes par 4). Lors de cette opération, on relèvera également le *timing* des endroits de la phrase écrite où l'on va changer de plan.

Selon le temps que l'on estime nécessaire pour tourner le plan 006 avec son travelling, on coupera au montage, comme sur le graphique ci-dessous.

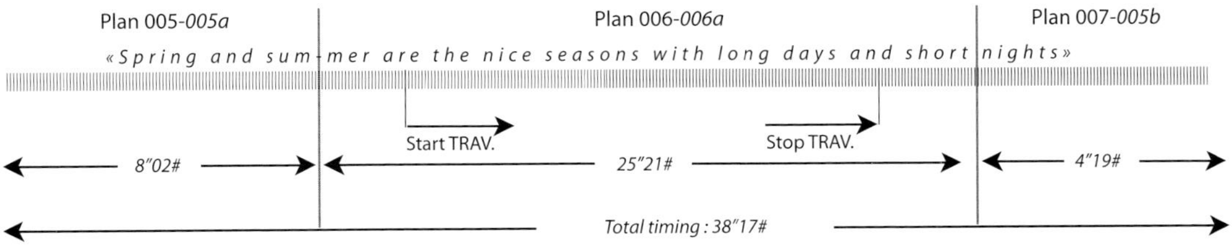

Feuille d'exposition des plans 005 à 007. © Louis de Rancourt.

Comme vous le constatez sur ce schéma (en cinéma d'animation, on appelle cela une feuille d'exposition), on ne démarre pas tout de suite le travelling avant du plan 006. Pareillement, à l'arrêt du travelling, on reste quelques secondes en plan fixe (action qui sera poursuivie sur le plan 009-*plan 005c*).

Nous savons donc qu'au montage, on va couper le plan 005-*plan 005a* avant que la maîtresse ait fini d'écrire le mot « summer ». On va inclure le plan 006-*plan 006a*, puis reprendre le plan 007-*plan 005b* alors qu'elle arrive au dernier mot, « nights ». Elle se retourne alors et dit son dialogue : « Voilà. Qui peut me traduire ce que je viens d'écrire ? » Cut. Insertion du plan 008-*plan 007*, puis du plan 009-*plan 005c*, pour lequel le caméraman se rapproche encore de la maîtresse (ou fait un zoom avant).

Si cette opération extrêmement précise et rigoureuse n'est pas obligatoire dans le cas de la prise de vues réelle, elle peut néanmoins s'avérer très utile à divers titres, notamment pour établir le temps nécessaire au tournage de ce plan – donc le calendrier du plan de tournage –, pour le responsable du travelling et ses accessoiristes qui déplacent les tables (voir étape n° 3), ainsi que pour le montage.

Il y a bien sûr plusieurs écoles et façons de procéder mais, pour certains, le storyboard s'avère un guide indispensable lors du montage, opération essentielle et ô combien délicate s'il en est. De toute façon, plus un storyboardeur connaîtra les arcanes du montage, tout comme les secrets des différents corps de métiers sur un plateau, et plus il saura en tenir compte dans son travail, meilleur il sera. Et si vous abordez le storyboard avec des velléités de futur réalisateur, vous devez être capable de répondre à cette question : combien de temps dure ce plan, cette séquence, ce film ? Vous n'avez pas le droit de répondre : je n'en sais rien ; on verra plus tard…

Étape n° 11

Plan 012-*plan 009*

Descriptif action

Raccord mouvement ; Antoine passe derrière l'inspecteur, puis à côté de lui, marque un court temps d'arrêt et l'admoneste au passage : DIAL. 9. Puis Antoine se dirige vers la sortie. L'inspecteur rougit, confus. La classe rigole toujours de plus belle. La maîtresse, les poings sur les hanches, fixe l'inspecteur confondu.

Descriptif technique

Plan en très légère plongée sur l'inspecteur (assis) et l'enfant qui passe derrière lui, puis à côté. Possibilité d'un léger travelling d'accompagnement sur Antoine. Puis travelling arrière ou zoom arrière qui accompagne Antoine se dirigeant vers la sortie, tout en conservant l'inspecteur dans le champ. La maîtresse, de trois quarts dos ou de profil, entre dans le champ.

Notions abordées

Affirmation du sens de mouvement amorcé dans le plan 011-*plan 008* d'où l'importance du choix de l'endroit où l'on va placer la caméra de départ • diagramme en plan, avec multipose pour l'enfant : son trajet • déterminer le déplacement de la caméra : conséquence sur l'aménagement de la salle de classe • déterminer l'angle de champ que couvre la caméra : plus large à l'arrivée (zoom arrière) • conserver l'inspecteur : diminution de celui-ci en termes d'occupation du cadre • entrée de champ de la maîtresse uniquement par le mouvement de caméra • attitude significative.

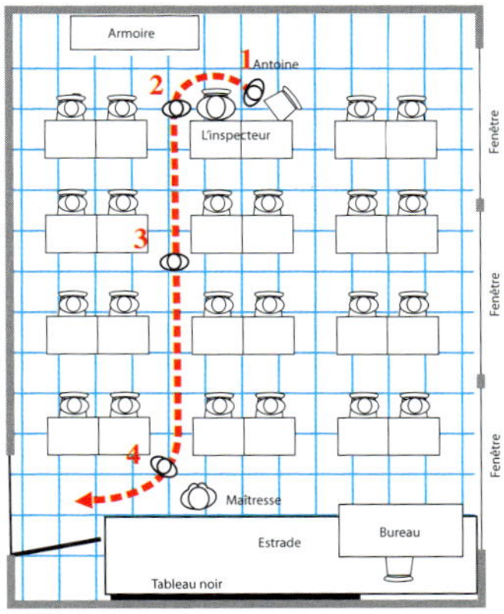

Diagramme multipose d'Antoine avec numéros des poses, sans caméra.
© Louis de Rancourt.

Lors d'une étape précédente, je vous avais annoncé que le pire restait à venir. Nous avons eu le plan 001-*plan 001*, avec son panoramique, pour lequel il a fallu avoir recours à ce dessin en perspective anamorphosée, le plan 011-*plan 009*, plan d'ensemble difficile à construire. Voici maintenant le dernier plan, sans doute le plus « méchant » !

Nous devons représenter à la fois le déplacement d'un personnage, Antoine, qui va de son pupitre à la porte de la classe, et un mouvement de caméra combinant travelling arrière et zoom arrière, le tout dans un espace relativement restreint. Si vous n'êtes pas encore convaincu de la nécessité et de la pertinence du plan au sol, c'est le moment ou jamais !

Commençons par établir le trajet d'Antoine sur le plan au sol. Vous remarquerez que c'est le même trajet, mais en sens inverse, que celui de l'inspecteur lors du plan 004-*plan 004*.

On va numéroter les positions successives de l'enfant.

1. Il quitte sa chaise et passe derrière l'inspecteur.
2. Il marque un temps d'arrêt à côté de l'inspecteur.
3. Il s'avance dans l'allée.
4. Il passe devant la maîtresse et se dirige vers la sortie.

Ceci étant fait, jouons un peu à promener les différents pictogrammes de caméras sur ce plan au sol afin de trouver le meilleur enchaînement pour un plan tourné en continu.

Pensez bien au raccord mouvement amorcé lors du plan 011-*plan 008*, le plan juste avant. Rappelez-vous : nous avions un mouvement directionnel de la droite vers la gauche, ce qui devrait déjà vous donner une indication du côté où il ne faudra pas mettre la caméra. En effet, si vous positionnez votre caméra dans cette zone, vous allez vite convenir qu'on obtient un déplacement en sens inverse, soit de la gauche vers la droite. Compte tenu du plan précédent, c'est ce qui s'appelle une erreur de raccord mouvement.

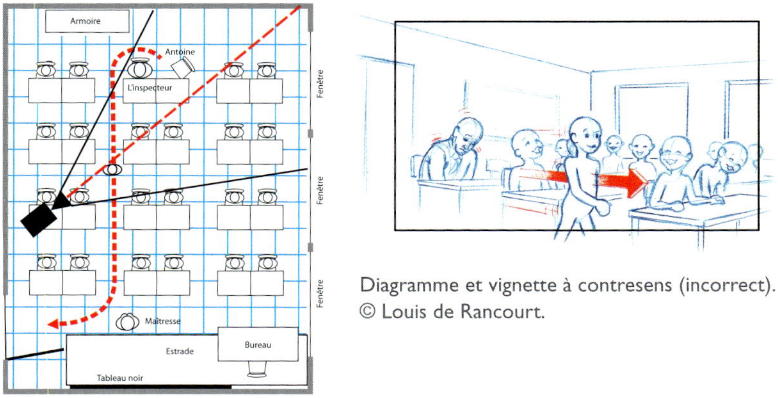

Diagramme et vignette à contresens (incorrect). © Louis de Rancourt.

En outre, si vous mettez côte à côte le diagramme du plan 011-*plan 008* et cette proposition d'emplacement de la caméra, vous allez constater que vous transgressez la fameuse règle des 30° et obtenez un raccord quasiment dans l'axe. Ce n'est pas ce que l'on peut faire de mieux…

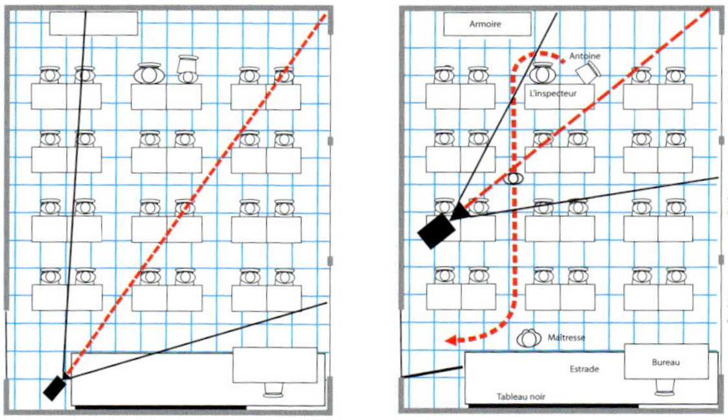

Les deux diagrammes plan 011 et plan 012 (mauvais) côte à côte. © Louis de Rancourt.

Enfin, essayez donc de faire le travelling arrière demandé pour englober à la fois l'inspecteur et la maîtresse : il va falloir abattre la cloison séparant la classe et le couloir.

À ce stade, on peut d'ores et déjà établir le plan d'indication suivant.

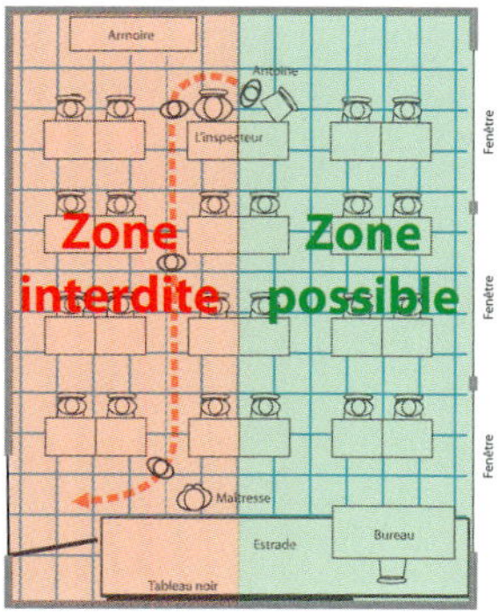

Diagramme zone interdite-zone possible. © Louis de Rancourt.

Représentons maintenant les emplacements successifs de la caméra, étape par étape, en fonction de l'évolution du trajet d'Antoine. D'abord, son emplacement de départ.

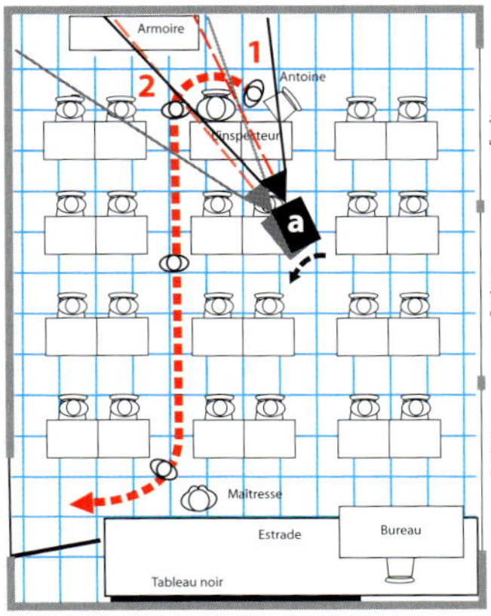

Diagramme avec caméra a, poses 1 et 2.
© Louis de Rancourt.

On peut envisager un léger panoramique d'accompagnement (*pan. follow*) suivant Antoine quittant sa chaise et passant derrière l'inspecteur. Au début, nous aurons l'inspecteur à gauche et Antoine à droite, puis on recadrera pour avoir l'enfant à gauche et l'homme à droite.

À présent, une pose médiane à mi-parcours ; Antoine est au milieu de l'allée.

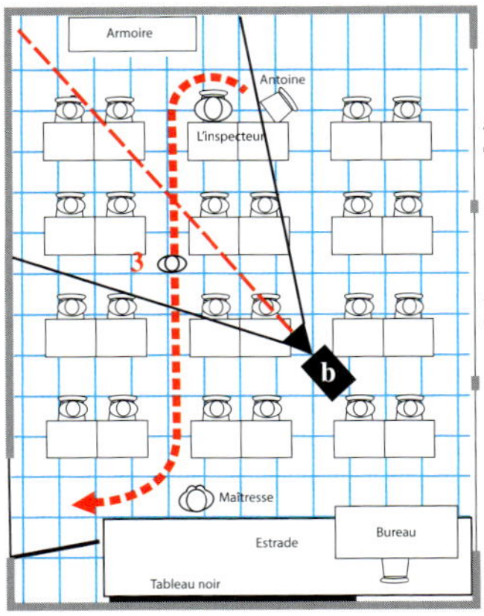

Diagramme avec caméra b, pose 3.
© Louis de Rancourt.

Si l'on se contentait de reculer en suivant Antoine, l'inspecteur sortirait très vite du champ. Le descriptif technique nous dit bien : travelling arrière ou zoom arrière qui accompagne Antoine se dirigeant vers la sortie, tout en conservant l'inspecteur dans le champ. Vous remarquez sur ce deuxième diagramme que l'angle de couverture de la caméra est plus ouvert que sur le précédent. En effet, puisque l'on effectue un zoom arrière, on a changé de focale, tout en reculant.

Terminons notre mouvement, avec l'entrée dans le champ de la maîtresse.

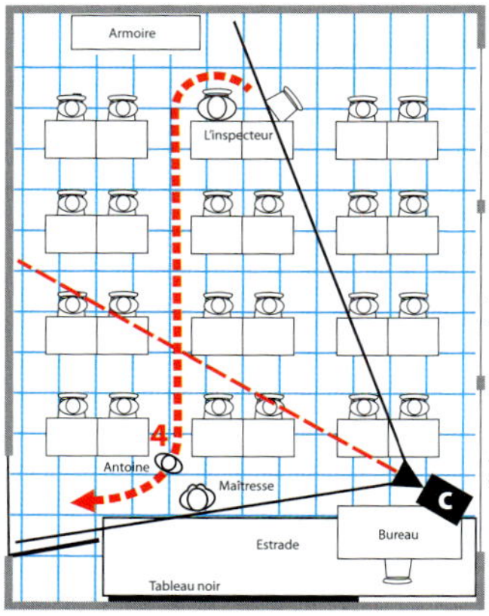

Diagramme avec caméra c, pose 4.
© Louis de Rancourt.

Toujours pareil : si on recule pour voir la maîtresse, et que l'on veut conserver l'inspecteur dans le champ, on va devoir encore augmenter l'angle de vues de la caméra.

Ces trois étapes étant réalisées séparément, relions les trois positions de la caméra par un fléchage de déplacement pour obtenir le diagramme définitif.

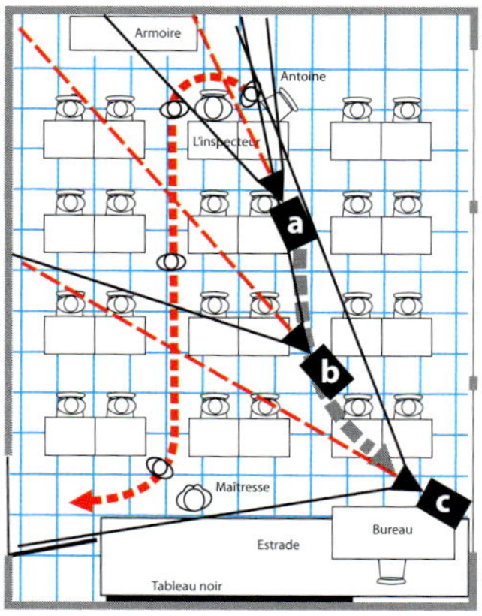

Diagramme définitif : 3 emplacements de caméra et fléchage. © Louis de Rancourt.

S'il s'agissait d'un mouvement simple, rectiligne, on pourrait tenter de représenter en un seul dessin l'ensemble de ce plan. J'ai essayé et, à l'arrivée, on obtient un document trop confus pour être efficace, compte tenu de tous ces paramètres : travelling arrière avec un trajet en courbe, zoom arrière, déplacement d'Antoine – on aurait quatre Antoine sur le dessin –, apparition dans le champ de la jeune femme…

Nous avons vu lors des étapes précédentes qu'une « paresse astucieuse et de bon aloi » ne nuisait en rien à l'efficacité de la lecture et nous faisait même gagner du temps. Dans le cas présent cependant, mieux vaut procéder autrement. Pour dessiner un tel plan, le plus simple consiste à visualiser ce que voit la caméra à chacun des emplacements matérialisés. Comme d'habitude, on dessine à fond perdu, puis on cadre.

Reprenons un par un nos trois diagrammes en plan. Voici (ci-dessous) ce que voit la caméra de départ (a).

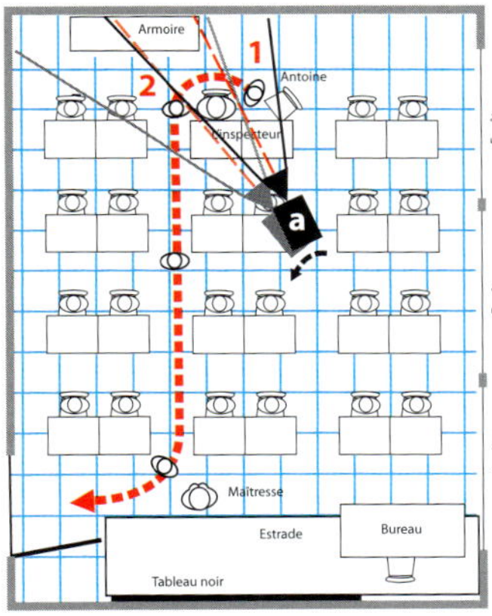

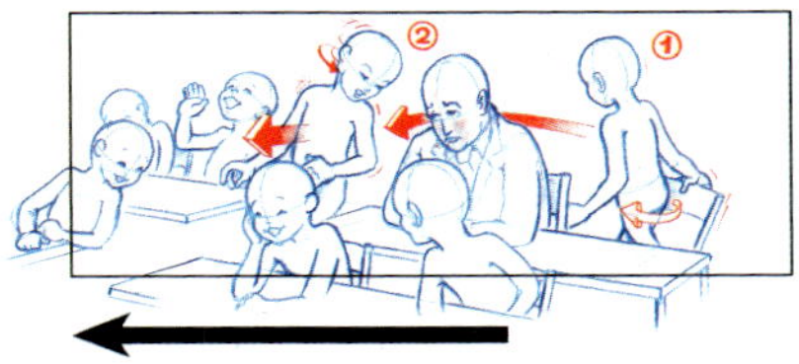

Diagramme caméra a + ce que voit la caméra.
© Louis de Rancourt.

Ensuite, ce que voit la caméra du milieu (b).

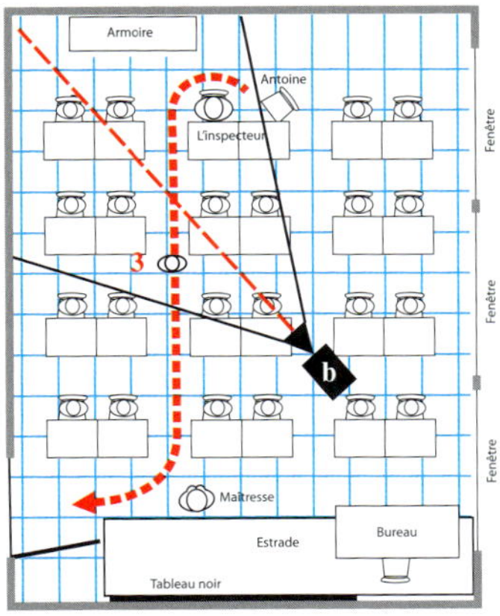

Diagramme caméra b + ce que voit la caméra.
© Louis de Rancourt.

Enfin, le point de vue de la caméra d'arrivée (c).

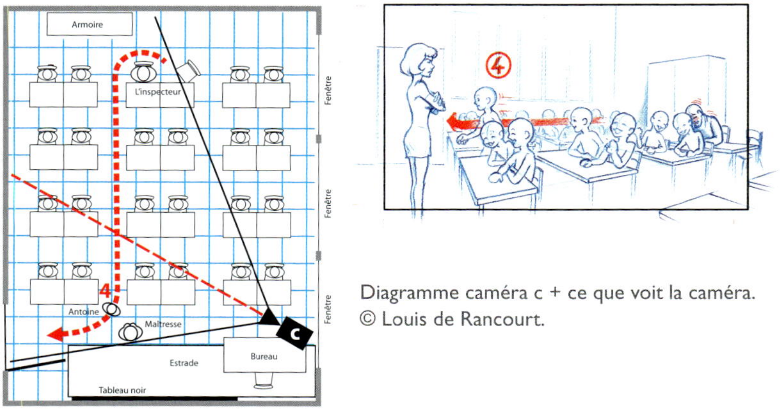

Diagramme caméra c + ce que voit la caméra.
© Louis de Rancourt.

a

b

c

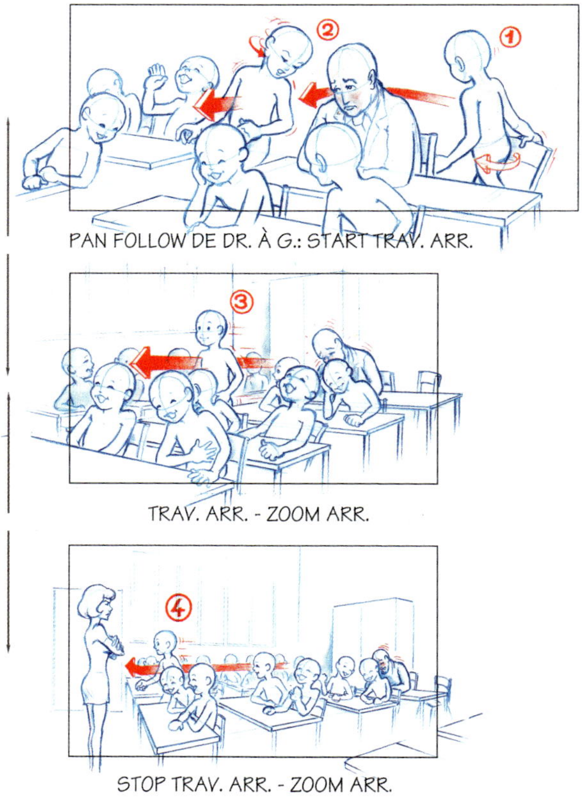

Vignettes a, b et c avec flèches de liaison et annotations.
© Louis de Rancourt.

Et puisque ces trois vues constituent un seul et même plan, on va les présenter avec les flèches de liaison. Sur cette option de présentation, plutôt que de dessiner des flèches de travelling arrière et des flèches de zoom arrière, on peut notifier les indications techniques sous le cadre de chaque vignette.

Présenté accompagné de son diagramme en plan général et du découpage technique (descriptif action et descriptif technique), voilà un document de travail clair et précis. À chacun des différents corps de métiers sur le plateau d'apporter ses compétences et son savoir-faire pour réaliser ce plan. On pourra, par exemple, prévoir un réaménagement de la classe pour plus de confort de tournage, comme on l'a suggéré pour le plan 011-*plan 008*, mais laissons faire les pros !

Vous vous souvenez, on a vu, en fin d'étape précédente, l'évolution de la valeur du cadre sur la maîtresse dans les plan 005-*plan 005a*, plan 007-*plan 005b* et plan 009-*plan 005c* : on partait d'un plan américain pour arriver à un plan buste. Observez l'effet contraire ci-contre sur ce plan 012-*plan 009*.

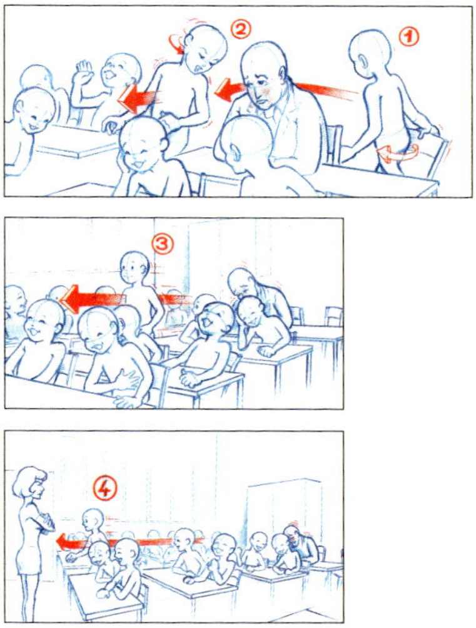

Les 3 vignettes seules, montrant l'évolution de l'importance de l'inspecteur dans le plan. © Louis de Rancourt.

Au fur et à mesure de la progression de ce plan, l'inspecteur, qui tient une place importante dans le cadre au début, va diminuer avec l'élargissement du champ d'action. De plus en plus de personnages apparaissent, jusqu'au cadre d'arrivée avec l'entrée dans le champ de la maîtresse.

Le scénario nous parle de « l'inspecteur qui souhaiterait être englouti sous terre ». Ce parti pris de mouvement de caméra accentue cette intention de mise en scène. L'inspecteur se ratatine, jusqu'à n'être qu'un tout petit élément au fond de la classe, au bord du cadre. Sa prédominance d'adulte au milieu des enfants d'une part, et d'inspecteur d'académie vis-à-vis de la jeune institutrice d'autre part, fait place à l'effacement, à la diminution.

Si vous le voulez bien, nous allons maintenant nous attarder un peu sur ce plan de fin, sur le « signifiant » de ces vignettes. Cette jeune institutrice est soumise à la visite de l'inspecteur d'académie, épreuve redoutée et angoissante pour les instituteurs et professeurs des écoles en début de carrière (celles et ceux qui ont parmi leurs proches des jeunes enseignants ne me contrediront pas). Elle est dans ses petits souliers mais affronte l'épreuve vaillamment, aussi sereinement que possible.

En réaction à la réponse inattendue et incongrue de l'enfant, elle n'a qu'une alternative : lui enjoindre de quitter la classe séance tenante ; elle doit faire preuve de fermeté et d'autorité. En passant près de l'inspecteur, l'enfant lui lance sa réplique vengeresse, « Quand on ne sait pas l'anglais, on ne souffle pas ! », suffisamment fort pour que tout le monde l'entende.

À cet instant précis, la maîtresse a tout compris : l'origine de cette traduction par l'enfant vient de l'adulte assis à côté de lui. Elle a immédiatement pardonné à Antoine, mais elle ne peut pas revenir sur son ordre et lui dire, par exemple : « Allez, ça va, retourne à ta place… » Elle est inspectée et vient de donner un ordre ; elle ne peut pas se dédire devant l'inspecteur. En agissant de la sorte, elle ferait montre de manque de fermeté et le rapport à l'académie ne serait pas en sa faveur.

Sur la dernière vignette, on voit la maîtresse bras croisés, immobile. Elle serait en droit d'exprimer son indignation contre l'inspecteur pour sa grossièreté et sa goujaterie – celui-ci ayant de surcroît abusé de la candeur et de l'innocence d'un enfant –, mais en dépit de son comportement inacceptable et de sa réflexion salace, il demeure monsieur l'inspecteur d'académie, son supérieur hiérarchique. Elle n'a donc pas d'autre alternative que de rester neutre, et de sévir comme si l'enfant était le seul responsable de cette phrase grossière. Tout au plus peut-elle adresser un regard chargé de reproches à l'inspecteur, comme dit dans le scénario.

Étape n° 12

Phase de résumé, harmonisation

Notions abordées

Mise sur un plan de travail de toutes les vignettes, accompagnées des diagrammes en plan • vérification de la cohérence, des raccords, des valeurs de cadre d'un plan à l'autre, du respect des règles fondamentales du langage cinématographique : loi des 30°, règle des 180°, raccords dans l'axe, etc. • finalisation • mise à la même échelle de toutes les vignettes.

Nous avons à présent toutes les vignettes dessinées de notre séquence, ainsi que tous les diagrammes en plan correspondants. Malgré toutes les précautions prises, toutes les objections et mises en garde évoquées au cours de ces étapes, je vous invite, avant d'attaquer la phase finale, à disposer tous ces éléments sur un plan de travail.

C'est le moment de vérifier :

- que les plans s'enchaînent bien les uns avec les autres – raccord de plans ;
- qu'il y a une cohérence dans la continuité narrative ;
- que deux plans successifs ont une valeur de cadre sensiblement différente ;
- que l'on a bien suivi les principales règles fondamentales du langage cinématographique :
  - éviter les raccords dans l'axe non maîtrisés,
  - respecter la règle des 30°,
  - respecter la règle des 180°, etc.

En bref, il faut contrôler tout ce qui va faire la qualité d'une séquence à ce stade de l'écriture et de l'élaboration d'un projet cinématographique.

Comme j'ai préconisé depuis le début de dessiner vos vignettes à fond perdu, à l'échelle qui vous convient (selon qu'il s'agit d'un plan serré avec peu d'éléments ou, à l'opposé, d'un plan large avec plusieurs sujets), puis de cadrer, vous allez avoir devant vous des vignettes toutes homothétiques au format 16/9, mais de taille différente. Il y aura des petites vignettes pour les plans serrés (plan 002-*plan 002*, plan 009-*plan 005c…*), d'autres très grandes pour les plans d'ensemble, avec plusieurs personnages (plan 001-*plan 001,* plan 011-*plan 008…*), en passant par tous les intermédiaires. Cela va nous donner à peu près quelque chose comme l'illustration ci-dessous.

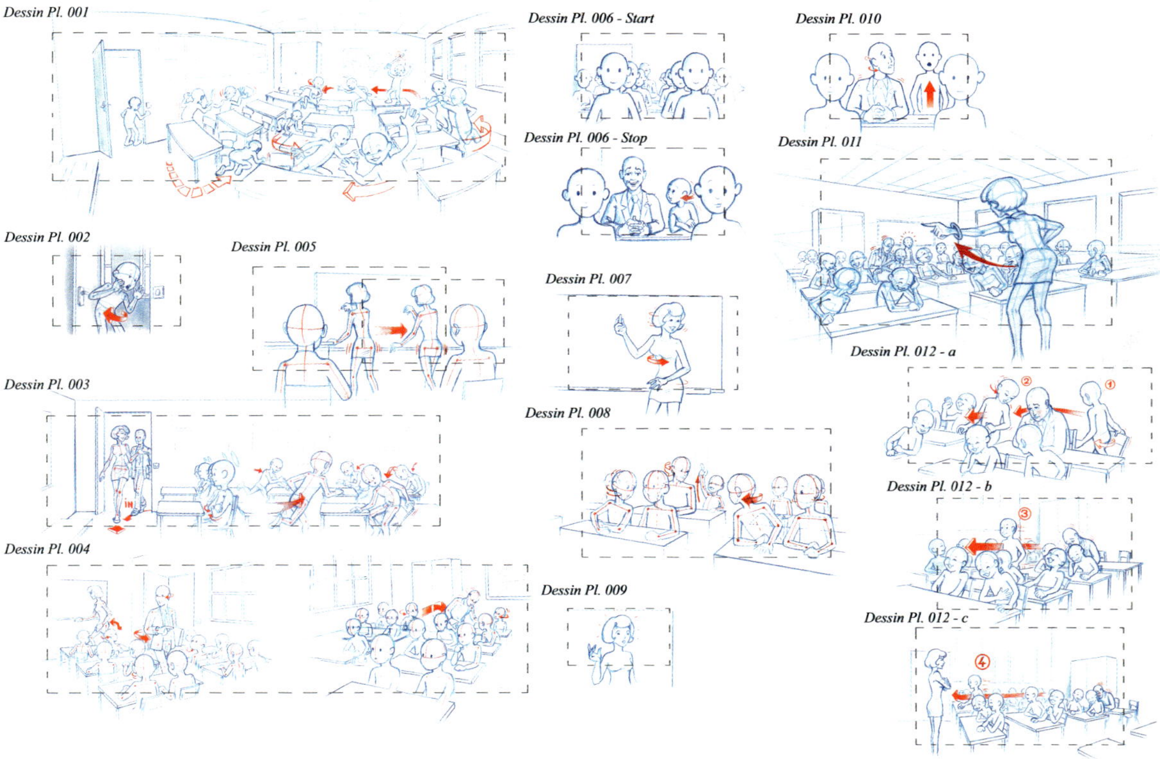

Quelques vignettes de taille différente avec les cadres en pointillés. © Louis de Rancourt.

En vue de la présentation du document final, ces vignettes devront toutes être aux mêmes dimensions, hormis les vignettes extensibles comme pour le plan 001-*plan 001* (si on a opté pour la perspective anamorphosée, voir l'étape n° 5 p. 133), le plan 004-*plan 004* (si on a choisi l'option en une seule vignette étirée, voir l'étape n° 4 p. 127) ou le plan 005-*plan 005a* avec ses deux vignettes reliées (voir l'étape n° 2 p. 114). Je vous livre ici ma façon de procéder.

Je me suis confectionné depuis longtemps des planches de fenêtres évidées, avec des dimensions totalement aléatoires, mais toujours au rapport 1,77:1 ou 16/9 (voir les planches en fin d'ouvrage). Je les ai nommées A, B, C, D… jusqu'à M ou N, ce qui me donne treize ou quatorze tailles de cadres.

J'ai fait la même opération avec le format 1,85:1 (standard américain) et le 2,35:1 (format Scope). J'ai également encore des planches de fenêtres au format 1,33:1 (ou 4/3, format télévision) qui ne me servent plus, ce format n'étant plus utilisé.

Je me suis fait un tableau de conversion avec les rapports d'agrandissement et de réduction comme ci-dessous.

	A 81 × 144	B 75 × 133	C 68 × 121	D 61 × 108	E 54 × 96	F 50 × 89	G 45 × 80	H 42 × 74,5	I 40 × 71	J 33 × 58,5	K 26 × 46
C 68 x 121	84,5 %	91 %	100 %	112 %	126 %	136 %	151 %	162 %	170 %	216 %	263 %
D 61 x 108	75 %	81 %	89 %	100 %	112,5 %	121 %	135 %	145 %	152 %	202 %	236 %
E 54 x 96	66,5 %	72 %	79 %	89 %	100 %	109 %	120 %	129 %	135 %	170 %	209 %
F 50 x 89	62 %	67 %	73,5 %	82,5 %	93 %	100 %	111 %	120 %	126 %	152 %	193 %
G 45 x 80	55,5 %	60 %	66 %	74 %	83,5 %	90 %	100 %	107,5 %	113 %	137 %	174 %
H 42 x 74,5	52 %	56 %	62 %	69 %	77,5 %	84 %	93,5 %	100 %	105 %	126 %	161 %
I 40 x 91	49,5 %	53,3 %	59 %	66 %	75 %	79 %	89 %	96 %	100 %	121 %	152 %
J 33 x 58,5	40,5 %	44 %	48,5 %	54 %	61 %	65 %	72,5 %	80 %	85 %	100 %	127 %
K 24 x 46	32 %	34,5 %	38 %	42,5 %	48 %	51 %	57,5 %	61,5 %	65 %	79 %	100 %

Pourcentages d'agrandissement ou de réduction pour cadres 16/9. Pour passer, par exemple, d'une vignette de 45 × 80 mm (4,5 cm sur 8), soit la taille G, à une vignette de 61 × 108 mm (taille D), je dois agrandir à 135 %.

I : choix du cadre

Je dessine chaque vignette à fond perdu, à la taille qui me convient puis, à l'aide de mes fenêtres, je choisis un cadre. Par exemple, mon commanditaire me demande d'avoir sur le document final toutes mes images cadrées au format 45 × 80 mm (fenêtre **G**). En promenant ma planche sur mon dessin, si j'ai choisi de cadrer avec la fenêtre **C** (68 × 121 mm), en me reportant à mon tableau, je sais que je devrai réduire mon dessin à 66 %. Et si je trouve que la fenêtre **C** est trop grande (taux de réduction à 66 %), mais que ma fenêtre **D** est trop petite (taux de réduction à 74 %), je choisirai une valeur de pourcentage intermédiaire, par exemple 70 %.

2 : scan et retouche

Selon le cadre choisi et son rapport d'agrandissement ou de réduction, je scanne mon dessin à 300 dpi, en appliquant le pourcentage d'agrandissement ou de réduction voulu. J'ouvre mon fichier dans Photoshop et je peux alors retravailler mon image, la décomposer en plusieurs calques, rectifier un œil un peu désaxé, affiner un petit trait malhabile, gommer les traits de construction, jouer sur la luminosité, le contraste…, mais aussi ajouter du bruit, mettre du flou sur certaines parties, déformer l'image, la « flopper » (effet de retournement symétrique), etc.

3 : importation sur la planche storyboard

J'importe mon dessin scanné sur un nouveau document Adobe Photoshop, Adobe InDesign ou Quark XPress, qui sera la feuille de storyboard, avec par exemple cinq cadres de 45 × 80 mm (G) en colonne, et je place mon dessin dans un calque inférieur (en dessous).

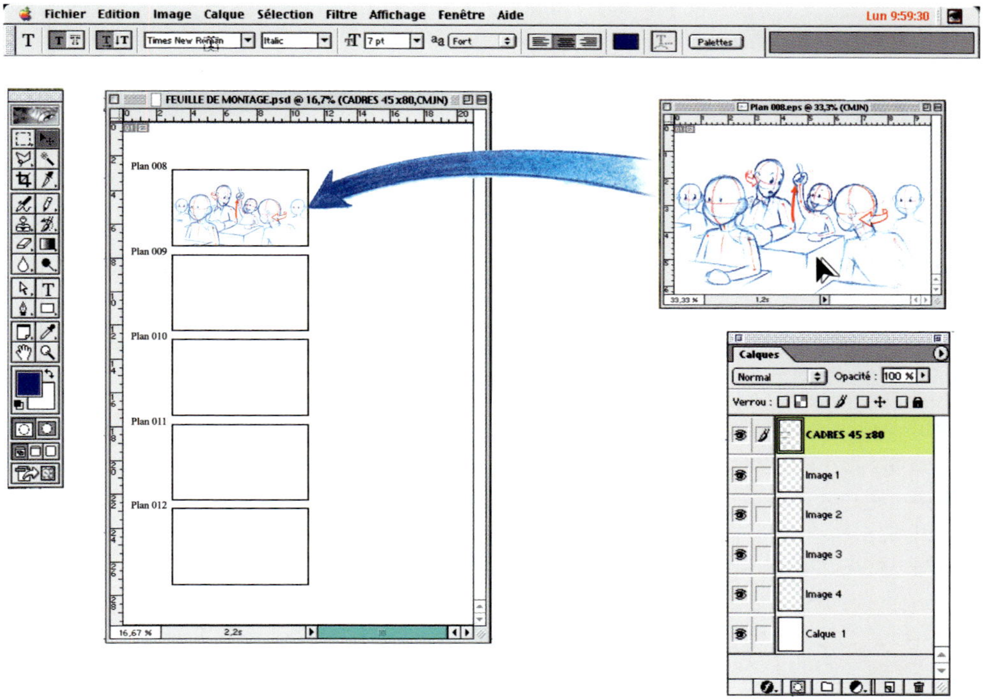

Importation d'un dessin sur une planche de storyboard. © Louis de Rancourt.

Je peux encore l'élargir ou le rétrécir, le décaler en haut, en bas, à gauche ou à droite, le « débuller », en un mot affiner mon cadrage.

4 : importation de tous les éléments

Je fais de même avec chaque dessin. Pareillement, j'importe les diagrammes, les numéros de plans, les flèches de travelling et de panoramique, les textes du découpage technique, les dialogues, tout ce qui va faire de ce document un outil de travail avec toutes les informations nécessaires au bon déroulement du tournage. Dans le cas de vignettes extensibles, je modifie le cadre initial en conséquence.

5 : enregistrement

Si mon document a une résolution de 300 dpi, avec ses différents calques (cadres, images, diagrammes, textes), je vais avoir un fichier très lourd (entre 1 et 4 Mo), trop lourd pour être envoyé *via* Internet. Une fois la page montée, je réduis donc la taille de l'image à 120 ou 150 dpi. Ensuite, dans le menu Enregistrer sous, je choisis le format JPEG, en conservant précieusement une copie du document d'origine au format PSD avec tous ses calques, afin de procéder à d'éventuelles corrections. Mon document ne va alors plus peser que 350 ou 520 Ko. Je peux l'expédier en pièce jointe à l'adresse e-mail de mon commanditaire, et également monter plusieurs pages sur un fichier Adobe Acrobat Reader ou autre.

Cette méthode, que je laisse à votre appréciation, a plusieurs avantages.

1. Je conserve tous mes dessins originaux.
2. À l'instant où j'envoie mon message, mon destinataire, où qu'il soit de par le monde, va prendre connaissance immédiatement de mon envoi et va pouvoir réagir dans l'instant qui suit.
3. Il va me dire, par exemple : « Le plan 27, j'aimerais qu'il soit cadré plus serré. Le plan 31, déporte un peu vers la droite. Rapproche un peu plus tes personnages sur le plan 49. Sur le plan 52, je voudrais que l'expression d'effroi soit plus accentuée, etc. »
4. Sitôt ses réactions reçues, je rectifie selon ses directives, quitte à reprendre partiellement ou totalement un ou deux dessins. Ces corrections faites, je lui réexpédie la planche corrigée. En effet, votre réalisateur n'habite pas forcément à deux pâtés de maisons de chez vous ! Il peut très bien être en repérage en Thaïlande ou au Zaïre, chez un producteur à Dallas ou à Tel-Aviv, superviser un casting à Hambourg ou à Toronto, ou passer quelques jours de vacances sur la Côte d'Azur. Comme il emportera vraisemblablement son ordinateur portable dans ses déplacements, ne négligeons pas les avantages technologiques de communication mis à notre disposition.

N'oubliez jamais que, bien souvent, le storyboard prend un caractère d'urgence – plus particulièrement dans les agences de publicité – et que deux des maîtres mots de cette discipline sont la rapidité et la réactivité. « Parle-moi de ton plan et, en 10 secondes, tu l'as sous les yeux » : voilà la phrase clé du storyboardeur. De fait, si trois semaines après le brief, il n'a rien reçu de votre part, ou seulement un ou deux dessins besogneux, la suite de la collaboration risque fort de s'avérer compromise.

Au cours de cet exercice, peut-être vous êtes-vous posé la question : pourquoi avoir appelé ces plans 001, 002, 003, etc., plutôt que simplement plans 1, 2, 3... sans mettre les zéros devant ? Si je nommais mes plans ainsi et que je les enregistrais dans un dossier, lorsque je rouvrirais celui-ci, voici dans quel ordre mes plans vont défiler :

- plan 1
- plan 10
- plan 11, 12, ... 18, 19
- plan 2
- plan 20, 21, 22, ... 28, 29
- plan 3
- plan 30, etc.

Alors que si je fais précéder mes numéros de plan par un ou deux zéros, l'ordinateur va les classer dans l'ordre logique de la numérotation.

Enfin, si vous devez travailler sur un projet comportant plusieurs séquences, vous pouvez avoir recours à cette méthode, afin de pouvoir retrouver immédiatement un élément. Par exemple, quand je dessine le plan **27b** de la séquence **14**, je l'enregistre ainsi : **Sq. 014 / Pl. 027**. Ou, encore plus simple : **014 – 027**.

Il appartient à chacun de mettre au point sa méthode propre. Je vous livre la mienne en toute humilité, à vous d'inventer la vôtre. C'est fou ce que l'on peut gagner comme temps avec un classement efficace de ses fichiers ou, à l'inverse, se prendre la tête quand on vous demande de ressortir un document, toujours dans l'urgence..., et que l'on n'arrive plus à mettre la main dessus !

Étape n° 13

Phase de finition, présentation

Notions abordées

Choix d'un format d'édition • sens du papier • nombre de vignettes par page • intégration de la séquence dans un long projet • numéro de séquence, Int., Ext., jour, nuit, etc. • inscriptions des numéros de plan (montés, tournés), des vignettes, du descriptif action, des dialogues, des sons (bruits, musique...), du descriptif technique, des diagrammes en plan ou en élévation • si plusieurs feuilles, ajout ou contrôle de la pagination • anticipation de la finalisation • simplicité de reproduction à prix économique • conception du résultat final comme un outil de travail informatif, agréable à consulter, qui fait gagner du temps, donc de l'argent • possibilité d'ajouter des informations : notes personnelles, croquis, plans supplémentaires, etc.

Il est assez rare – pour ne pas dire exceptionnel – que le dessinateur de storyboard soit chargé de la finalisation ou de la mise en pages de son travail. En général, il livre ses dessins et le premier assistant va préparer les planches du storyboard, qui vont devenir de véritables fiches de travail, photocopiées et distribuées aux principaux intervenants, équipe technique en tête, mais parfois également les comédiens (sans oublier la production). Puisqu'ils ont choisi l'option storyboard, la plupart des réalisateurs souhaitent, voire exigent, que tout le monde sur le plateau ait connaissance de leurs intentions et de leur prévisualisation du film. Aussi les planches de storyboard seront-elles affichées dans un endroit visible et accessible à tous.

En tout état de cause, montrer uniquement des planches de vignettes cadrées, si bien dessinées soient-elles, n'est pas suffisant, *a fortiori* s'il s'agit de les inclure dans un dossier de préproduction, notamment à dessein d'obtenir un financement, une avance de fonds ou un partenariat. Le storyboard devra donc se présenter sous forme d'un document irréprochable, élégant, séduisant, vendeur, convaincant, qui va démontrer que le réalisateur a vraiment bien réfléchi en amont et qu'il ne part pas à l'aveuglette. Il s'agit pour lui de montrer aux instances financières ce à quoi ressemblera le film. Aussi peut-il arriver que l'on vous demande d'assurer cette étape de finalisation et de présentation. À vous d'accepter ou de refuser, de négocier en termes de rétribution pour ce surcroît de travail, et de faire des propositions.

Nous avons vu que le storyboard est un outil de travail. Il doit donc impérativement comporter, en haut de la première page :

- le **numéro de la séquence**, avec les indications de temps (matin, jour, soir, nuit, etc.), éventuellement avec des spécifications météo (pluie, neige, brouillard...) et de lieu : Int. (intérieur) ou Ext. (extérieur), suivi de l'endroit : salon, quai de la gare, rue, bureau, forêt, plage, couloir... Par exemple, pour notre séquence : Séquence 1 – Int. – Jour – Salle de classe ;
- le **numéro de plan**, avec la notion de plan monté et plan tourné ;
- la ou les **vignettes cadrées**, avec leurs éventuels attributs : flèches de panoramique, de travelling, de liaison, vignettes extensibles... ;
- le **découpage technique** en regard de chaque plan, comprenant :
  - le descriptif action : positions et déplacements des personnages, entrées et sorties de champ, dialogues, sons (SFX),
  - le descriptif technique : angle de vues, valeur de cadre, mouvements de caméra, effets spéciaux (changement de mise au point, flou, fondu d'ouverture ou de fermeture, volet, etc.) ;
- enfin, le **diagramme en plan**, assorti d'un diagramme en élévation si besoin.

Bien sûr, ceci dans l'ordre que vous voulez. On peut avoir de gauche à droite le numéro de plan, puis le texte du découpage technique, puis le diagramme, enfin la ou les vignettes. Mais il semble important que figure en premier le numéro du plan.

Pour ce qui est de la mise en pages, du format ou du sens de la planche, là non plus il n'y a aucune règle établie. Ce choix incombe au réalisateur, en accord avec son premier assistant, puisque dans la plupart des cas, c'est lui qui va faire ce travail. Certains vont préconiser un seul plan par page, quand d'autres vont faire figurer 6, 8, 10 vignettes (ou davantage) sur la même feuille.

On va choisir entre un format dit « à la française » (portrait) ou « à l'italienne » (paysage).

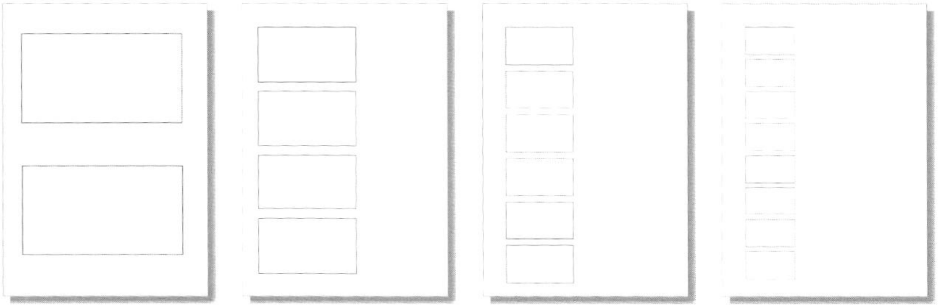

Quelques exemples de planches à la française. © Louis de Rancourt.

Quelques exemples de planches à l'italienne. © Louis de Rancourt.

Dans le second cas, on pourra notamment opter pour un sens de lecture à l'horizontale (de gauche à droite) avec un maximum de trois vignettes par page, comme on le pratique souvent en storyboard d'animation.

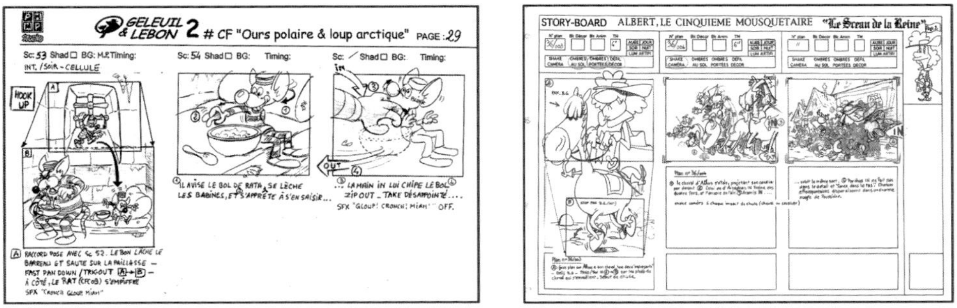

Exemples de planches de storyboard d'animation à l'italienne. © Louis de Rancourt.

Le procédé le plus courant consiste à aligner les plans les uns à la suite des autres dans l'ordre chronologique de la continuité narrative. C'est la meilleure façon de prévisualiser le film. Mais on peut choisir de monter le storyboard en fonction du calendrier de tournage, avec les plans à tourner pour chaque jour, ou décider de grouper toutes les séquences ayant une unité de lieu ou de temps, ou encore en fonction des disponibilités d'un(e) comédien(ne)... Comme il s'agit d'un outil de travail, on peut aussi regrouper sur un même document tous les plans montés ayant fait l'objet d'un seul plan tourné – voir étape n° 10 p. 164.

Pour ce petit exercice de la salle de classe, si vous choisissez l'option d'un plan par page, vous aurez un maximum de 12 pages. Vous pouvez réduire ce nombre à 9 si vous groupez sur une même feuille les plans montés-*plans tournés*, c'est-à-dire en suivant l'ordre de tournage et non l'ordre chronologique du montage. Si en outre vous placez 4, 6 ou 8 vignettes par page, vous aboutirez à un total de 3 à 5 pages.

Mais lorsque vous allez travailler sur un court-, moyen- ou long-métrage, vous allez avoir un nombre de pages nettement plus important. Il y a des projets comportant plus de 3 000 images, aussi pensez à la pagination !

Mettez également en marge, sur chaque page, le titre du film, le nom de l'auteur (réalisateur), la société de production et l'année de sortie. Et si vous arrivez à négocier cette clause avec la production, vous pouvez être crédité en tant que storyboardeur du projet sur chaque feuille.

Toujours dans cette optique d'outil de travail, on peut envisager un cahier relié, uniquement imprimé au recto : sur la page de droite, le storyboard avec toutes les indications mentionnées ci-dessus et, en regard, la page de gauche, restée blanche, sur laquelle chaque responsable de corps de métier aura tout le loisir d'y mettre ses annotations, croquis techniques, schémas ou autres. La scripte y consignerait les différentes prises, le directeur de la photographie, les objectifs qu'il compte utiliser, des croquis supplémentaires émanant du département décoration, du chef machiniste..., tout ce que l'on peut imaginer. Et pourquoi ne pas mettre en vis-à-vis de la page de storyboard la partie du scénario concernée ?

On l'a vu en introduction, le storyboard est aussi un outil de vente, de séduction. Faites-en un document attrayant, agréable à consulter, sans jamais oublier de mettre au premier plan son efficacité à retranscrire les intentions du maître d'œuvre, sans la moindre ambiguïté ni le moindre doute. Faites en sorte que votre storyboard soit un élément déterminant pour la bonne humeur et la quiétude sur le plateau de tournage. Il y aura immanquablement des imprévus, d'ordre humain ou technique, que le meilleur storyboard du monde ne pourra jamais anticiper. Alors, essayez de limiter les dégâts autant que faire se peut !

> *« Je suis quelqu'un qui prépare beaucoup. Je fais un storyboard précis, ce qui ne m'empêche pas de de tout changer au dernier moment si cela se présente. Résultat : [sur le tournage d'*Un long dimanche de fiançailles*] il y a eu 0 problème, 0 difficulté. Si ce n'est 3 jours de soucis techniques. »*
>
> Jean-Pierre Jeunet, réalisateur
> *Le Technicien du film*, n° 563, février 2006

Un storyboard en exemplaire unique qui reste dans un coin des bureaux de la production ne sert pas à grand-chose. Une fois validé par le réalisateur, il est destiné à être diffusé à tous les intervenants, en priorité à l'équipe technique. Par conséquent, pensez à des modes de reproduction et de diffusion économiques. Si votre storyboard, très beau – trop beau –, en couleurs, ne supporte pas la photocopie en noir et blanc à moindre coût, vous allez apporter de l'eau au moulin de ceux qui excluent d'emblée le storyboard du cahier des charges en arguant qu'il coûte cher (voir les idées reçues citées en début d'ouvrage). C'est une des raisons pour laquelle le format A4 (210 × 297 mm) est préconisé, étant quasi universel. On pourra faire des photocopies n'importe où, en quelque endroit que l'on se trouve de par le monde.

Tout au long de ces étapes, je vous ai proposé des dessins au contour bleu foncé et des fléchages de mouvements ou déplacements de personnages dessinés au crayon rouge. Voyons quel rendu nous obtiendrions avec une reprographie en niveaux de gris (photocopie noir et blanc).

Plan 005 - 1
Plan 005 a

Plan 005 - Plan 005 a
Descriptif ACTION : Elle commence à écrire au tableau ; son derrière se trémousse.
(SFX craie sur le tableau)

Descriptif TECHNIQUE : [Vue subjective des élèves du 2° rang]
Plan américain : elle de dos ou 3/4 dos qui écrit.

Plan 005 - 2
Plan 005 a

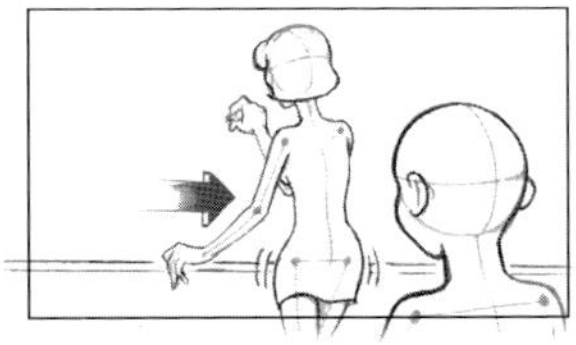

Léger travelling latéral d'accompagnement.
On resserre un peu sur elle.

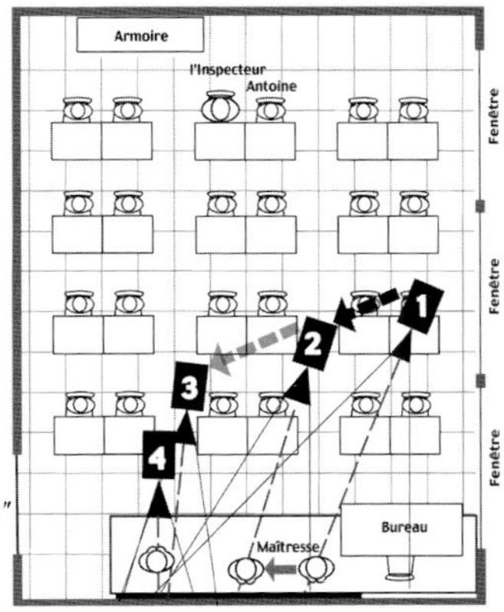

Plan 007
Plan 005 b

Plan 007 - Plan 005 b
Descriptif ACTION : Continuité du Plan 5 :
Elle finit d'écrire sa ligne, puis se retourne et interroge la classe.
DIAL.4 - *"Voilà; qui peut me traduire ce que je viens d'écrire ?..."*

Descriptif TECHNIQUE : Continuité du Plan 5 :
Plan taille. Elle fait volte-face.

Plan 009
Plan 005 c

Plan 009 - Plan 005 c
Descriptif ACTION : Continuité du Plan 7 :
La Maîtresse regarde Antoine (off).
DIAL.6 - *"...?! Toi, Antoine ? ? euh... bon, eh bien, vas-y !..."*

Descriptif TECHNIQUE : Continuité des Plans 5 et 7 :
Encore un peu plus serré sur elle (plan buste)

Page type en noir et blanc. © Louis de Rancourt.

Si cela vous semble satisfaisant, rien ne vous empêche de faire vos dessins originaux en couleurs (à charge pour le premier assistant de les convertir en niveaux de gris). Si vous trouvez cette planche trop pâle ou pas suffisamment contrastée, jouez un peu avec la luminosité et le contraste du photocopieur, ou adaptez votre technique graphique en conséquence.

Nous en avons désormais terminé avec cet exercice de la salle de classe qui, rappelons-le, n'avait d'autre prétention de vous initier à la pratique du storyboard. Il est bien évident qu'en douze plans, on ne peut pas faire le tour de tous les cas de figure qui se présenteront sur un projet cinématographique, mais j'espère vous avoir donné quelques pistes de réflexion et une méthodologie pour aborder vos futurs storyboards.

C'est justement cela le côté passionnant de ce merveilleux métier : chaque nouveau projet va vous amener à vous remettre en question, à devoir trouver de nouvelles recettes pour transcrire et matérialiser des images qui n'existent que dans la pensée du réalisateur, lequel va avoir besoin du storyboard et de votre qualité d'écoute, de votre capacité à intégrer son univers onirique.

Pour finir, si vous venez de vous voir confier le storyboard d'un projet, voici un rappel des principaux conseils à suivre.

1. Établir des rapports harmonieux avec votre réalisateur, instaurer un climat de confiance et de réciprocité.
2. Bien lire et relire le scénario, ainsi que le découpage technique.
3. Ne pas hésiter à poser toutes les questions, ne laisser aucun doute à la perplexité.
4. Demander – voire exiger – une documentation précise (lieux, types de personnages, véhicules, accessoires, éléments de décor…).
5. Se renseigner sur l'enveloppe budgétaire du projet : pourra-t-on disposer d'un décor reconstitué avec cloisons amovibles, quels sont les équipements de prise de vues (Steadicam, dolly, grue…), quels ajouts d'effets spéciaux, etc.
6. Établir avant toute chose un plan au sol (réel ou fictif) qui servira pour toute la séquence. Le photocopier en autant d'exemplaires que de plans.
7. Pour chaque plan, positionner le(s) personnage(s) ou autres, ainsi que la caméra (fixe ou en mouvement) au moyen d'un diagramme en plan.
8. Bien vérifier la pertinence de ce diagramme avec celui du plan qui précède et celui qui suit.
9. À partir de cela, commencer par un croquis rapide, sans détails inutiles, à fond perdu.
10. Cadrer à l'aide des planches selon le format d'image choisi.

11. Après validation de cette étape par le réalisateur, si besoin, mettre ce dessin au propre. Bien indiquer les mouvements ou déplacements au moyen du fléchage.

12. À la demande expresse de votre commanditaire (le réalisateur), pousser la qualité du dessin, sans déflorer l'essentiel. Voir si vous devez mettre des indications de lumière, définir plus ou moins précisément les expressions, attitudes et jeux d'acteurs...

Et maintenant, à vous de jouer ! Je n'ai plus qu'une seule chose à vous dire : amusez-vous bien et prenez du plaisir dans ce métier.

Annexes

Le storyboard par les storyboardeurs

La leçon de storyboard

Les judicieux conseils de cette leçon en sept étapes, livrée par **Bruno de Dieuleveult**, *ont été publiés en 2003 dans la revue* Storyboard *n° 4, juin-juillet-août 2003 (aujourd'hui arrêtée).*

1re règle : savoir dessiner

Si l'on n'est pas suffisamment à l'aise avec le dessin de personnages en mouvement, c'est-à-dire en train de courir, manger, sauter par-dessus une voiture ; si pour dessiner la vie de tous les jours, d'importants efforts sont à mettre en œuvre, alors il faut faire un autre métier. La première compétence du storyboardeur se trouve dans l'aisance avec laquelle il dessine un homme de trois quarts dos buvant une bière, ou encore un autre courant dans la rue à la poursuite d'un véhicule.

2e règle : dessiner vite

Lorsque j'ai rencontré Régis Wargnier, puis Patrice Leconte, je savais qu'ils n'aimaient pas particulièrement le métier que je faisais, non pas parce qu'ils n'appréciaient pas mes dessins, mais parce que c'est la production qui leur avait imposé des séances de travail avec un storyboardeur. En quelques minutes, je les ai rassurés sur ma vitesse d'exécution afin de leur montrer qu'ils n'allaient pas être entravés, dans la conception de leur découpage, par ma lenteur à dessiner. Car si dans la première heure de réunion, une demi-heure est nécessaire pour dessiner le premier plan, la suite de la collaboration risque d'être difficile, voire compromise.

3e règle : comprendre le langage cinématographique

L'une des premières nécessités de la formation du storyboardeur est d'apprendre le langage des cinéastes, aussi bien le vocabulaire technique que les règles élémentaires du découpage (par exemple : comment raccorde-t-on deux plans dans une même scène ?). Il importe de cerner, puis de saisir, les contraintes narratives avec lesquelles le metteur en scène doit composer, avant même qu'il puisse imposer son style personnel. Si l'on ne comprend pas le langage cinématographique, on aura beau dessiner rapidement, on dessinera « faux ».

4e règle : être humble

Je sais me mettre en retrait par rapport au travail du metteur en scène, car c'est à cette unique condition qu'il peut être rassuré à l'égard du storyboardeur. On ne peut pas arriver dès la première scène en disant : « Moi, j'aurais plutôt vu ça comme ça ! » C'est le fondement de ma méthode : même si j'ai forcément une idée de la manière de découper une séquence, je sais attendre celle que le réalisateur me dira dans la seconde suivante et qui, bien souvent, est plus pertinente que la mienne compte tenu de son expérience.

5e règle : être détaché à l'égard de ses propres dessins

Si l'aspirant storyboardeur ne travaille que dans la finalité d'être publié, il ne faut pas qu'il exerce ce métier-là. Il faut avoir à l'égard de ses propres dessins une attitude assez détachée. Je sais que la beauté de mes dessins se trouve dans leur capacité à « montrer ». Le trait lui-même, la signature graphique, celle que l'on cherche chez un auteur de bandes dessinées, ou encore celle que l'on prend plaisir à reconnaître d'un album à l'autre… eh bien moi, c'est exactement le contraire : plus je dessine, plus je deviens un caméléon. Mon style s'adapte à la narration et à l'atmosphère du film ; à la rigueur, d'un storyboard à l'autre, on pourrait presque ne pas le reconnaître… Si le storyboardeur est profondément concerné par la finition de ses dessins et viscéralement attaché à leur dimension esthétique, il exercera son métier avec aigreur, sinon dans l'attente d'être reconnu.

6e règle : avoir un trait « invisible »

Lorsque les gens voient mes dessins, ils voient non pas du dessin, mais du film, autrement dit de la lumière, du mouvement, des jeux d'acteurs. Et si j'avais un trait trop personnel, éventuellement très beau, celui-ci se rappellerait constamment à ceux qui lisent le storyboard : le dessin est formidable ! Pour ma part, cela me gêne. Le dessin doit être neutralisé et se cacher derrière la scène à raconter. Lorsque le trait est trop présent, on voit un très beau dessin, et on oublie qu'on est en train de préparer le plan 18B de la séquence 52. J'ai beaucoup travaillé à rendre « invisible » mon trait. Et là où je nourris mon ego, c'est quand, pour un film, je livre vingt dessins à une agence de pub, et que personne ne s'interroge sur la qualité graphique intrinsèque de mon dessin. Est-ce que mon trait est petit ou gros, hachuré ou pas ? Tout le monde a oublié que c'était du dessin.

7e règle : préférer le cinéma au dessin

La plupart des gens qui viennent dans ce métier avec un passé d'illustrateurs ou de dessinateurs de bandes dessinées doivent d'abord oublier leur propre univers afin d'être à 100 % disponibles pour un film. Quant à moi, si j'exerce cette pratique à plein temps, c'est que je n'ai aucun arriéré, ni dans le cinéma – je n'ai jamais voulu être réalisateur –, ni dans le dessin – je n'ai jamais voulu être auteur de bandes dessinées, par exemple. Pour réussir dans le storyboard, il convient d'être un homme de cinéma avant d'être un homme de dessin. En réalité, dès le début, je me suis fait ma propre hiérarchie : le cinéma était au sommet de mon panthéon esthétique. Avec un don initial pour le dessin, j'ai donc été « condamné » à être l'homme qui, par son savoir-faire de dessinateur, participerait à la naissance des films. Car je n'ai jamais eu aucune autre ambition que celle de dessiner pour le cinéma. En somme, mon travail de storyboardeur n'est régi par d'autre but que celui de participer utilement à la préparation d'un film.

L'art du storyboard

Dans cette introduction à l'exposition de ses dessins (galerie Storyboard, du 19 septembre au 26 novembre 2008) réalisés pour le film Faubourg 36, *de Christophe Barratier,* ***Fabien Lacaf*** *donne sa vision du storyboard.*

« Le storyboard est l'art du compromis : celui qui voyage du rêve du réalisateur à la réalité des contingences du tournage.

Le dessinateur doit trouver, avec simplicité, le chemin le plus clair et le plus rapide pour fixer l'image idéale de la scène. Mais il doit le faire sans déflorer l'essentiel, les détails qui sont du ressort des autres collaborateurs du film.

- Sans préciser le décor, il doit l'évoquer.
- Sans définir les costumes, il doit suggérer les tendances.
- Sans faire le choix des comédiens (qui peut changer jusqu'au dernier moment), il doit définir des silhouettes compatibles avec l'espérance du réalisateur et suggérer des attitudes qui ne relèvent pas du jeu de l'acteur, afin de ne briser la créativité de personne.

Bref, ce fameux compromis est l'art du "flou artistique", celui qui relie les fils de l'imagination et des fantasmes de tous et chacun, un messager réunissant par l'image les différents corps et âmes des métiers du cinéma.

Il est aussi l'art du temps suspendu : le cascadeur figé dans sa chute, Vidocq sombrant dans les flammes, les cascades de feux d'artifices déclenchées par Vatel, le hussard de Rappeneau dévalant les toits de Manosque, Napoléon galopant sur les falaises de Sainte-Hélène comme un lion en cage !

Enfin, il est l'art de l'éphémère. Sort cruel ; tout dessin non accepté part à la poubelle, et son seul moment de gloire n'est pas le musée, mais la photocopieuse qui fera de lui le héros du jour, avant d'être remplacé par le plan ou la séquence suivante !

Bref, il est l'art de l'humilité et du plaisir partagé, de l'échange et des rencontres passionnantes. Merci à tous ceux qui m'ont permis de vibrer avec eux ! »

Florilège de citations

Fabien Lacaf

Entretien avec Yves Alion et Raphaël Saint-Vincent à propos du film Vidocq *de Pitof, publié dans la revue* Storyboard *n° 2, décembre 2002-janvier-février 2003.*

« C'est un privilège pour le storyboardeur d'être l'un des premiers complices du scénariste, de participer au rêve de toute une équipe dans l'espoir qu'il deviendra aussi celui du public. J'ai donc fait partie de ceux qui ont découvert le scénario au départ, au moment où il ne s'agissait encore que d'un premier jet. Puis les différentes versions se sont succédées, par débroussaillages successifs. On a gagné graduellement en précision, que ce soit au niveau du découpage ou concernant les problèmes techniques. Puis le tournage est arrivé... [...]

La palette du storyboardeur est assez large. Son travail peut se limiter à la mise en images du découpage technique : c'est la base. Mais il arrive que l'on puisse s'investir plus profondément. [...] Le storyboardeur doit parvenir à maîtriser son ego pour ne pas empiéter sur les désirs et les idées du réalisateur. Mais il n'est pas interdit de faire des propositions. [...] Sur *Un divan à New York*, de Chantal Akermann, j'ai pris sur moi d'aller jusqu'à dessiner les circulations de caméra et à faire des propositions de montage extrêmement techniques... »

Entretien avec Louis de Rancourt à propos du storyboard du film Le Hussard sur le toit, *de Jean-Paul Rappeneau (mai 2009).*

« Nous sommes dans l'été 1994, en Provence, vers Aix-en-Provence. Tournage du film *Le Hussard sur le toit* de Jean Giono, adapté et filmé par Jean-Paul Rappeneau. Long tournage itinérant sur les routes de Provence, une caravane immense qui fait penser aux tournées des troupes si ce n'est la différence de moyens.

Juliette Binoche tient le rôle de madame de Théus, personnage romantique et flamboyant qui tient tête à la mort, une épidémie de choléra ravageant le sud de la France en été 1832.

Mon travail de storyboard est passionnant, sous la dictée d'un maître précis et inspiré, Jean-Paul Rappeneau. Les scènes entre Juliette et Angelo (Olivier Martinez) sont nombreuses, et je les dessine en rendant au mieux la tension amoureuse et la fierté qui caractérise les personnages et que doivent rendre les comédiens.

Un matin, Juliette Binoche se plante devant moi et me demande de cesser de la dessiner, mon travail étant une contrainte qui influencerait sa liberté d'interprétation. Je lui dis mon embarras ! Je suis au mieux le scénario et je dois exprimer (avec retenue – le fameux « flou artistique » du storyboard) les sentiments et les déplacements des personnages par mon dessin. C'est la base même de mon métier : donner à voir au réalisateur la première vision de son film, afin qu'il puisse communiquer au mieux sa vision des scènes au reste de l'équipe technique. Impossible d'y échapper ! Mon travail n'est qu'une proposition ; elle – Juliette Binoche – peut et elle doit réinterpréter son personnage comme elle l'entend. De plus, ce n'est pas ma vision mais celle du réalisateur que je tente d'exprimer. Après discussion avec Jean-Paul Rappeneau, nous convenons qu'elle ne tiendra compte que des placements de comédiens dans le cadre ; le reste, son travail de comédienne, lui appartient entièrement.

Il reste une vraie question sur l'impact de notre travail de storyboardeur sur la réalité d'un film, à laquelle il y eut une réponse ce jour-là : nous pouvons influencer le cours des choses… ou pas !

J'ai retravaillé avec Juliette Binoche peu de temps après sur le film *Un divan à New York,* de Chantal Akermann, et nos rapports furent sans nuages. »

Entretien avec Yves Alion et Raphaël Saint-Vincent à propos du film Vidocq, *de Pitof, dans la revue* Storyboard *n° 2, décembre 2002-janvier-février 2003.*

« Je crois que Pitof a voulu constituer, pour *Vidocq*, qui était son premier long-métrage, une équipe de mecs qu'il connaissait, avec lesquels il avait déjà travaillé. D'où la présence de Jean Rabasse, le chef décorateur, et la mienne. Pitof et moi, nous nous étions déjà rencontrés sur plusieurs films, dont *Astérix*, et cela s'était très bien passé. Nous avons en commun d'aimer le travail en équipe. Nous sommes tous les deux capables de bosser comme des malades pendant quatorze heures pour nous mettre tout à coup à déconner totalement pendant deux heures. Cela se passe bien dans l'un et l'autre cas, et c'est primordial… […] Pitof m'a demandé, dans un premier temps, non pas de faire du storyboard mais, partant d'un premier jet de scénario, de faire de l'image. […] Il m'a demandé de façon très complémentaire de décrire de façon réaliste et documentée le Paris de l'époque, les ruelles, les costumes… Pitof et moi étions en plein accord sur l'idée que le fantastique ne fonctionne que parce que le décor est très réaliste. […] J'ai donc passé tout un mois à rechercher de la documentation. […] Je lui proposais un très grand nombre de décors dessinés et il faisait le tri en disant : “Ah, ça, ça sera bon pour telle scène !” […] Je me devais d'être indépendant ; il fallait donc que Jean Rabasse me fasse confiance et sache que je n'empiéterais pas sur son territoire. Je sais que c'est un homme extrêmement précis, rigoureux quant aux limites de son territoire. Quand j'avais des doutes, j'allais le voir et lui disais : “Voilà, j'ai fait ça.” Je voyais comment il réagissait à son regard, il n'avait pas besoin de parler. […] Il m'a fallu peu à peu pénétrer dans ce monde que Jean voulait proposer à Pitof, qui lui-même avait déjà une idée assez précise des choses…

J'aime évidemment travailler avec des cinéastes comme Pitof, qui favorisent la créativité de tous avant de fédérer ce qui a été produit. Mais je ne suis pas malheureux quand j'ai affaire à des réalisateurs qui travaillent différemment, qui ont tout le film en tête, et qui dirigent leur équipe comme un maître dirige son atelier d'art. C'est le cas de Jean-Paul Rappeneau pour qui j'ai fait le storyboard sur *Le Hussard sur le toit,* mais aussi d'Antoine de Caunes avec qui j'ai travaillé sur *Monsieur N.* J'ai été étonné que pour un deuxième film, en costumes qui plus est, il sache faire preuve d'une précision aussi grande. Son film, il l'avait vraiment en tête. C'est très agréable d'être confronté à quelqu'un qui sait ce qu'il veut. C'est sans doute un peu moins flatteur pour l'ego, car on a l'impression de moins donner de soi, mais cela permet d'apprendre à travailler dans les contraintes, ce qui n'est jamais perdu... »

Bruno de Dieuleveult

Extraits d'un entretien avec Raphaël Saint-Vincent, Yves Alion et David Queille, publié dans la revue Storyboard *n° 4, juin-juillet-août 2003.*

« Il est indéniable que les réalisateurs qui ont fait appel à moi avaient besoin du storyboard, à l'instar d'Agnès Jaoui pour *Le Goût des autres*. En effet, je me suis rendu compte, à l'issue des trois jours de collaboration avec elle, que le storyboard lui avait permis de se "décontracter" à l'égard du découpage technique. Fondamentalement, Jaoui n'avait pas besoin d'un storyboard, mais ce processus lui avait permis de passer, sans heurt, de l'étape du scénario à celle de la mise en scène.

Je n'ai jamais la démarche d'un metteur en scène. Je ne dirai jamais à Wargnier ou à Beineix : "Tu pourrais mettre ta caméra ici !" Par conséquent, je ne me prononce que lorsque l'on me demande de le faire. Bien entendu, je sais raconter une histoire au moyen d'un découpage (comme je le fais souvent en publicité), mais je ne me mets jamais à la place du metteur en scène, car d'une manière générale, il possède une richesse d'invention maintes fois supérieure à celle d'un storyboardeur qui débarque sur le projet inéluctablement après lui. En revanche, j'essaie de le mettre en confiance afin qu'il puisse faire ses choix en toute sérénité.

[...] Tout en observant la même rapidité d'exécution, j'apporte un grand soin au dessin ; attention nécessaire dans un autre cas de figure lorsqu'il s'agit de séduire des coproducteurs. Pour *Le Boulet*, d'Alain Berberian, les producteurs, à dessein de convaincre des financiers et de réaliser une levée de fonds à l'étranger, avaient inclus le storyboard dans leur dossier de présentation. [...] Le réalisateur attend que le dessinateur lui fournisse le service de mettre en images, très rapidement, une phrase du scénario. [...] Mon principal objectif est de faire valoir à la production ma rapidité d'exécution. Car, à mon sens, seule la rapidité permet de favoriser la communication entre le metteur en scène et le storyboardeur. »

Encart publicitaire

« C'est avant le tournage qu'il faut voir les images.

De l'écriture du scénario jusqu'au premier "Moteur !", que de mots ! Des mots, des mois... et des chiffres.

Et toujours pas une seule image !

Un storyboard, c'est tout de suite les images. Il permet de "pré-voir" le film, de convaincre un partenaire de production, d'esquisser le montage, d'assurer les scènes difficiles, de communiquer avec l'équipe technique. Enfin, il coûte moins cher qu'une journée de tâtonnements sur le tournage.

Dessiner comme vous filmez, c'est mon métier. Alors, le film que vous avez en tête, parlons-en. Images à l'appui. »

Anatomie-pathologie du rouhgman (ou -woman) ou du storyboardeur, agence PATAFO (Philippe Arnaud, Allain François, Thierry Ollivier, agents de roughmen-storyboarders).

« A : anatomie

Le nez en l'air, pour humer l'air du temps et sentir le vent.

L'œil aux aguets, pour observer la vie comme elle est, et plus encore, comme la fantasment les publicitaires.

L'oreille tendue, pour entendre les mots du brief.

Les doigts d'or, pour dessiner comme vous respirez.

Le goût pour… le goût.

Quelques différences anatomiques entre roughmen et roughwomen, qui ne modifient pas de façon significative l'énumération précédente.

B : pathologie

Une pathologie avancée et polymorphe a pu être observée chez la plupart des roughmen et storyboardeurs professionnels.

Profonde angoisse de la page blanche.

Paresse prononcée permettant d'attendre le dernier moment pour se retrouver en situation de lutte contre la montre (voir plus loin : masochisme).

Penchant névrotique pour la liberté individuelle.

Masochisme chronique pour prétendre faire seul, avec un crayon et quelques Marker, le travail qu'une équipe pléthorique de photographes, réalisateurs, producteurs, stylistes, coiffeurs, maquilleuses, scriptes, décorateurs, régisseurs et techniciens divers aura tant de mal à exécuter.

C : conclusion

C'est désormais en toute connaissance de cause que vous ferez appel, en dernière extrémité, à l'un d'entre nous. »

Foire aux questions

Ayant été amené à intervenir en milieu scolaire et auprès d'étudiants, notamment en cours particuliers, j'ai reçu divers courriers d'anciens élèves concernant tel aspect ou telle question autour du storyboard. J'ai toujours mis un point d'honneur à répondre à ces messages, un peu comme si je possédais un blog.

Vous trouverez ci-dessous un éventail de questions qui m'ont été posées, auxquelles je me suis efforcé d'apporter des réponses concrètes et aussi pragmatiques que possible.

Depuis combien de temps exercez-vous votre métier ? Exerciez-vous un autre métier avant celui de storyboardeur ?

De L. P., par e-mail, 21/04/10

Quand j'ai commencé des études d'arts graphiques (ESAG Penninghen) en 1971-1972, j'ignorais jusqu'à l'existence de ce mot abscons. Après mon diplôme, j'ai fait de la création de maquette et de l'exécution de façon « traditionnelle » – la PAO et les Macintosh n'existaient pas ! – dans divers studios de création puis agences de publicité.

Un jour, on m'a donné des Marker et du papier Layout et on m'a dit : « Tu vas me faire des roughs et des storyboards. » C'était en agence de pub ; voilà comment les choses ont commencé. Puis ce fut la découverte du storyboard en cinéma d'animation (aux Gobelins en 1998-1999), suivie de quelques épisodes réalisés dans divers studios d'animation.

Enfin, il y eut ma rencontre avec Raphaël Saint-Vincent, fondateur de la FNSBF (Fédération nationale de storyboardeurs français) et mon premier court-métrage, *La Dernière Volonté de Jeanne,* de Bruno Baccheschi en 2002. D'autres projets ont suivi.

Puis j'ai été amené à faire de l'enseignement, ainsi que des interventions ponctuelles, tant en milieu scolaire que dans le cadre de manifestations autour du septième art. Comme il fallait trouver une sorte de fil conducteur dans le cadre de l'appréhension et de l'initiation au storyboard, j'ai conçu l'exercice pédagogique « La salle de classe » [développé dans le chapitre 3 de cet ouvrage].

Quelles sont les informations dont vous avez besoin pour faire le storyboard ?

De Y. R., réalisateur, par e-mail, 04/04/11

La première des choses, me semble-t-il, est de rencontrer l'auteur du projet, ne serait-ce que pour savoir si on peut « fonctionner » ensemble.

Puis prendre connaissance du scénario : pour ma part, plutôt que de recevoir un scénario par e-mail, je préfère infiniment rencontrer le réalisateur, qu'il me raconte son histoire, avec ses sentiments, ses intentions de mise en scène, avec ses mots (même maladroits, mais sincères). À partir de là, le storyboardeur peut déjà préparer une multitude de questions.

Ensuite, il faut élaborer un découpage technique, avec ses cinq paramètres principaux : valeur de plan, angle de prise de vues, mouvements de caméra, position des personnages, enfin dialogue et/ou action. Cette étape incombe principalement au réalisateur. Il peut se faire en plus ou moins étroite collaboration avec ses principaux partenaires : premier assistant, directeur de la photo, chef décorateur, etc., et pourquoi pas, le storyboardeur.

Reste à préciser où se passe l'action. Intérieur ou extérieur ? Plusieurs unités de lieux ? Si les endroits sont déjà choisis – le repérage a été fait –, il faut se procurer de la documentation. Si c'est en intérieur, avons-nous affaire à un décor réel ou reconstitué en studio (avec possibilités de cloisons amovibles) ? Le plus efficace est d'établir un plan au sol (voire en élévation) pour pouvoir placer personnages et caméras, avec leurs déplacements (ou non). C'est ce que l'on appelle le diagramme technique.

Plus le briefing sera précis, meilleure sera l'efficacité. C'est pourquoi il est préférable que le storyboardeur puisse voir des photos des lieux de tournage avant de dessiner. Exceptionnellement, il arrive qu'il se rende sur place, en studio surtout, si le décor est déjà construit.

Quel est le planning ? Le casting est-il fait ? Quand le réalisateur souhaite-t-il commencer le tournage ? Quel est le budget disponible ? Votre réalisateur envisage-t-il l'intégralité du film storyboardé, ou seulement quelques scènes clés ou séquences à problèmes (cascades, effets spéciaux, décors complexes, séquences avec des animaux...) ?

Tout est possible, mais j'imagine mal une collaboration aussi étroite (réalisateur-storyboardeur) uniquement par messages ou e-mails avec documents en pièces jointes.

Quel genre de contacts avez-vous avec le réalisateur ?

Le storyboardeur est un technicien de l'audiovisuel qui se met au service d'un réalisateur sur un projet donné. Il doit pratiquer une stratégie de l'humilité. Le storyboardeur se trouve en effet être l'un des techniciens qui va passer le plus de temps avec le réalisateur ; une de ses priorités consiste donc à « désangoisser » ce dernier, selon l'expression de Bruno de Dieuleveult. Il doit le tranquilliser tout en « vivant dans son intimité » (Fabien Lacaf). C'est un interlocuteur de confiance dont tout l'art et le talent résident dans l'intelligence de la pensée du metteur en scène, car ce n'est pas un conseiller artistique qui va s'approprier la création du découpage technique. Tout en pratiquant cette stratégie de l'humilité, il reste un exécutant irremplaçable.

Une phrase clé du storyboardeur est : « Raconte-moi ton plan et en dix secondes, tu l'auras sous tes yeux. » En cela, il est très précieux, voire indispensable pour le metteur en scène. De plus, s'il « voit » un détail contrariant dans la continuité filmique ou difficile à réaliser, que le réalisateur, emporté par son sujet, n'aura pas perçu, il se fera un devoir de le lui signaler et, pourquoi pas, de proposer une solution de rechange. Et son interlocuteur, restant maître de la décision, prendra ou rejettera cette intervention.

Certains réalisateurs considèrent leur collaborateur, au-delà de la fonction *stricto sensu* de storyboardeur, un peu comme un coscénariste, quelqu'un avec qui on fabrique l'histoire. D'autres considèrent, sans connotation péjorative, que le storyboardeur est un exécutant, mais un exécutant qui, comme tous les collaborateurs artistiques, a le droit d'avoir des idées, de proposer des choses. Le metteur en scène doit être à l'écoute des autres. Mais c'est binaire ; c'est oui ou non.

Toute l'efficacité de la collaboration tiendra dans l'harmonie des rapports que le storyboardeur saura instaurer avec son réalisateur.

Combien de vignettes de storyboard doit-on produire par jour ?

De S. P., par e-mail, 04/04/11

C'est une question à laquelle il est difficile de répondre en termes généraux, mais je vais essayer.

Vous ne devez d'abord pas oublier de prendre en compte le temps que prendront toutes les séances de « briefing » avec le réalisateur, déplacements compris (à noter que le storyboardeur n'est pas payé pour les heures qu'il passe en compagnie du réalisateur, aussi agréables et instructives soient-elles).

Ensuite, certains ont une rapidité de dessin époustouflante – je pense à notre « père » à tous, Bruno de Dieuleveult : c'est le Lucky Luke du storyboard – tandis que d'autres (dont je fais hélas partie) sont plus lents. Je dois reconnaître que, selon le degré de qualité dans la préparation du briefing par le réalisateur, cela change considérablement l'exécution du storyboard, ne serait-ce qu'en termes de temps.

Par ailleurs, selon qu'il s'agit d'un plan large, avec beaucoup de personnages dans un décor complexe, ou bien d'un plan serré, on ne mettra pas le même temps pour exécuter l'un ou l'autre.

Il faut aussi tenir compte des points suivants. Quel degré de finition est exigé par votre commanditaire ? Et quels éléments de documentation vous aura-t-il fournis ? Disposez-vous de ces documents ou êtes-vous tenu de faire des recherches vous-même ?

De toute façon, un storyboardeur devra adapter sa capacité de production au temps qui lui sera imparti par le réalisateur ainsi que par les impératifs de la production sur le projet. Si en deux jours, vous n'arrivez à produire que quatre ou cinq plans, les relations s'avéreront difficiles ! C'est une notion que j'ai acquise en agence de publicité, quand un directeur artistique vous briefe le soir à 18h45 pour un projet – entre 18 et 24 images couleur – à présenter au client le lendemain matin...

En série d'animation, il faut par exemple partir du principe qu'un épisode de 26 minutes comporte entre 360 et 420 plans (avec parfois plusieurs vignettes/plan) et que l'on dispose de 5 à 6 semaines pour les réaliser !

Je peux vous donner à titre indicatif deux références : je sais que Luc Desportes a travaillé sept mois durant sur *Un long dimanche de fiançailles,* de Jean-Pierre Jeunet, et il a fallu six mois de travail environ à Fanny Vassou pour storyboarder *Deux frères,* de Jean-Jacques Annaud. N'oubliez pas que dans les deux cas, ces films n'ont pas été storyboardés dans leur intégralité, bien que pour le deuxième, très peu de séquences n'ont pas nécessité de storyboard.

Enfin, il faut considérer une nette différence selon que l'on vous demande uniquement de dessiner les vignettes et de les livrer « en vrac », ou selon que l'on vous charge de la finalisation du storyboard, à savoir la mise en place des vignettes (scan + cadre) avec les numéros de plan, les textes d'actions, dialogues et le descriptif technique (déjà saisis ou à retaper entièrement), éventuellement accompagnés de diagrammes, soit tout un travail supplémentaire de mise en pages et d'édition. Je sais, par exemple, que c'est le frère de Jeunet qui s'est occupé de la mise en pages des storyboards qui ont été distribués à tous les intervenants, Luc Desportes n'ayant eu qu'à dessiner les vignettes.

Honnêtement, je ne peux vous donner « ma cadence », sachant que je n'ai à ce jour réalisé que des storyboards de courts-métrages, sans réelle pression de délais, et que j'assurais toute la mise en pages, avec scan des dessins, etc. Vous savez que je préconise de dessiner à fond perdu, puis de cadrer ensuite, plutôt que de dessiner dans des cadres pré-imprimés : cette méthode m'apparaît comme plus efficace mais, en contrepartie, elle prend davantage de temps...

Quel doit être le degré de finition des dessins? Jusqu'où faut-il aller en termes d'exécution et de qualité ?

De O. F., par e-mail, 27/04/09

Voilà une question très intéressante et qui mérite une réponse développée.

Considérez tout d'abord le storyboard pour ce qu'il est : il ne s'agit pas d'un produit fini, destiné aux musées ou galeries, ni d'un objet prévu pour la publication, comme ce serait le cas pour une illustration, une bande dessinée ou un dessin de presse, par exemple.

Le storyboard est et doit rester une aide à la réalisation. Il ne faut donc pas le considérer comme une valeur ajoutée mais davantage tel un complément d'informations vraiment utile. Il est une première visualisation sur papier de ce que veut le réalisateur avant tournage, autrement dit un outil de travail mis à disposition de l'équipe. Il doit conforter le réalisateur dans son intention première ou, au contraire, l'amener à s'autocensurer et à trouver une meilleure organisation des plans, tout en restant dans le budget qui lui est dévolu pour son projet.

Le storyboardeur doit-il réaliser une œuvre d'art ou de simples croquis-outils qui ont pour but d'aider l'équipe technique à comprendre ce que veut le réalisateur ? Pour ma part, il me semble totalement inutile de trop s'attacher à la beauté du storyboard, puisque c'est avant tout un outil.

Le storyboard facilite la communication avec l'équipe et fait gagner énormément de temps pendant le tournage : les jours de tournage coûtent tellement cher qu'on est toujours à la limite de devoir bâcler. Mieux un film est préparé, plus le gain de temps sera conséquent par la suite, et plus la production fera des économies au moment du tournage. N'oubliez jamais cette règle d'or : au cinéma, faire perdre du temps, donc de l'argent, c'est interdit. Aussi, en allant à l'essentiel avec votre dessin, vous produirez plus de vignettes en une journée que si vous peaufinez chaque dessin (qui sera soumis à d'éventuelles corrections, voire sera supprimé). Et ces vignettes n'en seront que plus efficaces, et témoigneront par leur sobriété d'un grand respect pour les différents chefs de département.

Si l'on produit des dessins trop achevés, ce parti pris comporte beaucoup de risques. Avec des images très abouties, le réalisateur donnerait l'impression de lancer un projet fini : ses dessins sembleraient avoir décidé de l'aspect que prendra l'image, alors qu'il doit présenter des propositions, susciter l'intérêt de ses collaborateurs et de ses partenaires financiers.

Essayez plutôt d'appliquer la devise de l'architecte Mies Van der Rohe, « Less is more », à savoir qu'en allant à l'essentiel, on rend mieux compte du mouvement. Le dessin, c'est la première matérialisation d'une idée. Il est supérieur au scénario, qui se présente sous une forme écrite dans l'espoir de se transformer en images.

Il est également difficile de respecter un board en couleurs. Le tournage n'étant qu'une succession d'imprévus, elles peuvent en effet vite changer. Voilà pourquoi la majorité des storyboards sont en noir et blanc ou en niveaux de gris.

Un autre aspect néfaste des dessins trop aboutis concerne la manière dont ceux-ci vont être perçus par les différents corps de métiers. Si, par un dessin trop précis et réaliste, le storyboardeur se pose en « donneur de leçons » ou empiète sur le territoire d'autres intervenants (le premier assistant, le chef décorateur, le chef op', le chef machiniste, le cadreur, le directeur de la photographie notamment), avec des indications de lumière, focales, moyens de déplacement d'une caméra qui ne sont pas de son ressort, les tensions vont très vite monter et le storyboard sera détesté, ignoré et méprisé.

Ceci étant, il demeure évident qu'un bel objet donne l'atmosphère du film et inspire tout le monde. Beaucoup de collaborateurs sur un plateau conviennent que les beaux dessins de tel ou tel storyboardeur les inspirent. On a tous envie d'avoir un outil agréable qui va nous accompagner pendant des mois de tournage, qui va probablement être montré, diffusé dans les bonus des DVD. Un storyboard bien dessiné, bien présenté et mis en pages va immanquablement créer une aura de motivation. Il vous revient de faire la part des choses.

Quels sont les principaux conseils que vous donneriez à quelqu'un qui désirerait se lancer dans le storyboard ?

De J.-M. R., par e-mail, 23/01/12

- Dessiner, dessiner, et encore dessiner, tous les jours. Avoir en permanence sur soi un petit carnet et un crayon. Saisir au vol les attitudes de tous les jours. Une bonne formation en dessin ou sinon un bon niveau acquis en autodidacte.
- Une bonne culture personnelle de la communication de l'image et du cinéma. Connaître le langage de la mise en scène. Se cultiver l'œil ailleurs que dans sa DVD-thèque.
- Manipuler un appareil photo afin de connaître les focales, la profondeur de champ...
- S'intéresser à la peinture, la photo, l'architecture, etc. Et bien sûr voir des films.
- Avoir un bon relationnel, la relation entretenue avec l'équipe d'un film étant primordiale.
- Être capable d'aimer un métier pas très connu, un peu dans l'ombre, pas facile à exercer (nuit, week-end, jours fériés car en *free-lance*). Être en mesure de supporter des commentaires maladroits vous disant que vous avez un boulot cool car vous passez votre journée à dessiner.
- Parler anglais : très important ! Les productions nécessitant notre métier étant souvent américaines ou anglaises.

Existe-t-il un logiciel qui permettrait de faire des storyboards (pour ceux qui ne savent pas dessiner, évidemment !) ?

De A. G., par e-mail, 23/05/07

Il existe en effet des logiciels de storyboard pour les gens qui ne savent pas dessiner.

Pour connaître l'éventail des possibilités qui s'offrent à vous, je vous recommande hautement la lecture de l'ouvrage *Les Clés pour créer un storyboard,* de Marcie Begleiter, éditions Dixit (voir la bibliographie) qui, en fin de livre (p. 218 à 222), aborde un récapitulatif des logiciels informatiques pouvant servir dans le domaine de la prévisualisation, avec la spécificité de chacun d'entre eux.

Il faut savoir que ces logiciels sont lourds et exigent un apprentissage long, mais ils permettent de créer un décor pour y placer des personnages qui ressemblent à des Playmobil… C'est malheureusement souvent tellement laid graphiquement que ça devient difficilement supportable à regarder : rien ne vaudra jamais un bon storyboardeur ! Je vous livre quelques pistes de réflexion sur ce sujet.

En dépit de l'incroyable évolution de l'outil informatique dans tous les secteurs d'activité, ce n'est pas l'arrivée de nouveaux logiciels permettant la conception de storyboards assistée par ordinateur qui peut menacer l'avenir radieux du storyboard au crayon.

Aujourd'hui, aussi bien en Europe qu'aux États-Unis, la production de storyboards est encore assurée à plus de 90 % par les moyens traditionnels (papier, crayons, feutres). Tout ce qui n'est pas fait à la main (soit moins de 10 %) est en effet réalisé à l'ordinateur, mais il s'agit principalement de retouches apportées aux couleurs et à la lumière, sans oublier le stockage et l'archivage des dessins, ou encore la mise en pages pour diffusion et exploitation.

Les logiciels spécialisés ne sont donc pas utilisés par les professionnels, ces derniers pouvant compter sur l'agilité de leurs dix doigts. Sylvain Despretz, storyboardeur à qui on avait demandé son sentiment sur le storyboard assisté par ordinateur, avait répondu d'un revers de main : « Le temps qu'on mette la machine et le logiciel en route, j'ai déjà fait 15 dessins ! »

Il est vrai que l'informatique ne proposera jamais la liberté que rend possible l'imagination, condition indispensable à la création, et notamment à la mise au jour d'une visualisation. De fait, que l'on se reconnaisse nostalgique d'un labeur artisanal traditionnel ou que l'on soit féru de technologies numériques, le futur du storyboard se trouve résolument inscrit dans son passé : le dessin.

Contacter l'auteur

Si vous avez des questions concernant la pratique du storyboard, je me ferai un devoir et un plaisir d'y répondre dans la mesure de mes connaissances. Merci de le faire uniquement par messagerie électronique en adressant vos messages à Louis de Rancourt, e-mail : gascaphigre@noos.fr.

Bibliographie non exhaustive

Les incontournables

Le guide pratique du storyboard

Par Rémi Jacquinot, Olivier et Raphaël Saint-Vincent, collection « Tournage », Scope Éditions, 2006, 14,20 €

Premier ouvrage sur le storyboard émanant d'auteurs français. C'est une étude passionnante qui aborde les trois fonctions essentielles du storyboard : l'analyse du script, avec ce que les auteurs appellent le dépouillement dramatique, le « décodage » dramatique et la visualisation du script. Puis sont traités le découpage technique avec la continuité découpée, la mise en scène et sa visualisation. Enfin, le storyboard est abordé avec des exercices préparatoires, les phases de préparation, d'exécution et de finalisation.

Les clés pour créer un storyboard

Par Marcie Begleiter, traduit de l'anglais par Raphaël Saint-Vincent (titre original : *From Word to Image*, Michale Wise Productions), éditions Dixit, 2004, 23,30 €

Certainement un des ouvrages les plus complets jamais écrits à ce jour sur le sujet : le storyboard et la phase de préproduction, les formats d'images et la vignette extensible, comment matérialiser des mouvements, tant de personnages ou de véhicules que de caméra(s), etc. Richement documenté : reproductions, citations, cas d'école…

Autres titres

L'art du story-board
Cinéma – Publicité – Animation – Jeux vidéo – Clips

Par Giuseppe Cristiano, éditions Eyrolles, 2008, 30,40 €

Beaucoup de bonnes choses, notamment la diversité d'applications – cinéma, publicité, jeux vidéo, vidéoclips, sites Internet (on peut regretter le peu de place donnée au cinéma d'animation) – et la variété de factures. Comment aborder le dessin, les attentes du client ou les codes à respecter…

Comprendre et interpréter un storyboard

Par Morgan Lefeuvre, éditions Bibliothèque du Film (BiFi), 2004 (épuisé)

Morgan Lefeuvre a réalisé une étude remarquable sur le travail accompli en amont du tournage par Fritz Lang sur *Ministry of Fear* (1944) avec les croquis et diagrammes techniques de la main même de l'auteur, Fritz Lang, sur du papier à en-tête de son hôtel ! Comparaison entre les croquis et diagrammes, vignettes de storyboard griffonnées, et les photogrammes du film : édifiant !

Storyboard – Le cinéma dessiné

Par Benoit Peeters, Jacques Faton et Philippe de Pierpont, éditions Yellow Now, 1992 (épuisé)

Une introduction avec la place du storyboard dans l'histoire du cinéma. Divers entretiens avec Terry Gilliam, Peter Greenaway, Harold Michelson, Norbert Iborra, Otar Iosseliani, Aline Isserman..., très richement illustré et documenté.

L'univers dessiné des story-boardeurs

Par Corinne Boucher, collection « Ethnologie(s) en herbe », éditions PU Paris 7, 2002, 30 €

Ouvrage de fin d'études. L'auteur traite de l'historique du storyboard, la diversité des techniques employées, son « imagerie sociale », ses règles et limites, des « allant de soi » au formalisme... Entretiens avec Bruno de Dieuleveult et interviews de storyboardeurs. Plusieurs documents couleur en annexes. Très intéressant.

Techniques de storyboards

Par Wendy Tumminello, éditions Eyrolles, 2006 (épuisé)

Un ouvrage intéressant. On y trouve des documents, conseils, rappels de vérités, interviews... Ce livre aborde notamment le storyboard au service du jeu vidéo et survole le storyboard au service de l'animation. Des références concernant le storyboard assisté par ordinateur.

Sur les techniques du cinéma

Réaliser ses films plan par plan
Concevoir et visualiser sa mise en images

Par Steven D. Katz, éditions Eyrolles, 2005, 30,30 €

Si cet ouvrage ne traite pas spécifiquement du storyboard, la plupart des assertions est illustrée de vignettes, avec quelques exemples d'anthologie (A. Hitchcock, O. Welles, pour ne citer qu'eux...). Toute théorie sur la conception d'un plan, sa faisabilité, les différents mouvements de caméra – notamment sur grue – est magistralement validée par des croquis ou schémas.

Mettre en scène pour le cinéma
Mouvements d'acteurs et de caméras

Par Steven D. Katz, éditions Eyrolles, 2006, 26,30 €

Mêmes remarques et qualités que le précédent : graphisme simple, très épuré. Des cas de figure concrets avec notamment la dualité image dessinée-diagramme technique. Remarquablement bien fait et explicite.

Les plans au cinéma
Les grands effets de cinéma que tout réalisateur doit connaître

Par Jeremy Vineyard, illustrations de Jose Cruz, éditions Eyrolles, 2004, 19,20 €

Ce livre remarquable passe en revue les techniques cinématographiques de base, échelles et valeurs de plans, angles de vues, mouvements de caméra, effets spéciaux, etc. Chaque cas de figure est illustré de dessins simples et compréhensibles, avec des références ou renvois à des chefs-d'œuvre du septième art.

Autres ouvrages et publications

IP5 – L'Île aux pachydermes

De Jean-Jacques Beineix, d'après un scénario de Jacques Forgeas, dessins de Bruno de Dieuleveult, éditions Dargaud, 1992 (épuisé)

L'intégrale du film de Jean-Jacques Beineix storyboardé par Bruno de Dieuleveult, avec en regard des commentaires du réalisateur : descriptif de la séquence, évocations de souvenirs de tournages et de difficultés rencontrées, dialogues… Un document exceptionnel, car unique en son genre. Les dessins de Bruno sont époustouflants et montrent – s'il en était besoin – la maîtrise de leur auteur en matière de storyboard.

Monsieur N.

De Fabien Lacaf et Nelly Moriquand, d'après le film d'Antoine de Caunes, dessins de Fabien Lacaf, éditions Glénat, 2003 (épuisé)

Ouvrage à caractère original qui respecte scrupuleusement la trame scénaristique et sensible du film. Aquarelles, recherches de décors, d'accessoires et de costumes. Plan au sol de la résidence de Longwood, et vignettes de storyboard en noir et en couleurs. Voir en complément le storyboard de Fabien Lacaf publié dans la revue *Storyboard* n° 3.

Un long dimanche de fiançailles

Coffret souvenir (édition limitée) de Jean-Pierre Jeunet et Guillaume Laurant avec Phil Casoar, éditions Les Arènes, 2004, 66 €

Outre un album souvenir, le récit et des photos de tournage, des extraits de carnets, lettres, archives autour de la Grande Guerre, 75 photographies en relief avec des lunettes pour visionner les images stéréoscopiques, ce luxueux coffret comporte le storyboard dessiné par Luc Desportes en fac-similé intégral, avec la reprise du scénario et des dialogues, écrits avec Guillaume Laurant. C'est le document de travail de Jean-Pierre Jeunet.

Da Vinci Code
Le scénario illustré

Par Akiva Goldsman, préfaces de Dan Brown, Ron Howard et Brian Grazer, éditions J-C Lattès, 2006, 25,40 €

Intégrale du scénario avec photogrammes du film. Extraits des storyboards de Robert Ballantyne et Christopher Glass (deux factures différentes et complémentaires). Recréation virtuelle de décors, effets spéciaux, making-of, recherches graphiques de costumes, décors et accessoires…

Storyboard – Du dessin au film

Magazine trimestriel spécialisé dans le storyboard, publié par Alvisa Éditions de 2002 à 2004. Pour se les procurer, il faut contacter le site www.storyboard.fr, ou bien se renseigner chez les bouquinistes et les librairies spécialisées dans le cinéma.

N° 1 – septembre-octobre-novembre 2002

Le storyboard complet dessiné par Luc Desportes pour *Le Fabuleux Destin d'Amélie Poulain* • Interviews de Jean-Pierre Jeunet et Luc Desportes • Une histoire illustrée du storyboard depuis les origines du cinéma par Raphaël Saint-Vincent • Figures du septième art telles que Georges Méliès, Stanley Kubrick, Fritz Lang • Le storyboard classique, le storyboard hitchcockien et le storyboard d'auteur • Actualités du storyboard.

N° 2 – décembre 2002-janvier-février 2003

Le storyboard complet dessiné par Fabien Lacaf pour *Vidocq* • Interviews de Pitof et Fabien Lacaf • Un panoramique consacré à la défense et illustration du storyboard par Raphaël Saint-Vincent : la force de l'image • Extraits du storyboard de Maxime Rebière pour *24 heures de la vie d'une femme*, de Laurent Bouhnik • Actualités du storyboard.

N° 3 – mars-avril-mai 2003

Le storyboard complet dessiné par Fabien Lacaf pour *Monsieur N.* • Interviews d'Antoine de Caunes et Fabien Lacaf • Le storyboard selon Hitchcock par Raphaël Saint-Vincent : la force de l'image • Interview et storyboards de Sylvain Despretz *(Le Cinquième Élément, Gladiator, Alien-La Résurrection, Eyes Wide Shut…)* • Extraits du storyboard de Vincent Copéret pour *Quand tu descendras du ciel*, de Éric Guirado • Le coût d'un storyboard par Raphaël Saint-Vincent • Storynews • Actualités du storyboard.

N° 4 – juin-juillet-août 2003

Le storyboard dessiné par Thomas Astruc pour *Astérix et Obélix : mission Cléopâtre* : toutes les scènes à effets spéciaux • « 1992 ou la découverte du (nouveau) monde du storyboard en France » par Raphaël Saint-Vincent • Interview et storyboards de J. Todd Anderson (*Confessions d'un homme dangereux*, de George Clooney) • Extraits commentés du storyboard de

Éric Peloy pour *Fanfan La Tulipe* de Gérard Krawczyk • La leçon de storyboard par Bruno de Dieuleveult • Le storyboard publicitaire • Storynews • Actualités du storyboard.

N° 5 – septembre-octobre-novembre 2003

Entretien avec Miles Teves, storyboardeur sur *Terminator, Le Soulèvement des machines*, de Jonathan Mostow • « Jury-board : le droit moral du storyboardeur » par Me Gombert et Me Proal • Extraits du storyboard de Maxime Rebière pour *Les Égarés*, d'André Téchiné • La leçon de storyboard par Norbert Iborra • Dessins de Terry Gilliam pour *Don Quichotte* • Le storyboard d'animation • Actus DVD, storynews • Actualités du storyboard.

N° 6 – décembre 2003-janvier-février 2004

Entretien et extraits du storyboard de David Russell pour *Master and Commander*, de Peter Weir • Extraits du storyboard de Vincent Copéret pour *Massaï, guerriers de la pluie*, de Pascal Plisson • Extraits du storyboard de Pierre-Emmanuel Chatiliez pour *La Marque jaune*, de James Hunt • Interview et storyboards de J. Todd Anderson pour *Intolérable Cruauté*, d'Ethan et Joel Cohen • Interview et rétrospective du parcours de Bruno de Dieuleveult • Actus DVD, storynews • Actualités du storyboard.

N° 7 – mars-avril-mai 2004

Entretien et extraits du storyboard de Temple Clark pour *Retour à Cold Mountain*, d'Anthony Minghella • Interview de Jean-Jacques Annaud et extraits du storyboard de Fanny Vassou pour *Deux frères* • Extraits du storyboard de Enki Bilal pour *Immortel* • Interview d'Isao Takahata • Courts-métrages storyboardés • Actus DVD, storynews • Actualités du storyboard.

N° 8 – juin-juillet-août 2004

Entretien et extraits du storyboard de Conrad Vernon, coréalisateur et storyboardeur pour *Shrek 2* : comparaison des vignettes de storyboard et photogrammes du film • Interview d'Otar Iosseliani et extraits de storyboards et de diagrammes dessinés par le réalisateur • Leçon de cinématique : le storyboard au service des jeux vidéo • Courts-métrages storyboardés • Actus DVD, storynews • Actualités du storyboard.

N° 9 – juillet-août 2004

Storyboards pour *Spiderman 2* : diverses factures • « *Autant en emporte le vent* : la politique des auteurs », par Raphaël Saint-Vincent : illustrations et storyboards de William Cameron Menzies • Extraits du storyboard de Vincent Copéret, lauréat du premier grand prix du meilleur storyboard • Interview d'Isao Takahata • Courts-métrages storyboardés : *Saint-Ange* de Pascal Laugier, dessiné par Yves Montagne • Storyboard publicitaire Peugeot ; les quatre étapes • Actus DVD, storynews • Actualités du storyboard.

Filmographie de storyboardeurs

Bruno de Dieuleveult

Les Cavaliers de l'orage, Gérard Vergez (1984)
Indochine, Régis Warnier (1991)
IP5 – L'île aux pachydermes, Jean-Jacques Beineix (1992)
L'Affaire du siècle, Jean-Jacques Beineix (1992 – non tourné)
Une chance sur deux, Patrice Leconte (1997)
Place Vendôme, Nicole Garcia (1997)
Est-ouest, Régis Warnier (1998)
D'un rêve à l'autre, Alain Berliner (1998)
Le Goût des autres, Agnès Jaoui (1999)
Le roi danse, Gérard Corbiau (2000)
Mortel Transfert, Jean-Jacques Beineix (2000)
Le Raid, Djamel Bensalah (2000)
La Tour Montparnasse infernale, Charles Nemes (2001)
Le Boulet, Alain Berberian (2002)
L'Adversaire, Nicole Garcia (2002)
The Last Sign, Douglas Law (2002)
Nocturnes, Henry Colomer (2003)
L'Enquête corse, Alain Berberian (2003)
Le Carton, Charles Nemes (2004)
Man to Man, Régis Warnier (2005)
Iznogoud, Patrick Braoudé (2005)
Selon Charlie, Nicole Garcia (2006)
Big City, Djamel Bensalah (2006)
Pars vite et reviens tard, Régis Warnier (2006)
La Disparue de Deauville, Sophie Marceau (2006)
Le Dernier Gang, Ariel Zeitoun (2006)
La Personne aux deux personnes, Nicolas et Bruno (2007)
Le Séminaire, Charles Nemes (2008)
Les Vivants et les Morts, Gérard Mordillat (série TV, 2008)
Les Éléphants du gouverneur, Jacques Otmezguine (2008)
Home, Ursula Meyer (2008)
RTT, Frédéric Berthe (2008)
Fatal, Mickaël Youn (2009)
Un balcon sur la mer, Nicole Garcia (2010)
Le Marsupilami, Alain Chabat (2010)
La Ligne droite, Régis Warnier (2011)
Or noir, Jean-Jacques Annaud (2011)
La Mer à boire, Jacques Maillot (2011)
Plan de table, Christelle Raynal (2011)

Luc Desportes

Ce qui me meut, Cédric Klapisch (1989)
Rien du tout, Cédric Klapisch (1992)
Chacun cherche son chat, Cédric Klapisch (1995)
Un samedi sur la terre, Diane Bertrand (1996)
Un air de famille, Cédric Klapisch (1996)
Le Jour et la Nuit, Bernard-Henri Lévy (1996)
Les Randonneurs, Philippe Harel (1996)
La vérité si je mens, Thomas Gillou (1997)
La voie est libre, Stéphane Clavier (1997)
Le Péril jeune, Cédric Klapisch (1997)
Peut-être, Cédric Klapisch (1999)
Le Vélo de Ghislain Lambert, Philippe Harel (2000)
Le Fabuleux Destin d'Amélie Poulain, Jean-Pierre Jeunet (2000)
La vérité si je mens 2, Thomas Gillou (2001)
Reines d'un jour, Marion Vernoux (2001)
Sur mes lèvres, Jacques Audiard (2002)
Laisse tes mains sur mes hanches, Chantal Lauby (2002)
Ni pour, ni contre, Cédric Klapisch (2002)
Ah ! Si j'étais riche, Michel Munz et Gérard Bitton (2002)
Lovely Rita, Stéphane Clavier (2003)
Podium, Yann Moix (2004)
Un long dimanche de fiançailles, Jean-Pierre Jeunet (2004)
Michou d'Auber, Thomas Gilou (2005)
L'Avion, Cédric Kahn (2005)
Ce soir je dors chez toi, Olivier Baroux (2007)
Les Randonneurs à Saint-Tropez, Philippe Harel (2008)
Ricky, François Ozon (2008)
Cyprien, David Charhon (2008)
Un conte de Noël, Arnaud Desplechin, (2008)
Espion(s), Nicolas Saada (2009)

Hors-la-loi, Rachid Bouchareb (2010)
L'Épervier, Stéphane Clavier (feuilleton TV, 2010)
Mon pote, Marc Esposito (2010)
Ma part du gâteau, Cédric Klapisch (2010)
Nuit blanche, Frédéric Jardin (2011)

Fabien Lacaf

Le Hussard sur le toit, Jean-Paul Rappeneau (1995)
Un divan à New York, Chantal Akerman (1995)
Bouge, Jérôme Cornuau (1997)
K, Alexandre Arcady (1997)
Les Visiteurs 2, Jean-Marie Poiré (1997)
Droit dans le mur, Pierre Richard (1997)
Vatel, Roland Joffé (1998)
Hanuman, Fred Fougea (1998)
Mookie, Hervé Palud (1998)
Astérix et Obélix contre César, Claude Zidi (1999)
Le Fils du Français, Gérard Lauzier (1999)
Deuxième vie, Patrick Braoudé (2000)
Vidocq, Pitof (2001)
La Boîte, Claude Zidi (2001)
Ma femme s'appelle Maurice, Jean-Marie Poiré (2002)
Monsieur N., Antoine de Caunes (2003)
Tais-toi !, Francis Veber (2002)
Animal, Rose Bosch (2005)
D'Artagnan, les trois mousquetaires, Pierre Atkine (2005)
Faubourg 36, Christophe Barratier (2008)
Rose et Noir, Gérard Jugnot (2008)
L'Emmerdeur, Francis Veber (2008)
Chateaubriand, Pierre Atkine (2009)
La Guerre des boutons, Christophe Barratier (2010)

Maxime Rebière

L'Amant, Jean-Jacques Annaud (1991)
Siméon, Euzhan Palcy (1992)
La Reine Margot, Patrice Chéreau (1993)
Madame Butterfly, Frédéric Mitterrand (1994)
La Haine, Mathieu Kassovitz (1995)
Wings of Courage, Jean-Jacques Annaud (1995)
Lucie Aubrac, Claude Berri (1997)
Sept ans au Tibet, Jean-Jacques Annaud (1997)
Les Enfants du siècle, Diane Kurys (1999)
Himalaya, Éric Valli (1999)
Belphégor, le fantôme du Louvre, Jean-Paul Salomé (2000)
La Sirène rouge, Olivier Mégaton (2001)
24 heures de la vie d'une femme, Laurent Boutnik (2001)
Le Pianiste, Roman Polanski (2002)
Les Sentiments, Noémie Lvosky (2002)
Les Égarés, André Téchiné (2003)
Agents secrets, Frédéric Schœndorffer (2003)
Arsène Lupin, Jean-Paul Salomé (2003)
Je reste, Diane Kurys (2004)
Oliver Twist, Roman Polanski (2004)
Zaïna, cavalière de l'Atlas, Bourlem Guerdjou (2004)
Olé !, Florence Quentin (2005)
L'Histoire de Pi, Jean-Pierre Jeunet (2006 – projet en suspens)
Odette Toulemonde, Eric-Emmanuel Schmidt (2006)
Les Enfants du pays, Pierre Javaux (2005)
Sa Majesté Minor, Jean-Jacques Annaud (2007)
Coluche, l'histoire d'un mec, Antoine de Caunes (2007)
Les Femmes de l'ombre, Jean-Paul Salomé (2008)
Persécution, Patrice Chéreau (2008)
Le Siffleur, Philippe Lefevre (2008)
Banlieue 14, Patrick Alessandrin (2008)
Micmacs à tire-larigot, Jean-Pierre Jeunet (2008)
Commis d'office, Hannelore Cayre (2009)
Elle s'appelait Sarah, Gilles Paquet-Brenner (2010)
L'Arbre, Julie Bertucelli (2010)
L'Immortel, Richard Berry (2010)
Rien à déclarer, Dany Boon (2010)
Les Petits Mouchoirs, Guillaume Canet (2010)
Le Petit Nicolas, Laurent Tirard (2010)

Jonathan Delerue

Pom le poulain, Olivier Ringer (2006)
Grand star, Paolo Barzman (2006)

Pub Audi, Olivier Mégaton (2007)
Hitman, Xavier Gens (2007)
L'Empreinte de l'ange, Safy Nebbou (2007)
Transporter 3, Olivier Mégaton (2008)
Frontière(s), Xavier Gens (2008)
Les Temps changent, Marion Milne (2008)
Lady Blood, Jean-Marc Vincent (2009)
Vertige, Abel Ferry (2009)
Mutants, David Morley (2009)
La Traque, Antoine Blossier (2010)
Faces in the Crowd, Julien Magnat (2010)
The Divide, Xavier Gens (2010)
Colombiana, Olivier Mégaton (2010)

Pierre-Emmanuel Chatilliez

Assassin(s), Mathieu Kassovitz (1997)
Barracuda, Philippe Haim (1997)
Serial Lover, James Hunt (1998)
Innocent%, Fred Journet et Bernard Scho (TV, 2000)
Cours toujours, Dante Desarthe (2000)
Effroyables Jardins, Jean Becker (2003)
Docteur Dassin, Olivier Langlois (TV, 2004)
La Marque jaune, James Hunt (2004)
Espace détente, Bruno Solo et Yvan Le Bolloch (2005)
Incontrôlable !, Raffi Shart (2006)
Les Brigades du tigre, Jérôme Cornuau (2006)
The Pink Panther, Shawn Lévy (2006)
Essaie-moi, Pierre-François Martin-Laval (2006)
Rush Hour 3, Brett Ratner (2007)
Le Concert, Radu Milhaileanu (2008)
Lucky Luke, James Huth (2008)
King Guillaume, Pierre-François Martin-Laval (2008)
Les Herbes folles, Alain Resnais (2008)

Norbert Iborra

Le Nom de la rose, Jean-Jacques Annaud (1986)
L'Ours, Jean-Jacques Annaud (1988)
Milena, Véra Belmont (1991)
La Petite Apocalypse, Costa-Gavras (1993)

Sylvain Despretz

Eyes Wide Shut, Stanley Kubrick (1999)
Gladiator, Ridley Scott (2000)
La Planète des singes, Tim Burton (2001)
La Chute du faucon noir, Ridley Scott (2002)
Panic Room, David Fincher (2002)
The Fountain, Darren Aronofsky (2003)
Harry Potter et la coupe de feu, Mike Newell (2005)
Tron, l'héritage, Joseph Kosinski (2010)

Thomas Astruc

Astérix et Obélix : mission Cléopâtre, Alain Chabat (2001)

Marc Caro

Delicatessen, Jean-Pierre Jeunet et Marc Caro (1991)
La Cité des enfants perdus, Jean-Pierre Jeunet et Marc Caro (1995)

Vincent Copéret

L'Odyssée de l'espèce, Jacques Malaterre (France 2, 2003)
Quand tu descendras du ciel, Éric Guirado (2003)
Massaïs, guerriers de la pluie, Pascal Plisson (2004)
Le Renard et l'Enfant, Benoît Jacquot (2007)

Fanny Vassou

Fanny Vassou travaille principalement comme roughwoman-storyboardeur pour des agences de publicité.
Deux frères, Jean-Jacques Annaud (2004)

Filmographie de Louis de Rancourt

Storyboard cinéma court-, moyen- ou long-métrage

La Dernière Volonté de Jeanne, un court-métrage de Bruno Baccheschi, 2002

Immonde, un court-métrage de Patrick Perlman, 2003
Seule, un long-métrage d'Olivier Château, 2003 (illustrations de préproduction)
La Vieille qui roulait au super, un court-métrage de Jean-Stéphane Beetschen et Franck Confino, 2005
Fausse Pub Golf, un court-métrage de Pascal Chind et Matthieu Ploteau, Freshline Prod., 2005
Rires et Larmes, un court-métrage de Mickaël Alix, 2006
Nin'Shin, un court-métrage d'Hélène Grémillon et Sarah Barukh, Roman Productions, 2006
La Carpe dans la baignoire, un film de Jessica Vaturi-Dembo, Mercredi Films Prod., 2007
Comme ton père, un film de Marco Carmel, Mercredi Films Prod., 2007
Black Night is Falling, un film de Kook Ewo, Onirim Prod., 2008
Plutôt la vie, un court-métrage de Damien Tabourel, 2011
Le Scorpion et la Grenouille, un court-métrage de Jérémie Prigent, 2011
Le Passage, un court-métrage de Fabien Montagner, Cantina Films, 2011
Les Enfants de la berge, un court-métrage de Thierry Autret, AAA Prod (en préparation)
Un prix d'amis, un court-métrage de Raphaël Drouhot (en préparation)
Myrtille et Zakaryia, un court-métrage de Jérémie Prigent (en préparation)
Water-closet, un court-métrage de Jérémie Prigent (en préparation)

Storyboard cinéma d'animation

Le Dragon aux yeux tristes, de Katia Even, Films Sans Frontières, 2005

Séries TV destinées à la jeunesse, 1997-2000

Les Contes du cimetière, Les Films de l'Arlequin, 1 épisode
Les Mille et une prouesses de Pépin Troispommes, Les Cartooneurs Associés, 1 épisode
S.O.S. Croco !, Studios Animage, 2 épisodes
Gennarino il Mastino, Carrère-Sole Productions, 2 épisodes
Géleuil et Lebon 2, P.M.M.P., 3 épisodes
Mary-Kate et Ashley, Seahorse Productions, 2 épisodes

Documents utiles

Vous trouverez ici des outils précieux pour la pratique du storyboard :

- une planche de pictogrammes de caméras à décalquer ou à photocopier, et à agrandir à 172 % pour retrouver un format A4 ;
- un modèle de plan au sol à recopier ou à photocopier si vous voulez réaliser de votre côté l'exercice de la salle de classe ;
- une série de cadres correspondant aux formats de cinéma les plus courants (1,77:1, 1,85:1 et 2,35:1), également à agrandir à 160 %.

Pictogrammes de caméras avec différentes focales. © Louis de Rancourt.

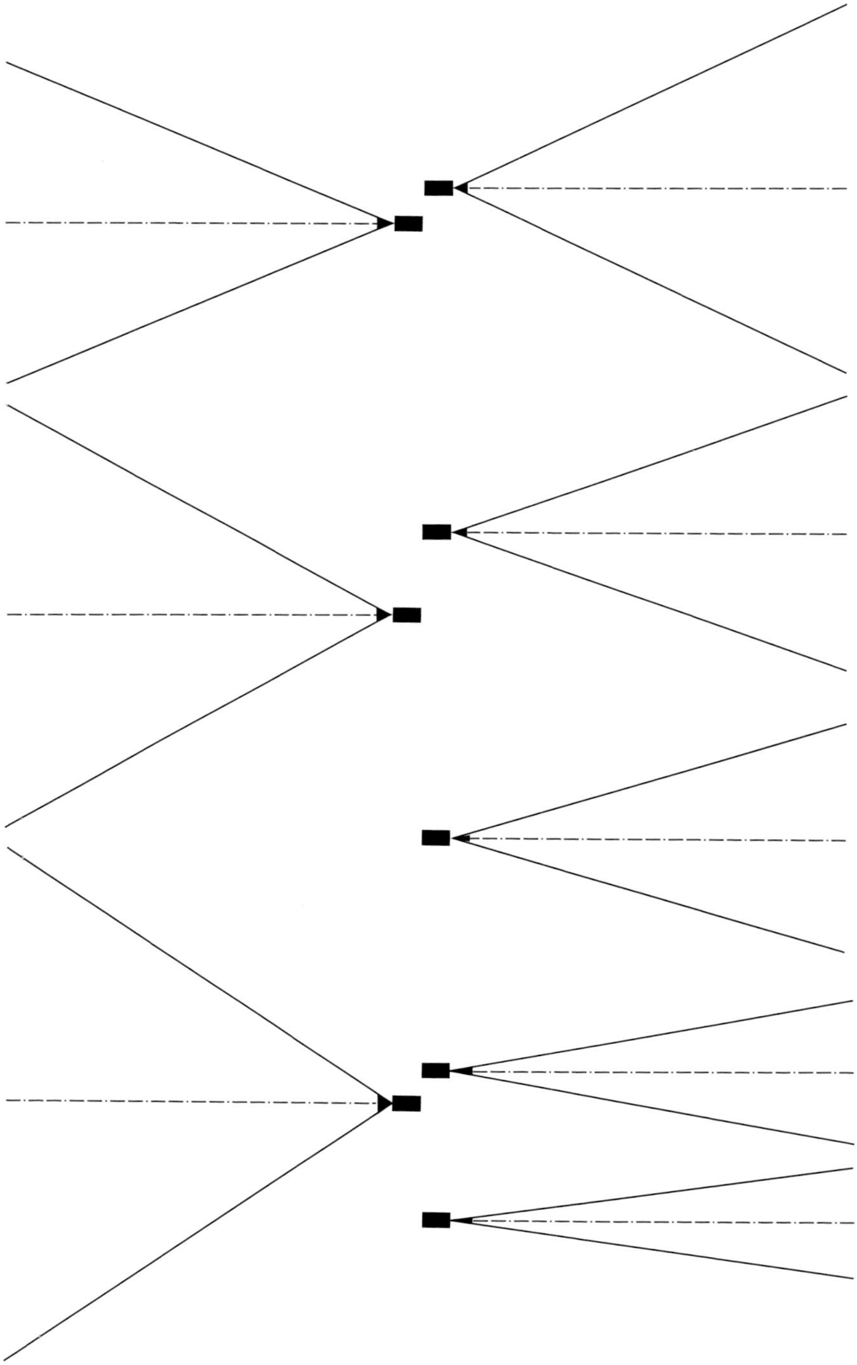

Exercice de la salle de classe. Plan au sol et pictogrammes de personnages.

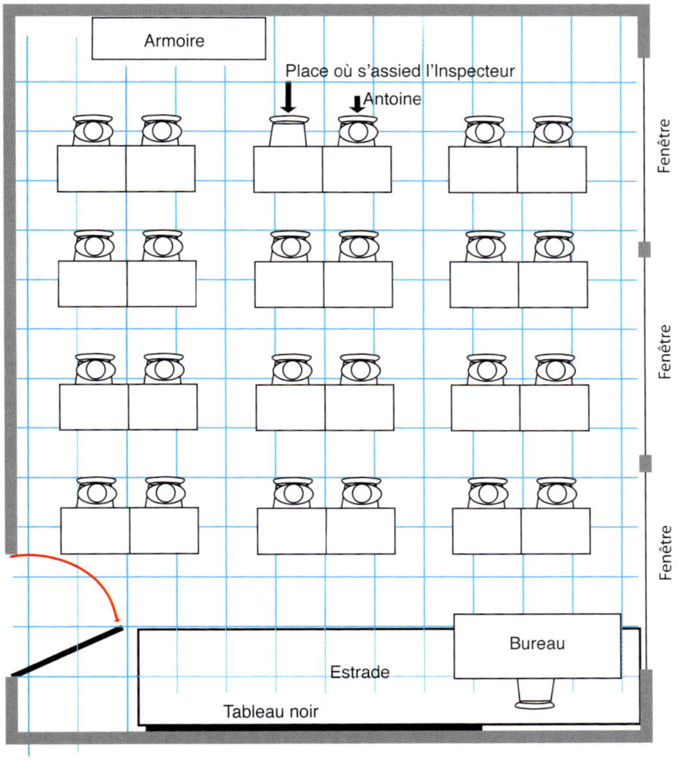

Exemples de Pictogrammes de Personnages

Gabarits de cadres au format 1,77:1 (16/9) à reproduire sur carton fort. Planche 1.

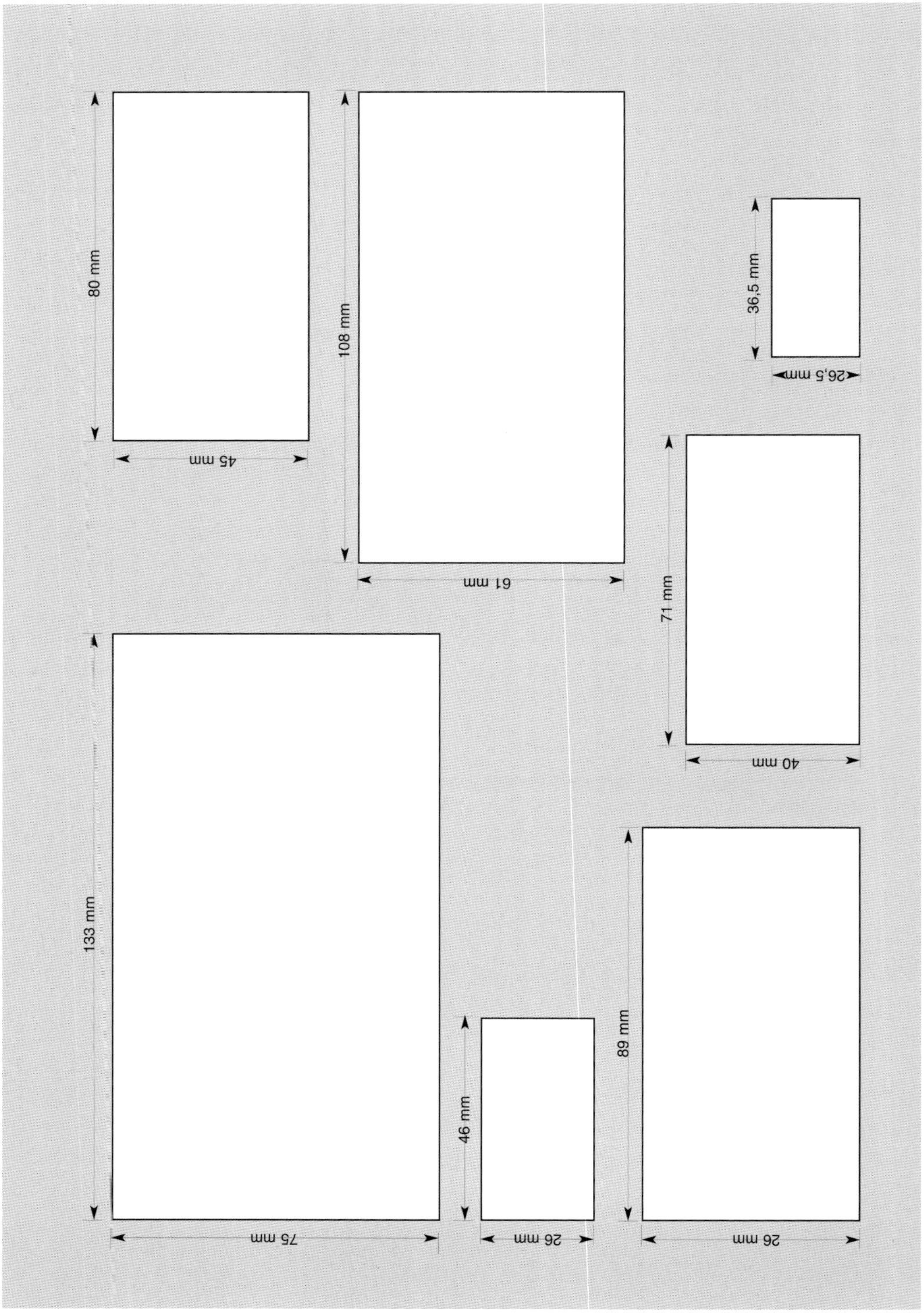

Gabarits de cadres au format 1,77:1 (16/9) à reproduire sur carton fort. Planche 2.

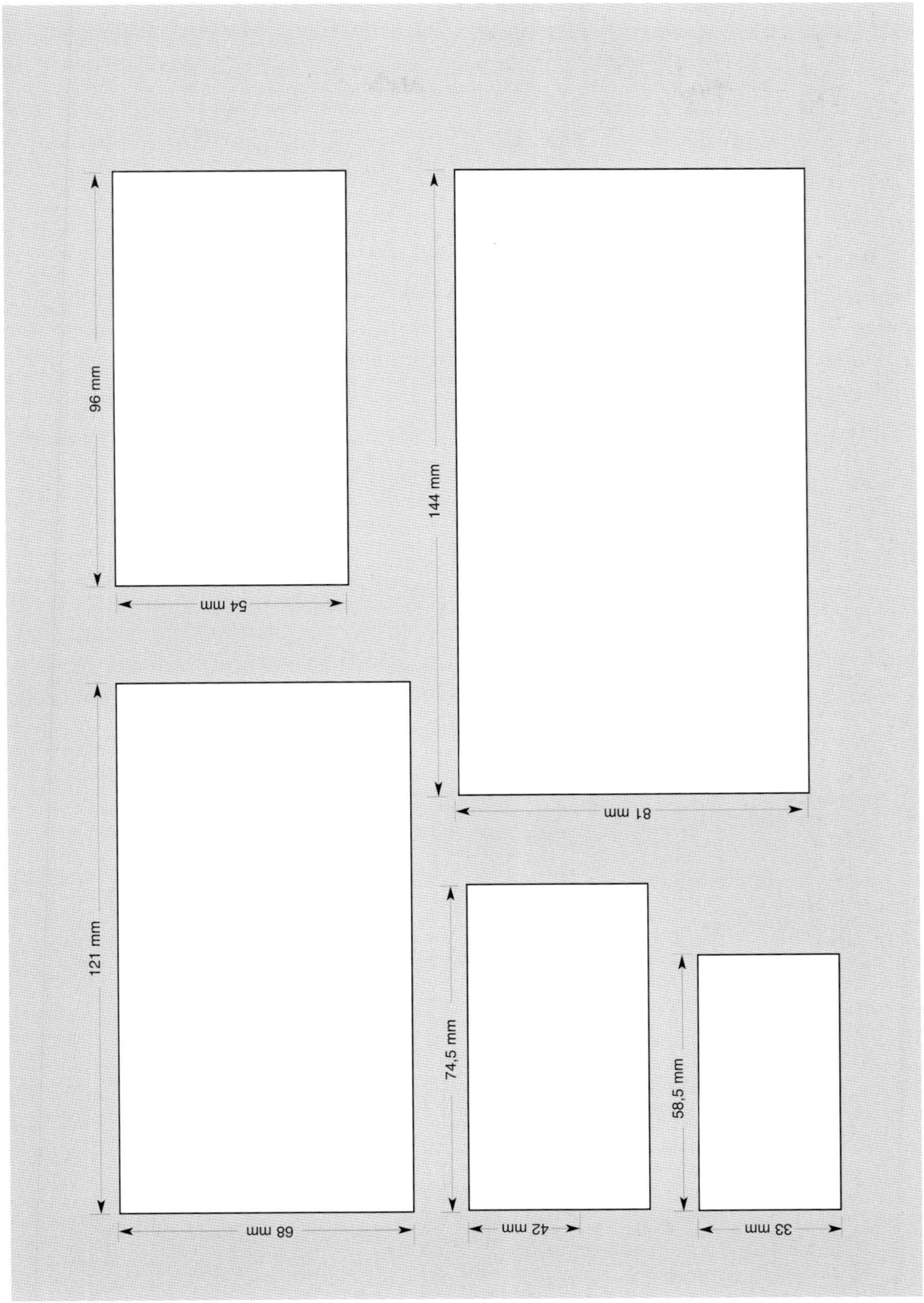

Gabarits de cadres au format 1,85:1 (standard américain) à reproduire sur carton fort. Planche 3.

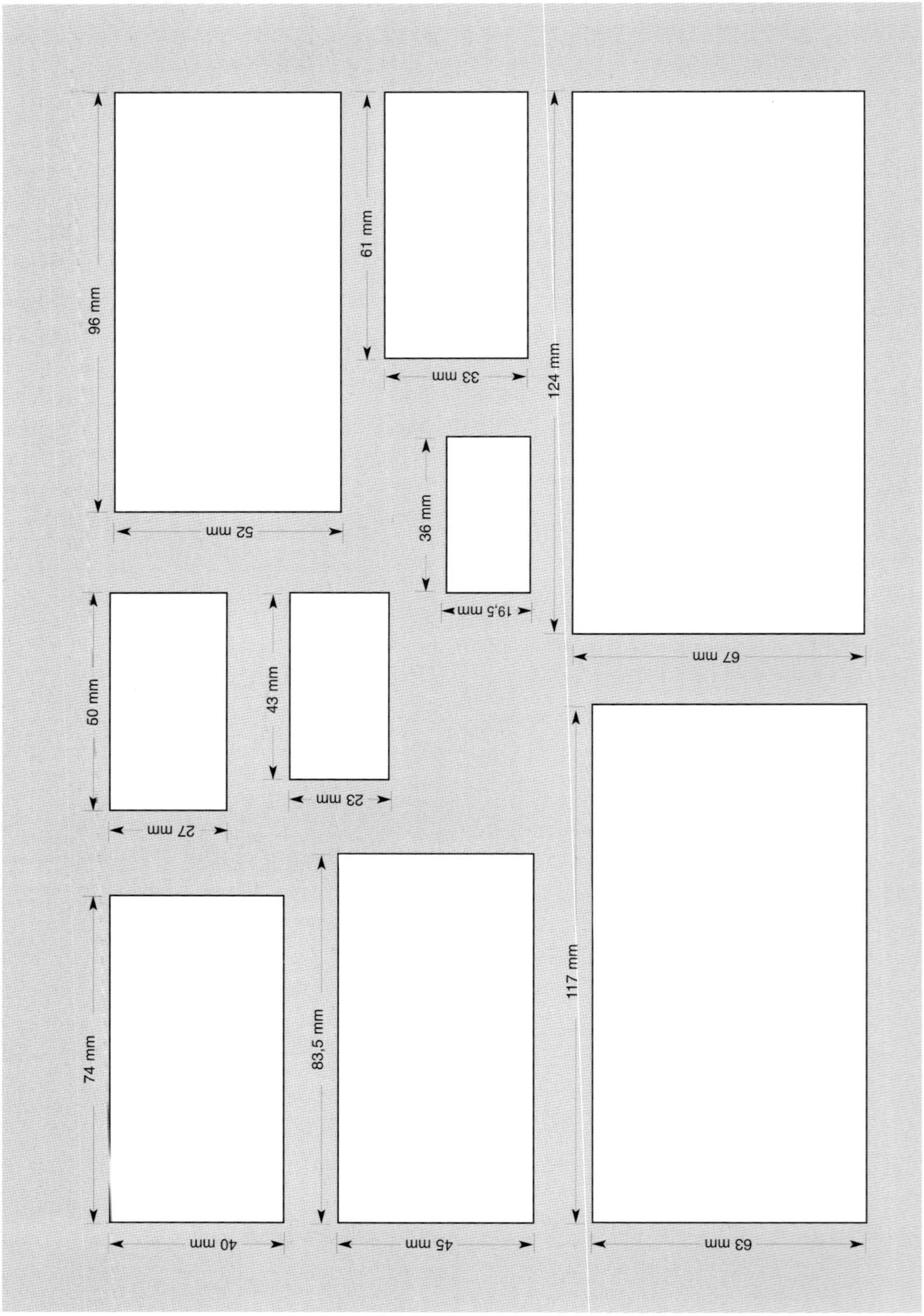

Gabarits de cadres au format 1,85:1 (standard américain) à reproduire sur carton fort. Planche 4.

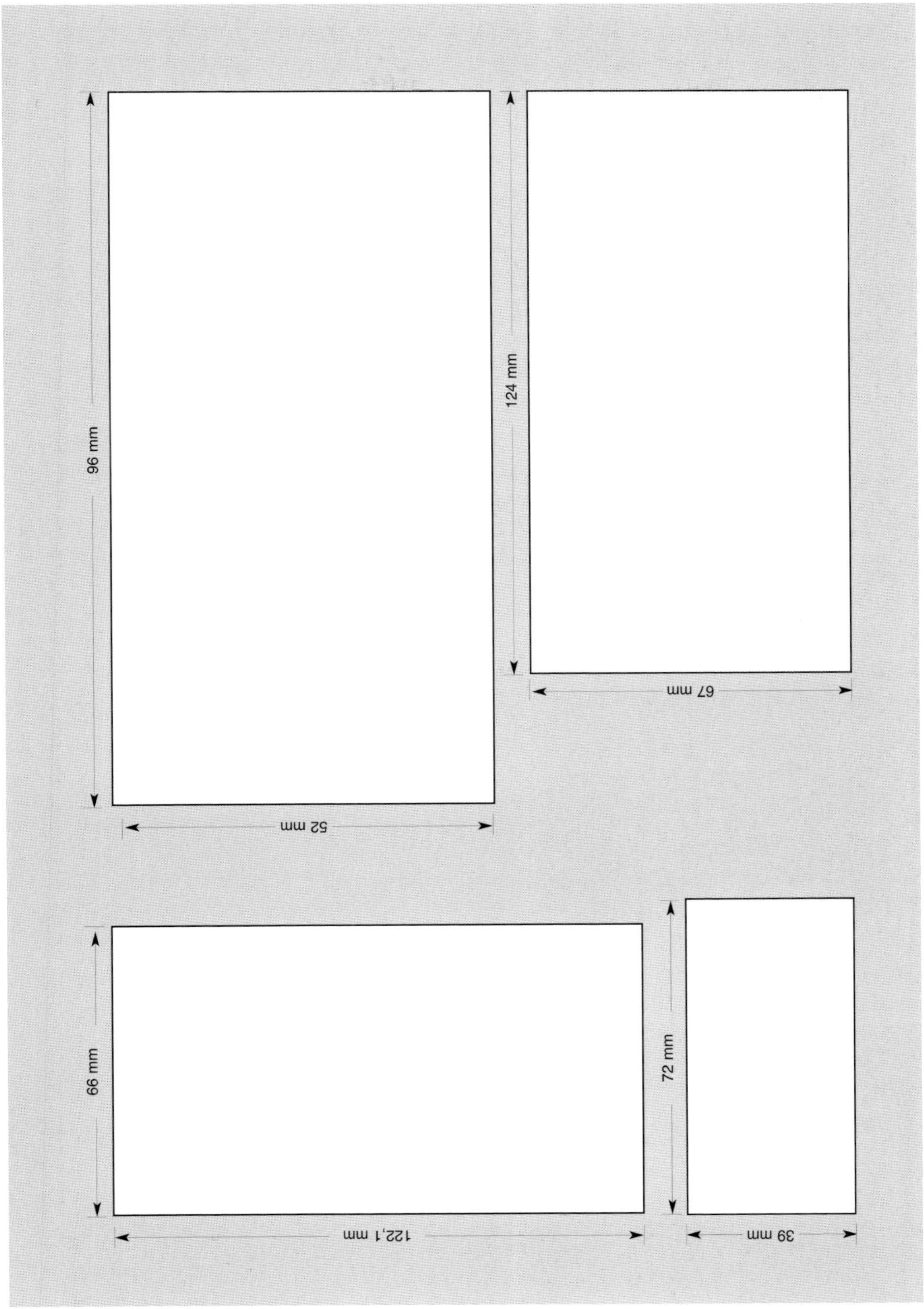

Gabarits de cadres au format 2,35:1 (Panavision) à reproduire sur carton fort. Planche 5.

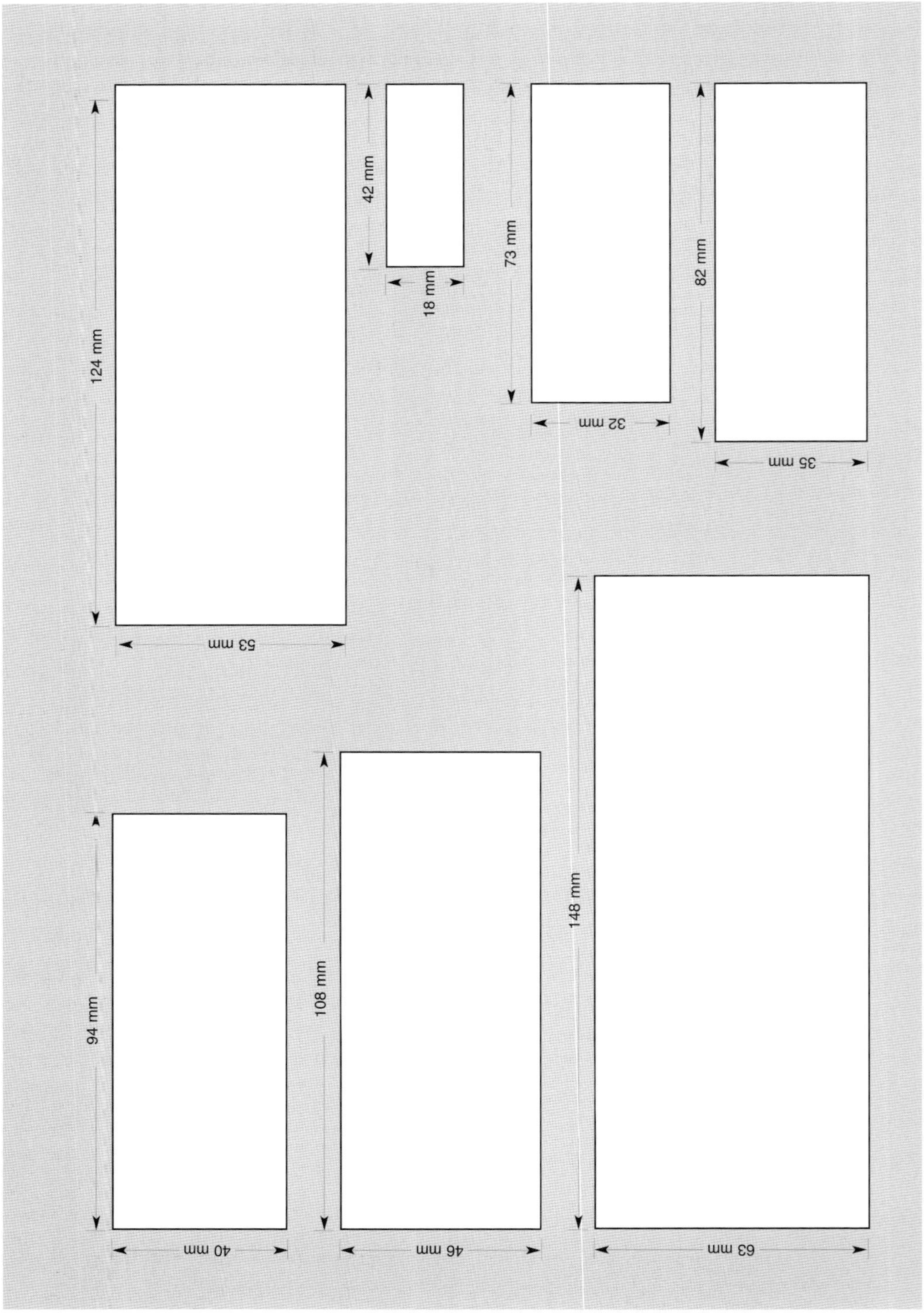

Gabarits de cadres au format 2,35:1 (Panavision) à reproduire sur carton fort. Planche 6.

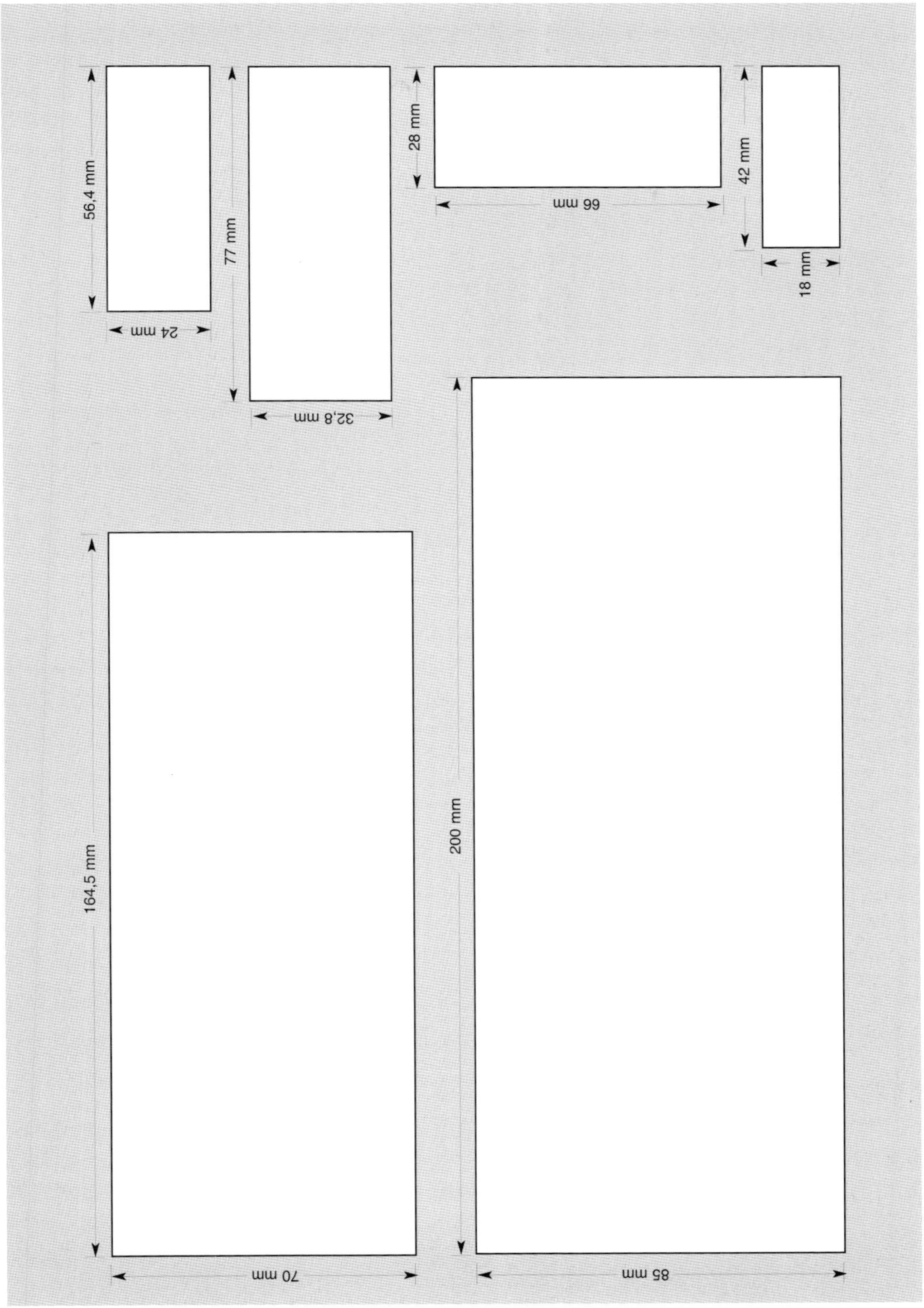

Mise en pages : Nord Compo

Achevé d'imprimer : EMD S.A.S.
N° d'éditeur : 8628 - N° d'imprimeur : 26898
Dépôt légal : août 2012
Imprimé en France

Cet ouvrage est imprimé - pour l'intérieur - sur papier Galaxi Keramik 135 g des papeteries Khel, dont les usines ont obtenu la certification environnementale ISO 14001 et opèrent conformément aux normes ECF et EMAS